Le secret de M. Marx

E. Phillips Oppenheim

Writat

Cette édition parue en 2024

ISBN : 9789359941837

Publié par
Writat
email : info@writat.com

Contenu

CHAPITRE I.
NOUVELLES DU PACIFIQUE.

Ma maison était une ferme pittoresque de trois étages recouverte de lierre dans un comté de Midland. Il se trouvait dans un creux, niché tout près du bois de Rothland, dont les arbres sombres et serrés formaient un fond pittoresque pour la pierre grise usée dont il était façonné.

Devant, juste de l'autre côté de la route, se trouvait le mur d'enceinte du parc Ravenor, avec ses épis de sapins noirs, ses énormes masses de roches couvertes de lichens, ses étangs à poissons clairs et ses collines venteuses, du sommet desquelles on apercevait le gris sombre. les tours du château de Ravenor, se détachant avec une audace sinistre et robuste sur le ciel.

Même s'il s'agissait d'un terrain interdit, il n'y avait pas une cour du parc jusqu'à la clôture intérieure que je ne connaissais ; pas une épinière où je n'aie cherché des nids d'oiseaux ou fait une razzia à la recherche de la première primevère ; pas une colline sur laquelle je n'avais passé une partie d'un après-midi d'été.

J'étais un intrus, bien sûr ; mais j'étais le fils du fermier Morton, ancien locataire du domaine, et très en faveur auprès des gardiens, en raison d'un breuvage célèbre qu'il était toujours prêt à offrir à un homme assoiffé, ou à boire lui-même. Ainsi, « le jeune de Morton » n'a pas été inquiété ; et, à l'exception d'un avertissement occasionnel et de bonne humeur de Crooks, le garde-chasse en chef, pendant la période de reproduction, c'était moi qui gérais les lieux.

De plus, les grands domaines dont Ravenor Park était le centre ne connaissaient à cette époque aucun autre maître qu'un avocat aux penchants non sportifs, de sorte que les réserves n'étaient entretenues que pour la forme.

J'avais huit ans et un été inhabituellement chaud était à son paroxysme. Il était midi passé et je venais de sortir de la maison avec l'intention de m'installer pour un après-midi de lecture dans un coin ombragé du verger. J'avais atteint la porte du parc à piles lorsque je m'arrêtai net, la main sur la fermeture.

Un bruit des plus inhabituels flottait à travers les prairies, dans l'air essoufflé. Les cloches de l'église de Rothland, le village de l'autre côté du bois, avaient soudain éclaté en un carillon de joie sauvage et retentissant.

Dans une campagne, tout le monde connaît les affaires des autres ; et, aussi enfant que j'étais, je savais qu'aucun mariage n'aurait lieu à proximité.

J'écoutais avec émerveillement, car je n'avais jamais entendu une chose pareille auparavant ; et, pendant que je m'attardais, les cloches d'Annerley, un village un peu plus loin, et les carillons grandioses et doux de la chapelle du château de Ravenor, brisant le silence de nombreuses années, reprirent la sonnette, et l'été paresseux La journée semblait tout d'un coup s'éveiller dans un état de joie inexplicable.

J'ai couru vers la maison et j'ai rencontré ma mère debout sous le porche en pierre. Les hommes autour de la ferme étaient tous regroupés, perplexes. Personne n'avait la moindre idée de ce qui s'était passé.

Et puis Jim Harrison, le wagonnier, qui venait juste de rentrer de son pré, appela rapidement en désignant du doigt : et au loin, le long de la route blanche et poussiéreuse, nous apercevions la silhouette d'un homme à cheval qui s'avançait vers nous au galop furieux.

"C'est le maître !" s'écria-t-il avec enthousiasme. « Ce sera le maître, c'est sûr ! Il n'y avait aucun doute sur le galop de Brown Bess. Seigneur, miséricorde ! comment vas-tu la chevaucher ! »

Nous avons tous pris la route pour rencontrer mon père, impatients d'entendre la nouvelle. En quelques instants, il nous atteignit et arrêta Brown Bess, baigné de sueur et de poussière, et frémissant de tous ses membres.

« Hourra, les gars ! » cria-t-il en agitant son fouet au-dessus de sa tête. "Hourra! Il n'y a jamais eu autant de nouvelles que celles que j'ai pour vous ! Tout Mellborough en devient fou !

« Qu'est-ce qu'il y a, Georges ? Pourquoi ne nous le dis-tu pas ? » a demandé rapidement ma mère. Et, à ma grande surprise, sa main, dans laquelle reposait la mienne, était froide comme de la glace, malgré la chaleur du mois d'août.

Il se releva sur ses étriers et cria pour que tout le monde entende :

« L'écuyer Ravenor reprend vie ! Ils l'ont retrouvé sur une île du Pacifique, tout près de la barrière de corail où son yacht a coulé il y a six ans ! Il est de nouveau sur le chemin du retour, les gars. Pensez-y ! Sal, ma fille, apporte-nous un gallon de bière et un autre après. Nous boirons à son retour, les gars ! »

Il y eut une salve d'applaudissements et de nombreuses exclamations d'émerveillement. La main de ma mère s'était déplacée, comme inconsciemment, vers mon épaule et elle s'appuyait lourdement sur moi.

"Où as-tu entendu ça, George?" » demanda-t-elle d'un ton calme.

"Eh bien, c'est dans tous les journaux de Londres ce matin", répondit-il en ôtant son chapeau et en s'essuyant le front. « Le bateau à vapeur qui le ramène chez lui a envoyé un message depuis un port étranger, et Maître Cox en a un, et tout est écrit en grand sur les murs du Corn Exchange. Je pense que ça va faire s'asseoir ces foutus avocats ! » rigola mon père alors qu'il descendait lentement de cheval.

« Seigneur, miséricorde ! Il suffit d'y penser ! Six ans sur un petit bout d'île, et pas âme qui vive à qui dire un mot ! Et maintenant, il est de nouveau sur le chemin du retour. Cela bat tous les récits que j'ai jamais entendus. Eh bien, Alice, ma fille, cela vous a vraiment bouleversée, ajouta-t-il en regardant ma mère avec anxiété. « Vous êtes tout blanc et vous avez peur. Est-ce que tu te sens mal ?

Elle nous tournait le dos et lorsqu'elle se retourna, il me sembla qu'un changement s'était glissé sur son visage.

"C'est la chaleur et l'excitation", dit-elle doucement. « C'est une étrange nouvelle. Je pense que je vais entrer et me reposer.

« Très bien, ma fille ! Rentrez à l'intérieur et allongez-vous un peu. Alors, les gars. Vive l'écuyer et longue vie à lui ! Versez-le, Jim, versez-le ! N'ayez pas peur là-dessus. De telles nouvelles n'arrivent pas tous les jours.

Et, avec la vision de mon vaillant père yeoman, au centre d'un petit groupe d'ouvriers agricoles, tenant son verre mousseux bien au-dessus de sa tête, et son honnête visage rouge de chaleur et d'excitation, mes souvenirs de cette scène s'estompent et s'estompent. loin.

CHAPITRE II.
M. FRANCIS.

J'étais seul avec mon père dans la cuisine et il me regardait comme je ne l'avais jamais vu auparavant. C'était tard dans l'après-midi — autant que je me souvienne, environ six semaines après que nous fus parvenue la nouvelle des merveilleuses aventures de M. Ravenor. Il venait juste d'arriver prendre le thé, rouge de labeur et travaillant sous le soleil brûlant. Mais alors qu'il se tenait devant moi sur les drapeaux, lisant une lettre envoyée du village, la lueur semblait s'éteindre de son visage et ses mains fortes et rugueuses tremblaient.

"C'est un mensonge!" Je l'entendis marmonner, dans un murmure rauque : « un méchant mensonge !

Puis il s'est laissé tomber dans l'une des chaises à haut dossier et je l'ai observé, effrayé.

« Philippe, mon garçon, me dit-il en parlant lentement, mais avec une certaine empressement dans le ton, ta mère a-t-elle reçu des visites récemment pendant que j'étais à la ferme ?

J'ai secoué ma tête.

"Personne, sauf M. Francis", ai-je ajouté dubitatif.

Il gémit et cacha son visage un instant.

« Combien de fois est-il venu ici ? » » demanda-t-il au bout d'un moment. « Quand est-il arrivé pour la première fois ? Tu te souviens ?

« Oui », répondis-je promptement, « c'était le jour où Tom Foulds est tombé de la meule d'avoine et s'est cassé la jambe. Il y avait alors un autre monsieur avec lui. Je les ai vus regarder par la porte du verger, alors je leur ai demandé s'ils voulaient quelque chose, et l'étrange monsieur a dit qu'il avait soif et qu'il voulait du lait, alors je l'ai emmené à la laiterie ; et je pense que cette mère a dû le connaître auparavant, car elle semblait si surprise de le voir.

« Il m'a donné aussi une demi-couronne, poursuivis-je, pour m'enfuir et chercher un de ses amis. Mais l'ami n'est jamais venu, même si j'ai attendu très longtemps. Il y est allé souvent depuis ; mais je ne l'aime pas et... »

Je m'interrompis, soudain consterné. Ma mère ne m'avait-elle pas interdit de parler de ces visites à qui que ce soit ? Qu'avais-je fait ? J'ai commencé à pleurer silencieusement.

Mon père se leva de sa chaise et s'appuya contre la cheminée de chêne, me tournant le dos.

"C'est lui, bien sûr!" Il haletait. « Dieu lui pardonne ! Mais lui… lui… »

Sa voix semblait étranglée par la passion et il ne termina pas sa phrase. Je savais que j'avais mal agi, et une vague appréhension d'un mal menaçant m'envahit rapidement. Mais je suis resté assis et j'ai attendu.

Il a fallu longtemps avant que mon père ne se retourne et ne reprenne la parole. Quand il l'a fait, je le connaissais à peine, car il y avait des rides profondes sur son front, et tout le bronzage sain et brûlé par le soleil semblait avoir disparu de son visage. Il paraissait dix ans de plus et je tremblais quand il parlait.

« Écoute, Philippe, mon garçon ! dit-il gravement. "Ta mère pense que je suis parti immédiatement à Farmer Woods pour m'occuper du poulain, n'est-ce pas ?"

J'ai hoché la tête en silence. Nous ne l'attendions que tard dans la soirée.

"Maintenant, regarde-toi ici, Philip," continua-t-il. « Elle s'est couchée avec un mal de tête, tu dis ? Très bien. Promets-moi simplement de ne pas t'approcher d'elle.

J'ai promis assez volontiers. Puis il m'a demandé de prendre mon thé et il s'est retombé dans son fauteuil. Une fois, je lui ai demandé timidement s'il n'allait pas en avoir, mais il n'y a pas prêté attention. Quand j'eus fini, il me conduisit doucement à l'étage et m'enferma dans ma chambre. Jamais à ce jour je n'ai oublié cet air sourd d'agonie désespérée sur son visage alors qu'il se détournait et me quittait.

CHAPITRE III.
LE MEURTRE AUX ARDOISEUSES.

Il était tard ce soir-là. Toute la journée, le tonnerre avait grondé et grondé, et maintenant l'orage semblait proche.

Je m'étais en partie déshabillé, mais il faisait trop chaud pour me coucher, alors je me penchai par ma fenêtre grande ouverte, regardant les nuages noirs qui tombaient du ciel et écoutant le bruissement des feuilles dans le bois, signe certain de l'inquiétude. la tempête à venir.

L'air était étouffant ; et, aspirant fébrilement à la pluie, je m'assis sur le rebord profond de la fenêtre et regardai dans l'obscurité parfumée, car le chèvrefeuille et les clématites tombaient autour de ma fenêtre et le jardin en contrebas était envahi de fleurs chaleureuses et odorantes.

Soudain, j'ai commencé. J'entendais vite et j'avais distinctement perçu le bruit d'un pas léger et ferme passant dans l'allée du jardin en contrebas. Mon premier réflexe fut d'appeler, mais je m'y arrêtai lorsque je reconnus la grande silhouette gracieuse qui se déplaçait rapidement le long de l'allée de gravier à l'ombre de la haie d'ifs. C'était ma mère !

Je l'ai regardée, n'en croyant pas mes yeux. Que pouvait-elle bien vouloir dans le jardin à cette heure ? Et tandis que j'étais assis sur le battant de la fenêtre, m'interrogeant, un frisson froid d'alarme me glaça, car je vis un homme sortir furtivement du bois et se précipiter à travers le petit bout de prairie vers la porte du jardin, où elle se tenait.

La lune brillait d'une lumière maladive à travers un épais halo de brume et je distinguais à peine les silhouettes de ma mère et de cet homme, côte à côte, qui parlaient avec ferveur. Je les ai regardés avec des yeux rivés jusqu'à ce que j'entende un pas rapide sur le sol derrière moi et qu'une main se pose sur ma bouche, étouffant mon cri de surprise.

« Il n'y a que moi, Philip, mon garçon », murmura une voix rauque et tremblante. « Je ne voulais pas que tu appelles, c'est tout. Avez-vous déjà vu quelque chose de cela ? » Et il montra, d'un doigt tremblant, la fenêtre d'où il m'avait un peu éloigné.

Je le regardai, une grande horreur m'envahissant. Son visage vermeil était blanchi et tiré, comme par la douleur ; et il y avait une lumière terrible dans ses yeux. J'avais peur et j'étais à moitié enclin à pleurer.

"Non", ai-je hésité. « Ce n'est que M. Francis, n'est-ce pas ? »

"Seulement M. Francis!" J'entendis mon père répéter avec un gémissement. « Oh, Alice, ma fille… Alice ! Comment peux-tu?"

Il chancela aveuglément vers la porte. Je me précipitai après lui, le rappelant pitoyablement, mais il me repoussa brutalement et sortit précipitamment.

Je l'ai entendu quitter la maison, mais il n'est pas descendu dans le jardin. Puis, en quelques minutes, dont chacune me parut une heure, les voix basses au portail cessèrent et ma mère remonta lentement le chemin vers la maison.

Je me suis précipité en bas et je l'ai rencontrée dans le couloir. Elle semblait à moitié surprise, à moitié en colère de me voir.

« Philip », s'est-elle exclamée, « je pensais que tu étais au lit il y a longtemps ! » Que faites-vous ici?"

"Je suis effrayé!" J'ai sangloté. «Père était dans ma chambre et te surveillait à la porte et il parlait si étrangement. Il est très en colère et on dirait qu'il va blesser quelqu'un.

Ma mère s'appuya contre le mur, toute trace de couleur ayant disparu de son visage, et sa main pressée contre son côté. Elle a mieux compris que moi à l'époque.

"Où est-il maintenant?" » demanda-t-elle hystériquement. « Vite, Philippe, vite ! Dites-moi!"

«Il est parti», répondis-je. "Il est sorti par la porte d'entrée et a remonté la route."

Un calme soudain sembla l'envahir et elle resta un moment à réfléchir à haute voix.

« Il est monté jusqu'à la grille de bois ! Ils se retrouveront dans le bois. Oh, Dieu, empêche-le ! elle a pleuré passionnément.

Elle se retourna et se précipita dans le jardin, descendit l'allée et franchit le portillon vers le bois. Je l'ai suivie, craignant de rester seule. Une vaste masse de nuages noirs d'encre avait navigué devant la lune et l'obscurité, surtout dans la forêt, était intense.

Plus d'une fois je tombai tête baissée, m'égratignant le visage et les mains avec les ronces ; mais chaque fois, je me levais immédiatement, à peine conscient de la douleur provoquée par mon désir sauvage de rester près de ma mère.

Comment elle a trouvé sa voie, je ne peux pas le dire. De grands morceaux de sa robe furent arrachés et restèrent accrochés aux buissons dans lesquels elle entra ; et bien des fois je la vis courir contre un arbre et reculer à moitié abasourdie par le choc.

Mais nous avancions quand même et nous arrivâmes enfin à une partie du bois où les arbres et les broussailles étaient moins denses et où il y avait une montée raide. Nous avons couru et lorsque nous avons atteint le sommet, ma mère s'est arrêtée pour écouter, tandis que je me tenais, essoufflé, à ses côtés.

Hormis le fait que les feuilles au-dessus de nous remuaient avec un mouvement curieux, il n'y avait pas un bruit dans tout le bois. Les oiseaux et les animaux, même les insectes, semblaient s'être glissés dans leurs terriers avant la tempête qui approchait. Nous ne pouvions rien voir, car un épais manteau de ténèbres – une obscurité qu'on pouvait presque sentir – était tombé sur la terre. Nous étions accroupis ensemble, tremblants et craintifs.

« Merci au ciel pour les ténèbres ! » murmura ma mère. « Philippe », continua-t-elle en se penchant et en cherchant ma main, « sais-tu où nous sommes ? Nous devrions être près des ardoises.

J'étais sur le point de lui répondre, mais les mots s'éteignirent sur mes lèvres entrouvertes. Un tel spectacle qui nous fut révélé à ce moment-là aurait pu rendre fou un homme fort.

Bien qu'une demi-vie se soit écoulée, je peux la voir maintenant comme à ce moment-là. Mais je ne peux pas le décrire, car aucun de mes mots ne pourrait peindre la beauté palpitante et, en même temps, l'horreur haletante de la scène qui s'est ouverte comme un éclair devant nous.

Les arbres, le ciel et l'espace furent soudain baignés d'une lumière brillante et sinistre, comme je n'en ai jamais revu depuis, et que je ne reverrai plus jamais. Cela allait et venait dans un espace de temps que seule la pensée pouvait mesurer ; et voici ce qu'il nous a montré : -

Bâillant à nos pieds le gouffre profond et les eaux maussades de la carrière, car nous étions à peine à un pas du bord escarpé ; les énormes tas d'ardoise et les hangars avec les outils des ouvriers éparpillés un peu partout ; et mon père, les bras levés en l'air dans l'agonie, et un cri sauvage sortant de ses lèvres, au moment même où il était projeté de l'autre côté du gouffre !

Nous voyions les convulsions frénétiques du désespoir sur son visage cendré, ses yeux sortant de leurs orbites, tandis qu'il se sentait tomber dans le vide ; et nous vîmes la silhouette vague d'un autre homme qui reculait en titubant, les mains tendues devant le visage, horrifié par ce qu'il avait fait.

Puis, aussi soudainement qu'il était venu, le regard féroce disparut. Les cieux - juste un instant avant de s'ouvrir et d'inonder la terre de nappes de feu vivant - étaient noirs et impénétrables, et le tonnerre fracassant secouait l'air et faisait trembler la terre, comme si elle se séparait et que les éléments mêmes étaient dissous. .

Avec un cri dont l'angoisse déchirante résonnera à jamais dans mes oreilles, ma mère se laissa tomber, un tas blanc et effrayé ; et moi, les membres détendus et les sens engourdis, j'étais accroupi, impuissant, à côté d'elle. Puis la pluie tomba et ce fut le silence.

CHAPITRE IV.
L'AVERTISSEMENT DE MA MÈRE.

Pendant plusieurs semaines après cette terrible nuit à Rothland Wood, je restai allongé, luttant contre une fièvre féroce, dont ma guérison était considérée comme miraculeuse. Une constitution saine, cependant, et des soins attentifs m'ont ramené à la vie, et j'ai ouvert les yeux un matin ensoleillé sur ce qui me semblait presque un monde nouveau.

La première chose dont je me souviens clairement après mon retour à la conscience était le changement extraordinaire qui s'était produit chez ma mère. D'une femme belle et active, elle semblait s'être transformée en une statue sévère et froide.

Je me souviens encore aujourd'hui combien j'avais peur d'elle pendant ces premiers jours de convalescence et comment je reculais devant sa présence constante à mon chevet avec une crainte sans nom.

Le changement résidait dans son apparence ainsi que dans ses manières. Ses riches cheveux bruns étaient devenus complètement gris et il y avait un air glacial et figé sur son visage, dénué de toute expression ou affection, qui me glaçait à chaque fois que je le regardais. C'était le visage, non pas de ma mère, mais d'un inconnu.

À mesure que je commençais à reprendre des forces et que les médecins me déclaraient apte à quitter la chambre du malade, elle commença à montrer des signes d'inquiétude et me regardait souvent d'une manière singulière, comme si elle avait quelque chose à me dire. .

Et une nuit, je me suis réveillé brusquement, pour la trouver debout à mon chevet, enveloppée dans une longue robe de chambre, ses cheveux gris coulant dans son dos et une lueur sauvage dans ses yeux brûlants. Je me levai du lit avec un cri de peur, mais elle me tendit la main avec un geste qu'elle voulait rassurer.

"Il n'y a rien de grave, Philip", dit-elle. "Allongez-vous, mais écoutez."

J'obéis, et si elle m'avait observé de près, elle aurait vu que je frissonnais ; car son aspect étrange et le manque total d'affection dans ses manières m'avaient rempli de quelque chose qui approchait de l'horreur.

"Philippe, tu seras bientôt assez bien pour sortir", a-t-elle poursuivi. "Les gens vous poseront des questions sur cette nuit-là."

C'était la première fois que le sujet était abordé entre nous. Je me soulevai un peu dans le lit et la regardai, les joues blanchies et les yeux fascinés.

« Écoute, Philippe ! Vous ne devez vous souvenir de rien. Est-ce que tu me comprends?"

"Oui," répondis-je faiblement.

« Il faut oublier que vous m'avez vu dans le jardin ; tu dois oublier tout ce que ton père t'a dit. Entendez-vous?"

"Oui," répétai-je. "Mais... mais, maman..."

"Bien?"

« Sera-t-il arrêté, l'homme qui a tué mon père ? Ai-je demandé timidement. "Oh, j'espère qu'il le fera!"

Ses lèvres s'entrouvrirent lentement et elle éclata d'un rire amer et hystérique, qui me parut le son le plus affreux que j'aie jamais entendu.

"Espoir! Oui; vous pouvez espérer… espérer si vous le voulez ! elle a pleuré; « Mais souviens-toi de ceci, mon garçon : si ton espoir se réalise, ce sera un mauvais jour pour toi et pour moi ! Souviens-toi!"

Puis elle se tourna et se dirigea vers la porte sans ajouter un mot. Je m'assis dans mon lit et la regardai pitoyablement, avec une grosse boule dans la gorge et le cœur endolori. Le clair de lune entrait à flots par ma fenêtre grillagée, tombant pleinement sur les longues lignes gracieuses de sa silhouette majestueuse et son visage dur et froid. J'étais désespéré et malheureux, mais la regarder figeait les mots sur mes lèvres.

Ses traits me paraissaient impitoyables et cruels. Il n'y avait ni pitié, ni amour, ni l'ombre d'une réponse à mon geste semi-formé et attirant. Je la laissai partir et me laissai tomber sur mes oreillers, pleurant amèrement, avec un profond sentiment de solitude et de désolation totale.

Le lendemain, j'ai été autorisé à quitter ma chambre et très vite j'ai pu me déplacer. Comme ma mère l'avait prévu, de nombreuses personnes m'ont posé des questions sur les événements de cette horrible nuit. Pour tout le monde, ma réponse était la même. Je ne me souvenais de rien. Ma maladie avait laissé ma mémoire vide.

Longtemps après, je vis plus clairement à quel point j'avais bien obéi aux ordres de ma mère.

Un bref extrait d'un journal du comté suffira à montrer quelle était l'opinion universelle concernant le meurtre de mon père. Je le copie ici :

« Dans une autre chronique, on trouvera le récit de l'enquête sur le corps de George Morton, fermier de Rothland Wood Farm. Le verdict rendu par le jury – à savoir « Meurtre intentionnel contre John Francis » – était, face à l'évidence, le seul possible ; et tout le monde doit s'unir pour espérer que les efforts de la police seront couronnés de succès et que le criminel ne pourra pas s'échapper. Les faits sont simples et concluants.

« Il ressort du témoignage de M. Bullson, propriétaire de l'hôtel George, à Mellborough, et de plusieurs autres *habitués* des lieux, que quelques jours seulement avant que l'acte ne soit commis, il y a eu une violente dispute entre le défunt et Francis et que les menaces ont été librement utilisées des deux côtés. Cette nuit-là, Francis quitta le village de Rothland peu après neuf heures, avec l'intention de se frayer un chemin à travers les bois jusqu'au château de Ravenor. En raison sans doute de l'extraordinaire obscurité de la nuit, il semble s'être égaré et avoir été dirigé par Mme Morton, qui l'a aperçu errant près de la porte de son jardin.

"Mme. Morton refuse de jurer sur son identité, à cause de l'obscurité ; mais cela, face à d'autres circonstances, ne doit pas compter pour peu en sa faveur. Il a également été aperçu par le défunt qui, furieux de le retrouver sur ses terres et s'adressant à sa femme, s'est lancé à sa poursuite, suivi de Mme Morton et de son petit garçon, qui sont arrivés aux ardoises à temps pour être témoins, mais aussi tard pour prévenir l'horrible tragédie dont nous avons fait état il y a quelques jours.

« Face à la fuite de l'homme Francis et au fait connu qu'il se trouvait dans la forêt cette nuit-là, il n'y a guère de place pour douter qu'il soit l'auteur réel de l'acte, même si les détails de la lutte doivent demeurer, pour le moment, enveloppé de mystère.

M. Ravenor, qui vient d'arriver en Angleterre, a offert une récompense de 500 £ pour toute information conduisant à l'arrestation de Francis, qui était domestique au château.

CHAPITRE V.
RAVENOR DE RAVENOR.

On s'attendait généralement à ce que ma mère ait hâte de quitter le plus tôt possible un quartier qui avait pour elle de si terribles associations. En fait, elle n'a montré aucune intention de faire quoi que ce soit de ce genre. À l'époque, je m'en demandais un peu, mais je parviens maintenant à en deviner la raison.

Il se trouva par hasard que la ferme, dont mon père était locataire depuis près d'un quart de siècle, fut prise par un voisin qui n'avait aucun usage de la maison, et il fut donc convenu que nous resterions avec un loyer symbolique. Alors commença un chapitre de ma vie sans événement, que je peux rapidement parcourir.

Chaque matin, je me rendais à Rothland à pied et je recevais deux heures d'enseignement du curé, et l'après-midi, ma mère m'enseignait les langues modernes. Le reste de la journée, je passai seul, errant où bon me semblait, restant à l'écart aussi longtemps que je le voulais et revenant quand j'en avais envie. Les conséquences d'une telle vie à mon âge se sont vite manifestées. Je suis devenu une sorte de misanthrope, un grand lecteur et un amoureux passionné de la nature. En tout cas, c'était sain, et mon goût pour toutes sortes de sports de plein air m'empêchait de devenir un rat de bibliothèque.

Cela a eu aussi son influence sur mon caractère. Cela a renforcé et donné de la couleur à mon imagination, a élargi mon esprit et m'a rempli d'un fort amour pour tout ce qu'il y avait de vigoureux, de frais et de pur dans les livres que je lisais.

Shakespeare et Goethe ont été mes premiers favoris en littérature ; mais à mesure que je vieillissais, la fascination de la poésie lyrique s'emparait de moi, et Shelley et Keats, pendant un certain temps, régnaient en maître dans mon imagination. Mais mes goûts étaient catholiques. J'ai lu tout ce qui se présentait sur mon chemin et j'ai eu la chance d'avoir un merveilleux souvenir, qui m'a permis de retenir beaucoup de choses qui méritaient d'être conservées.

Pendant ce temps, la partie la plus purement technique de mon éducation se poursuivait régulièrement ; Je ne fus donc pas surpris, même si ce fut plutôt un coup dur pour moi, lorsqu'un soir d'été, le pasteur qui avait été mon précepteur m'accompagna chez moi à travers la forêt et dit à ma mère qu'il était inutile que j'aille plus chez lui. car je savais déjà tout ce qu'il pouvait m'apprendre.

Je l'observais secrètement, espérant qu'elle montrerait un signe de satisfaction face à ce que je considérais comme un grand compliment. Mais elle remarqua simplement que, si tel était le cas, elle pensait qu'il valait mieux mettre un terme à l'arrangement actuel, le remercia de la peine qu'il s'était donné avec moi et abandonna l'affaire. J'ai scruté en vain son beau et froid visage à la recherche de tout signe d'intérêt. Le nuage qui s'était formé entre nous la nuit du meurtre de mon père n'avait jamais été dissipé.

Le curé est resté prendre le thé avec nous, puis je suis retourné à pied à travers les bois avec lui, car c'était un homme sociable, aimant la compagnie, même la mienne.

De retour à la maison, j'ai trouvé ma mère qui veillait sur moi et je savais à son attitude qu'elle avait quelque chose d'important à me dire.

"Philip, j'ai entendu dire aujourd'hui que M. Ravenor était attendu à la maison", dit-elle lentement.

J'ai commencé et une petite exclamation de plaisir m'a échappé. Il n'y avait aucun homme que j'avais autant envie de voir. Quelle réputation ! Un érudit de renommée européenne, un poète et un grand pécheur ; un Crésus ; tantôt un Sybarite téméraire, tantôt un ascète et un ermite ; un élève de Voltaire ; le fondateur d'une nouvelle école de philosophie. Toutes ces choses, j'en avais entendu parler à différentes époques, mais je ne l'avais encore jamais vu. Quelque chose de plus que ma curiosité avait été excité et j'attendais maintenant avec impatience sa satisfaction.

Ma mère ne prêta aucune attention à mon exclamation, mais son front s'assombrit. Nous étions ensemble sur la pelouse devant la maison et elle se trouvait à l'ombre d'un grand cyprès.

« Je ne pense pas qu'il restera ici longtemps, » continua-t-elle d'un ton dur et tendu ; "mais pendant qu'il est au château, je souhaite que vous n'entriez pas du tout dans le parc."

"Ne pas entrer dans le parc!" J'ai répété les mots et j'ai regardé ma mère avec un étonnement vide. Quelle différence la présence de M. Ravenor pourrait-elle faire pour nous ?

« Vous ne voulez sûrement pas dire cela ? J'ai pleuré, amèrement déçu. « Eh bien, j'attendais avec impatience depuis des années de voir M. Ravenor ! C'est un homme célèbre !

«Je le sais», l'interrompit-elle, «et c'est très dangereux. Je ne souhaite pas que vous le rencontriez. Il y a de fortes chances qu'il ne vous remarquerait pas s'il vous voyait, mais il vaut mieux ne courir aucun risque. Vous vous souviendrez de ce que j'ai dit ? Un homme aux opinions et aux principes étranges doit être évité, surtout par un garçon impressionnable comme vous.

Elle m'a laissé abasourdi, a traversé la pelouse d'un pas doux et régulier et est entrée dans la maison. Je la regardais disparaître, troublée et inquiète ; Quelque chose dans ses manières m'avait fait une impression étrange. Je ne pouvais m'empêcher de penser qu'elle avait d'autres raisons que celles qu'elle avait invoquées pour vouloir nous séparer de M. Ravenor et de moi. Cela semblait à première vue être une idée très absurde, mais elle m'avait saisi et sa conduite ultérieure n'a pas eu tendance à la dissiper.

L'après-midi de son arrivée prévue, je m'attardai des heures dans le verger, espérant l'apercevoir, car les portes du parc, en face de notre maison, étaient les plus proches de la gare de Mellborough. Mais j'ai été déçu. Il venait, il est vrai, mais dans un coupé fermé, traîné par deux bais rapides et à hauts pas, qui balayaient comme un éclair la haie par-dessus laquelle je regardais, laissant un souvenir confus de harnais luisants, de belles livrées, et un visage sombre et noble, en partie tourné vers moi, mais imparfaitement vu. C'était un aperçu qui n'a fait qu'augmenter mon intérêt ; mais je ne saurais dire comment satisfaire ma curiosité, compte tenu des souhaits de ma mère.

Cette nuit-là, elle renouvelle son interdiction. Elle vint vers moi dans la petite chambre où je gardais mes livres et mes pénates, et posa sa main sur mon épaule. M. Ravenor était revenu, dit-elle — comment le savait-elle, sinon qu'elle aussi avait observé, car le drapeau n'était pas encore hissé ? — et elle espérait que je me souviendrais de ses souhaits.

J'ai promis que je les observerais, autant que je pourrais, bien qu'ils me paraissent ridicules, et je n'ai pas hésité à le laisser entendre. Quoi de plus improbable que que M. Ravenor, homme distingué du monde, prête la moindre attention à un garçon de la campagne, et encore plus qu'il tente d'acquérir une quelconque influence sur lui ? Plus j'y pensais et aux craintes nerveuses de ma mère, plus je devenais convaincu, malgré moi, d'un autre motif qui devait me rester secret.

Une semaine s'est écoulée et personne n'a vu très peu de choses de M. Ravenor. Comme d'habitude, de nombreuses rumeurs ont circulé et discuté. Il se serait enfermé dans sa bibliothèque et aurait refusé l'entrée à tous les visiteurs. Il vivait comme un anachorète, jeûnant et travaillant dur, entouré de livres et de manuscrits toute la journée et toute la nuit, jusqu'aux petites heures du matin. Il faisait pénitence de ses excès récents ; il se préparait à des orgies sauvages ; il écrivait un roman, un pamphlet philosophique, un article pour les revues ou un autre volume de poèmes.

Parmi toutes les classes de nos voisins, on ne parlait que des actions, ou des actions supposées, de M. Ravenor.

Un après-midi, le hasard m'a conduit dans la petite chambre que ma mère appelait la sienne, une pièce dans laquelle j'entrais rarement. Il y avait un petit volume posé sur la table et je le pris négligemment et jetai un coup d'œil au titre. Puis, avec une rapide exclamation de plaisir, je l'ai emporté avec moi. C'était le premier petit volume de poèmes de M. Ravenor, que j'avais essayé en vain de me procurer. Le libraire de Mellborough à qui je l'avais commandé m'a dit qu'il était épuisé. La première édition était épuisée depuis longtemps et l'auteur avait refusé qu'une deuxième édition soit publiée.

J'ai rencontré ma mère dans le couloir et lui ai tendu le volume.

« Vous ne m'avez jamais dit que vous aviez un exemplaire des poèmes de M. Ravenor, » dis-je avec reproche. "Je viens de le trouver dans ta chambre."

Elle sursauta et, pendant un moment, je craignis qu'elle n'insiste pour que j'abandonne le livre. Elle ne l'a cependant pas fait ; mais je remarquai que la main qui reposait sur la rampe agrippait nerveusement la rampe, comme pour s'appuyer, et qu'elle était blanche jusqu'aux lèvres.

"Non; J'avais oublié, dit-elle lentement, je veux dire que j'avais oublié que tu l'avais déjà demandé. Prends-en soin, Philippe, et rends-le-moi ce soir. Il m'a été offert par un ami et je l'apprécie.

J'ai promis et j'ai quitté la maison. Mon éventail de plaisirs était à certains égards limité, mais cela ne m'empêchait pas d'être un épicurien en ce qui concerne leur jouissance. Je n'ai jeté un coup d'œil à l'intérieur du livre, même si j'en avais envie, que lorsque j'ai parcouru cinq ou six milles et atteint l'une de mes haltes préférées. Puis je me suis jeté à l'ombre d'un gros rocher au sommet de Beacon Hill et j'ai sorti le volume de ma poche.

C'était un petit livre vert olive, délicatement relié et imprimé sur du papier brouillon. Il avait été offert à ma mère, évidemment, car son prénom y était écrit d'une écriture fine et fringante, et en dessous se trouvaient des initiales devenues indistinctes. Puis, m'en étant assuré et m'en occupant quelques instants, je tournai rapidement les pages et me mis à lire.

La première partie était presque entièrement composée de sonnets et de poèmes d'amour. L'un après l'autre, je les ai lus et je me suis posé des questions. Il n'y avait rien d'amateur, rien de faible ici. Ils étaient pleins d'images lumineuses, de couleurs brillantes, de passion, de feu. Certains d'entre eux me semblaient grossiers, à moi qui n'avais lu aucune poésie moderne et connaissais par cœur de nombreux sonnets de Shakespeare et de Milton ; mais pleins de génie néanmoins et avec un souffle de vie chaud en eux.

La deuxième partie était consacrée à des poèmes plus longs et ce sont ceux-là que je préférais. Il y avait dans certains plus qu'une touche du mysticisme gracieux et fascinant de Shelley, le cri passionné d'un esprit fort et noble, cherchant à arracher à la nature ses vastes secrets et à sonder les mystères de l'existence ; le gémissement d'une noblesse d'âme déconcertée qui se détourne, désespérée, des croyances froides de la religion moderne pour rechercher une autre forme de vie spirituelle, plus élevée.

J'ai continué à lire jusqu'à ce que le soleil se couche et que les ombres du crépuscule aient chassé les rémanences du ciel occidental. Puis j'ai fermé le livre et je me suis levé d'un coup en sursaut.

À peine à une douzaine de mètres de là, à l'extrême sommet de la colline, un homme à cheval m'observait. Sa silhouette inhabituellement grande et la forme fine du cheval noir comme du charbon qu'il montait se détachaient sur le fond du ciel lointain avec une vivacité qui semblait presque plus que naturelle. Un visage tel que le sien, je n'en avais jamais vu, je n'avais jamais imaginé. Je ne pouvais ni le décrire, ni penser à quoi que ce soit avec quoi le comparer.

Brune, aux cheveux d'un noir de jais, au teint parfaitement clair, mais hâlé par les soleils du Sud ; une bouche petite et ferme ; un front haut, plissé par la pensée ; nez aquilin; des yeux gris-bleu, puissants et expressifs — n'importe quel homme pourrait être décrit ainsi, et pourtant il lui manque totalement le charme merveilleux du visage que je regardais. C'était la rare combinaison d'un modelé classique parfait avec l'intensité du caractère et la noblesse de l'intellect. C'était le visage d'un roi parmi les hommes ; et pourtant il y avait des moments où un certain sourire jouait autour de ces lèvres de fer, et une certaine lumière brillait dans ces yeux brillants, où le regarder me faisait frémir. Mais c'était après.

Il est resté à me regarder et moi à le regarder pendant une bonne minute. Puis il me fit signe avec son fouet, geste léger mais impérieux. Je me levai et marchai à ses côtés.

"Qui es-tu?" » demanda-t-il sèchement.

«Je m'appelle Philip Morton», répondis-je. «J'habite à la ferme Rothland Wood.»

« Fils de l'homme qui a été assassiné ? »

J'ai accepté. Il me regardait fixement, avec la moindre expression d'intérêt possible dans ses yeux gris languissants.

« Vous étiez très attentif à votre livre », remarqua-t-il. "Qu'est-ce que c'était?"

Je l'ai retenu.

"Vous devriez le savoir, monsieur," répondis-je.

Il jeta un coup d'œil au titre et haussa légèrement les épaules. Il y avait des signes de froncement de sourcils sur son beau front.

« Vous devriez pouvoir mieux utiliser votre temps que cela », a-t-il déclaré.

"Je ne pense pas. J'aime lire, surtout la poésie, répondis-je.

L'idée sembla l'amuser, car il sourit et les rides sur son visage se détendirent un instant. Dès que ses lèvres étaient entrouvertes, toute son expression se transformait et je comprenais ce que les femmes voulaient dire lorsqu'elles parlaient de la fascination de son visage.

« Vous aimez lire, n'est-ce pas ? Un rat de bibliothèque du village. Eh bien, on dit que pour les amateurs de livres, chaque volume a un langage et une mission qui lui sont propres. Que vous disent mes voix d'écolier ?

"Que tu étais autrefois amoureux," répondis-je rapidement.

Une nuance mi-amusée, mi-méprisante passa sur son visage.

« La jeunesse a ses folies, comme toutes les autres étapes de la vie », a-t-il déclaré. « J'ose dire que j'ai connu le luxe de cette sensation une fois, mais cela devait être il y a longtemps. Viens, c'est tout ce que ça te dit ?

"Cela me dit que les hommes mentent lorsqu'ils vous traitent d'athée."

Il resta immobile sur son cheval et le sourire sur ses lèvres devint moqueur.

« L'athéisme était vraiment démodé à l'époque où ces vers ont été écrits », a-t-il fait remarquer. « N'importe quel autre 'isme' était assez populaire, mais l'athéisme semblait laid. En plus, je n'étais alors qu'un garçon. Il me restait peut-être un peu d'imagination. C'est un don que l'on perd plus tard dans la vie.

"Mais la religion ne dépend pas de l'imagination."

"Entièrement. La religion est un effort d'imagination et, par conséquent, plus ou moins une question de disposition. C'est là une de ses principales absurdités. Les femmes et les garçons sensibles en sont les plus touchés. Des hommes dotés de bon sens, des hommes dotés d'un cerveau et sachant s'en servir, brisent chaque jour les entraves d'une orthodoxie décadente.

"Et que peuvent leur apporter leur bon sens et leur cerveau à la place ?" J'ai demandé. « Je ne peux concevoir aucune religion pratique sans orthodoxie. »

« Une petite mesure de philosophie. C'est tout ce qu'ils veulent. Seuls les âmes sensibles, qui n'ont pas le courage d'envisager l'anéantissement physique, se consolent en construisant une foi hystérique en un au-delà impossible. Il n'y a pas d'au-delà.

« Un horrible credo ! » M'écriai-je.

« En aucun cas. Que les hommes consacrent la moitié du temps et des efforts qu'ils consacrent à ce fantasme religieux à s'instruire dans la pensée philosophique, et ils apprendront à le contempler sans émotion. Reconnaître que la fin de la vie est inévitable, c'est la priver de la plupart de ses terreurs, sauf envers les lâches. L'homme qui gaspille un tissu de son corps en regrettant ce qu'il ne peut empêcher est un imbécile. L'anéantissement est une doctrine plus confortable et aussi plus raisonnable. N'es-tu pas d'accord avec moi, mon garçon ?

"Non; pas avec un seul mot ! J'ai pleuré, devenant chaud et un peu en colère, car je pouvais voir qu'il n'était qu'à moitié sérieux et je n'avais pas envie d'être mis en cause. « L'imagination n'est pas la base de la religion ; le bon sens l'est. Pourquoi--"

"Oh, épargnez-moi les arguments boursiers!" » interrompit-il avec un léger frisson. « Gardez votre religion et serrez-la aussi près que vous le souhaitez, si cela vous réconforte. Où étais-tu à l'école ?

« Nulle part », répondis-je. "J'ai lu avec M. Sands, le vicaire de Rothland."

Il rit doucement, comme si l'idée l'amusait, me regardant tout le temps comme si j'étais une sorte de curiosité naturelle.

« Aimez-vous la lecture, n'est-ce pas ? » » demanda-t-il brusquement.

"Oui. Plus amoureux que moi de toute autre chose.

"Et vos livres, d'où viennent-ils ?"

« Partout où je peux en trouver. De la bibliothèque de Mellborough, ou de M. Sands, pour la plupart. Il rit encore et répéta mes paroles, comme amusé.

« Pas étonnant que vous soyez en retard sur votre temps », remarqua-t-il. « Maintenant, dois-je vous prêter des livres ? »

Je secouai faiblement la tête, car j'avais très envie d'accepter son offre.

« J'ai bien peur que ce genre de livres ne me convienne pas », dis-je. « Je ne veux pas me convertir à votre façon de penser. Il me semble que le surentraînement mental existe.»

« Alors vous me considérez comme une sorte de Méphistophélès, hein ? Eh bien, je n'ai aucune ambition de vous convertir. Être pessimiste, c'est être… »

« Un homme malheureux, l'interrompis-je avec empressement, et aussi un homme très borné. C'est un credo né en ville. Personne ne pourrait vivre ici, à la campagne, et l'épouser ! »

"Garçon, quel âge as-tu?" » demanda-t-il brusquement.

"Dix-sept ans prochain anniversaire, monsieur," répondis-je.

"Vous avez une langue désinvolte – le signe d'une tête vide, je le crains."

"Mieux vaut vide que plein de philosophie malsaine", répondis-je sans détour.

Il éclata de rire.

« En tout cas, l'air de la campagne vous a aiguisé l'esprit », dit-il. « Vous êtes un imbécile, Philip Morton ; mais tu seras plus heureux dans ta folie que les autres hommes dans leur sagesse. Il y a beaucoup de réconfort dans l'ignorance.

Il m'a fait un signe de tête négligent mais non méchant et, faisant tourner son grand cheval d'un tour de poignet, il a dévalé le flanc de la colline et a traversé le gazon doux et spongieux à une allure qui l'a rapidement fait disparaître de ma vue. Mais je suis resté un moment sur un morceau de rocher brisé au sommet de la colline, observant sa silhouette qui s'éloignait et observant les lumières scintillantes des nombreux villages s'étendant au loin dans la vallée en contrebas. Le son de sa voix basse et forte vibrait pourtant dans mes oreilles, et le triste et beau visage, avec ses yeux gris langoureux et son expression lasse, semblait toujours à mes côtés. Déjà, je commençais à ressentir quelque peu l'influence que cet homme semblait exercer sur tous ceux dont il s'approchait ; et je sentais vaguement, déjà, que si on la laissait grandir, cela deviendrait une influence toute-puissante sur moi.

Quand je suis arrivé à la maison, il était tard, si tard que ma mère, qui montrait rarement un intérêt ou une curiosité pour mes activités, me posait des questions. J'éprouvais d'abord une curieuse réticence à lui dire avec qui j'avais parlé, et cela fut justifié lorsque je vis l'effet que mes paroles produisaient sur elle. Un regard presque horrifié remplit ses yeux et son visage était blanc de colère. C'était comme si un coup tant attendu était tombé.

"Enfin! enfin!" murmura-t-elle pour elle-même, comme si elle oubliait ma présence. Puis ses yeux se fermèrent et ses lèvres remuèrent doucement. Il me semblait qu'elle priait.

J'étais déconcerté et enclin à être en colère qu'elle pousse si loin son aversion pour M. Ravenor. Me croyait-elle si faible et si impressionnable qu'une conversation de quelques minutes avec n'importe quel homme pouvait me faire du mal ?

« Vous poussez un peu trop loin votre aversion pour M. Ravenor, mère, » risquai-je de dire. « Que savez-vous de lui à ce point que vous voyez un danger à ce que je lui parle pendant quelques minutes ?

Elle m'a regardé fixement et est devenue plus calme.

«Il est trop tard maintenant, Philip», dit-elle à voix basse. « Le mal est fait. Si j'avais pu prévoir cela, nous serions partis.

« Pour avoir évité M. Ravenor ? J'ai pleuré, me demandant.

"Oui."

CHAPITRE VI.
UN VISITEUR DOUTEUX.

Tard dans l'après-midi du lendemain, un visiteur traversa le dépôt et arrêta son cheval devant notre porte. Je lisais dans la chambre qu'occupait principalement ma mère et, lorsque je jetai un coup d'œil par la fenêtre latérale, surplombée et obscurcie de jasmin et de chèvrefeuille, j'eus une grande surprise. Le livre m'est tombé des doigts et je suis resté immobile un moment, ne sachant pas quoi faire. Car dehors, assis tranquillement sur son beau cheval noir et réfléchissant apparemment au meilleur moyen de faire connaître sa présence, se trouvait M. Ravenor.

Il m'a vu et, d'un mouvement de tête bref mais non disgracieux, m'a fait signe de sortir. J'y suis allé aussitôt et je l'ai trouvé démonté et debout sur la marche.

«Je veux voir ta mère, mon garçon», dit-il sèchement. « N'y a-t-il personne pour tenir mon cheval ? Où sont tous les hommes de ferme ?

J'ai hésité et je suis resté là un moment, maladroit et confus. Les paroles étranges de ma mère à son sujet résonnaient encore à mes oreilles. Et si elle refusait de descendre recevoir en visiteur l'homme dont elle avait dit des paroles si mystérieuses ? Rien ne me paraissait plus probable. Et pourtant, que devais-je faire ?

Il m'observait, comme s'il lisait mes pensées. Qu'il le faisait effectivement, je l'ai découvert très vite.

"Vite, mon garçon!" il a dit. « Je n'ai pas l'habitude de devoir attendre. Je sais aussi bien que vous que je ne suis pas un visiteur bienvenu, mais votre mère me verra néanmoins. Appelez l'un des hommes ! »

J'ai traversé le jardin et suis entré dans la cour de la ferme. Jim, le charretier, était là, retournant un tas de fumier, et je reviens avec lui sur mes talons. M. Ravenor lui lança les rênes et, se baissant, me suivit dans notre petit salon.

Il posa son fouet sur la table et, choisissant la chaise la plus confortable, s'assit tranquillement et croisa les jambes. Il était, bien sûr, tout à fait à son aise et observait mon trouble avec un sourire discret et moqueur.

"Maintenant, va dire à ta mère que je désire la voir!" ordonna-t-il.

À pas lents, je me détournai et, montant les escaliers, je frappai à sa porte.

« Mère, il y a un visiteur en bas ! » J'ai crié doucement. "C'est--"

"Je sais," répondit-elle calmement. "S'en aller. Je serai descendu dans quelques minutes.

Je redescendis et entra dans le salon, respirant plus librement. M. Ravenor n'avait pas bougé et, lorsque je suis entré, il semblait plongé dans ses pensées. Cependant, au bruit de mes pas, son expression redevint aussitôt son ancienne impassibilité. Il parcourut la pièce d'un air de curiosité paresseuse et ses yeux mi-clos se posèrent sur ma petite caisse de livres.

"Qu'est-ce que tu as là?" » s'enquit-il. "Lisez-moi les titres."

Je l'ai fait, avec un soupçon de réticence, car ma collection était tout à fait aléatoire, aussi précieuse soit-elle pour moi. À mi-chemin, il m'a vérifié.

"Voilà, ça fera l'affaire !" s'exclama-t-il en riant doucement. «C'est vraiment idyllique. « Abercrombie » et « Robinson Crusoé », « Jeremy Taylor » et « Thomas à Kempis ». Mon pauvre garçon, si tu as un casque, comme il doit avoir besoin d'être huilé !

J'ai été un peu indigné par son ton et je lui ai répondu rapidement.

"Je ne sais pas. Je ne suis pas sûr de devoir vraiment m'intéresser à votre genre de livres.

Il arqua ses fins sourcils et le sourire persistait toujours sur ses lèvres.

"En effet! Et pourquoi pas? Et comment as-tu pu deviner de quel genre de livres il s'agissait, sans les avoir vus ?

"Eh bien, peut-être que je ne veux pas dire exactement cela", répondis-je en m'asseyant sur le bord de la table et en enfonçant profondément mes mains dans les poches de mon pantalon, avec la sensation inconfortable de me ridiculiser. "Je jugeais d'après ce que tu disais hier soir. Si l'étude vous a seulement conduit au pessimisme, je préférerais être ignorant.

"Tu es vraiment un garçon merveilleusement sage pour ton âge", dit-il, toujours souriant. « Mais il ne faut pas oublier qu'il existe deux branches d'études distinctes. L'une, la plus populaire et la plus communément reconnue, conduit à la connaissance acquise

: la connaissance des faits, des sciences et des langues ; l'autre est le pur aiguisage et l'entraînement de l'esprit, en lisant les pensées, les idées et les théories des autres – en bref, en devenant le maître de tous les écrivains philosophiques de toutes les nations. Or, c'est cette dernière qu'il faudrait éviter pour conserver votre simplicité arcadienne actuelle ; mais sans le premier, l'homme n'est guère au-dessus du niveau de l'animal.

"Je pense que je vois ce que tu veux dire," admis-je. « J'aimerais être un bon érudit classique et un bon mathématicien et savoir beaucoup de choses. Il me semble, ajoutai-je avec hésitation, que ce genre de connaissances est tout à fait suffisant pour fortifier et entraîner l'esprit. L'autre risque fort de le surentraîner et de se révéler malsain, surtout s'il mène tout le monde là où il vous a conduit.

"Oh, je ne voulais pas de leader!" » dit-il légèrement. « Je suis né pessimiste. Schopenhauer était mon premier ami, Voltaire mon professeur et Shelley mon dieu ! Question de disposition, bien sûr. J'avais trop peu d'imagination pour me soucier de cultiver une religion, et trop pour être moraliste. Alors, ta mère arrive enfin ?

La porte s'est ouverte et j'ai levé les yeux anxieux. Les mots d'introduction qui tremblaient sur mes lèvres n'étaient pas prononcés. J'étais aussi impuissant et abasourdi qu'un garçon de laboureur, les yeux fixés sur ma mère.

CHAPITRE VII.
UNE RENCONTRE ET UNE MÉTAMORPHOSE.

Que ce soit ma mère, je ne pouvais pas le croire au début. Elle portait une robe sombre et unie, avec un foulard de dentelle noire autour du cou ; mais une robe, aussi simple soit-elle, d'un style et d'une matière qui ne ressemblait à aucune de celles que je lui avais jamais vue porter auparavant. Même si je ne savais rien de son histoire, j'avais toujours soupçonné qu'elle était d'un état très différent de celui de mon père, et à ce moment-là je le savais, car il me semblait qu'elle avait, tout d'un coup, décidé d'assumer sa bonne position. Non seulement sa tenue vestimentaire et la façon dont elle était coiffée étaient inhabituelles, mais ses manières, sa voix, toute son allure et son apparence étaient complètement changées. C'était comme si, sans le moindre avertissement, elle avait laissé tomber le masque des longues années et réintégré, comme un éclair, la personnalité qui lui appartenait.

Ce n'est pas non plus le seul changement. Une légère rougeur rose avait chassé la pâleur plombée de ses joues, et ses yeux, qui semblaient ces derniers temps ternes et lourds, étaient pleins d'une lumière étincelante et d'une animation contenue. Ses manières, ainsi que son apparence personnelle, témoignaient toutes d'une métamorphose surprenante. J'étais plus qu'étonné ; J'étais abasourdi. Ce qui me paraissait le plus merveilleux, c'était qu'une visite de l'homme contre lequel elle m'avait si solennellement et passionnément mis en garde l'eût ainsi galvanisée dans un autre état d'être.

M. Ravenor se leva à son entrée et s'inclina avec la grâce facile d'un homme du monde. Ma mère lui rendit son salut avec une maîtrise de soi majestueuse qui correspondait à la sienne ; mais je fus frappé, en les observant tous deux de près, que, alors qu'il était parfaitement serein, elle l'était en réalité loin de l'être. Je voyais les doigts blancs et délicats de sa main gauche s'enrouler convulsivement autour du mouchoir de dentelle qu'elle portait, et quand elle entra dans un frisson — disparu en un instant et perceptible pour moi seul, car mes yeux étaient fixés sur elle — la secouai. silhouette mince et souple.

Mais dans les quelques propos banals qui s'échangeèrent d'abord entre eux, rien dans le discours ni dans les manières ne trahissait le moindre embarras. Elle lui répondit comme si c'était son propre ordre, gracieusement, tout en lui laissant voir que sa visite était une surprise pour elle et qu'elle attendait qu'il en déclare le but. Je me suis quelque peu attardé sur cette rencontre pour des raisons qui apparaîtront suffisamment lorsque j'aurai terminé mon récit.

Après quelques remarques sur la ferme, les récoltes et le temps favorable, il donna l'explication souhaitée.

«Je suis venu vous dire quelques mots à propos de votre fils, Mme Morton», commença-t-il brusquement.

Elle et moi avions l'air également étonnés.

"Je suis un homme de peu de mots", a-t-il poursuivi. « Il vaudrait mieux, je pense, dire à vous seule, Mme Morton, les quelques mots que je désire dire à ce sujet.

J'aurais voulu quitter la pièce tout de suite, mais ma mère m'en a empêché. Elle posa une main tremblante sur mon épaule et me rapprocha d'elle.

"Vous ne pouvez rien avoir à me dire, M. Ravenor, qu'il ne vaudrait pas mieux qu'il entende, d'autant plus que vous dites que cela le concerne."

Il haussa ses hautes épaules carrées, comme indifférent ; mais je crus néanmoins qu'une nuance de contrariété resta un instant sur son visage.

"Très bien!" dit-il brièvement. « La rumeur vous a peut-être dit, Mme Morton, si jamais vous écoutez de telles choses, que je suis un homme très méchant. Peut-être! Je ne le nie pas ! En tout cas, je suis, par disposition et par habitude, profondément égoïste. Je dois à votre fils un luxe, celui d'avoir trouvé pendant quelques minutes ma pensée retirée de moi-même, événement des plus rares chez moi.

«Je l'ai rencontré hier soir et j'ai parlé avec lui. Il parlait comme un imbécile, c'est vrai, mais ça n'a rien à voir. Ensuite, j'ai repensé à lui ; je me demandais ce que tu allais faire de lui ; je me suis rappelé — pardon ! — que tu dois être pauvre ; et je me suis souvenu aussi que tu as souffert à cause d'un de mes serviteurs.

Il fit une pause. Pendant près d'une demi-minute, ils se regardèrent en face : ma mère et cet homme. Il y avait quelque chose dans son regard ravi et fasciné, et dans la lumière vive et brillante qui brillait de ses yeux sombres alors qu'il le rendait, qui me parut étrange. C'était comme un défi proposé et accepté, un duel dans lequel ni l'un ni l'autre n'était vaincu, ni l'un ni l'autre ne bronchait.

« Il m'est alors venu à l'esprit, continua-t-il calmement, de vous appeler et de vous demander ce que vous comptiez faire de lui, et de plaider, pour excuser la suggestion que je vais vous faire, les raisons que je viens d'exposer. Je suis un homme riche, comme vous le savez, et l'argent ne serait rien pour moi. Je souhaite être autorisé à prendre en charge les dépenses liées à la fin des études de votre fils.

Cela me parut une offre magnifiquement généreuse, mais très simple. Je ne comprenais pas l'agitation et l'apparente indécision que cela causait à ma mère. J'aurais pu comprendre son refus prompt, même si cela aurait été un coup dur pour moi. Mais ce mélange d'horreur et de consternation, d'émotion et de désarroi, je ne pouvais rien comprendre. Le sentiment dont j'avais imaginé qu'il se manifesterait sûrement — la gratitude — brillait par son absence. Qu'est-ce que tout cela signifiait ?

Ma mère s'est assise et M. Ravenor s'est penché en arrière dans son fauteuil, apparemment content d'attendre sa décision. J'ai traversé la pièce à ses côtés et j'ai pris ses doigts froids dans les miens.

« Mère, m'écriai-je, les joues rougeoyantes et la voix tremblante d'impatience, qu'y a-t-il ? Pourquoi ne dites-vous pas « oui » ? Tu sais à quel point j'ai voulu aller à l'université ! Il n'y a aucune raison pour que vous ne consentiez pas, n'est-ce pas ? »

M. Ravenor sourit — un très léger mouvement des lèvres.

« Si votre mère tient compte de vos intérêts, dit-il calmement, elle y consentira certainement.

J'étais sur le point de parler, mais ma mère a levé les yeux et j'ai vérifié les mots sur mes lèvres.

"M. Ravenor," dit-elle doucement, "J'accepte votre offre et je vous en remercie. C'est tout ce que je peux dire.

"C'est assez", remarqua-t-il nonchalamment.

"Mais il y a une chose que j'aimerais que vous compreniez", ajouta-t-elle en le regardant. « J'y consens, c'est vrai ; mais, s'il n'y avait pas eu une autre raison, bien plus puissante pour moi que toutes celles que vous avez invoquées, je n'aurais jamais dû le faire. C'est une raison que vous ne connaissez pas – et que je prie pour que vous ne la connaissiez jamais », a-t-elle ajouté d'une voix plus basse.

Il ne répondit rien ; en effet, il semblait peu intéressé par les paroles de ma mère. Il se tourna plutôt vers moi et lut sur mon visage tout l'enthousiasme qui manquait au sien. J'aurais parlé, mais il a levé la main et m'a contrôlé.

« Seulement à une condition », dit-il froidement. "Non merci. Je les déteste! Ce que je fais pour toi, je le fais pour me faire plaisir. L'argent que cela me coûtera n'est pas plus que ce que j'ai gaspillé bien des fois pour le moindre plaisir passager. J'ai simplement choisi de satisfaire un caprice, et il se trouve que vous êtes gagnant. N'oubliez pas que la meilleure façon de montrer votre gratitude est le silence.

Ses paroles tombaient comme des gouttes de glace sur mon impétuosité. Je suis resté silencieux sans effort.

« D'après ce que vous venez de dire, poursuivit-il, j'apprends que vous avez désiré perfectionner votre éducation d'une manière que vous n'auriez pas pu faire ici. Avez-vous des objectifs distincts ? Je veux dire, avez-vous des idées précises quant à l'avenir ?

J'ai secoué ma tête.

"Je n'ai jamais osé en encourager", répondis-je avec honnêteté. "Je savais que nous étions pauvres et que je devrais bientôt penser à gagner ma vie, probablement en tant qu'instituteur."

– Vous voulez donc dire que vous n'avez jamais eu d'ambitions distinctes : tout a été vague ?

"Sauf une chose," répondis-je lentement. "Il y a une chose que je me suis toujours fixé d'accomplir un jour, mais ce n'est guère une ambition et cela n'a rien à voir avec une carrière."

"Dis-le moi!" ordonna-t-il.

Je l'ai fait, sans hésitation, en le regardant bien en face avec des couleurs exacerbées, mais en parlant avec toute la détermination que je sentais dans mon cœur.

« J'ai décidé qu'un jour je retrouverai l'homme Francis, l'homme qui a assassiné mon père !

Il resta silencieux. J'aurais presque cru qu'il était dans une certaine mesure ému par mes paroles, et la beauté raffinée de son visage sombre était rehaussée un instant par l'air étrange et triste qui le traversait. Puis il se leva et prit sa cravache sur la table.

« Un enthousiasme enfantin », remarqua-t-il avec mépris en se dirigeant vers la porte. « Là où les détectives les plus intelligents d'Angleterre ont échoué, vous espérez réussir. Eh bien, je vous souhaite du succès. Le coquin mérite de swinguer, certainement. Vous aurez de mes nouvelles dans un jour ou deux. Bonjour!"

Il quitta brusquement la pièce et je le suivis, sortant tête nue au soleil pour chercher Jim, qui conduisait son cheval sur la route.

Quand je suis revenu, M. Ravenor se tenait toujours sur le pas de la porte et me regardait attentivement.

«Je retourne parler un instant à ta mère», dit-il lentement, retirant enfin ses yeux de mon visage. "Non; arrêtez-vous où vous êtes ! ajouta-t-il impérativement. "Je souhaite lui parler seule."

Je lui ai obéi et j'ai erré dans le verger jusqu'à ce que je le voie sortir et galoper furieusement à travers le parc. Puis je me suis précipité dans la maison.

"Mère!" M'écriai-je en l'appelant avant d'avoir ouvert la porte du salon : « Mère, qu'est-ce que tu… »

Je m'arrêtai net et me précipitai à ses côtés, alarmé par son apparence. Ses joues, même ses lèvres, étaient pâles et ses yeux étaient fermés. Elle s'était évanouie sur sa chaise.

CHAPITRE VIII.
UNE DEMEURE DE MYSTÈRE.

Pour la première fois de ma vie, j'étais en route vers le château de Ravenor, convoqué par une note brève et impérieuse de M. Ravenor. Souvent, depuis les collines lointaines du parc, j'avais regardé avec envie ses tours grises et escarpées et ses puissants créneaux ; mais je n'avais jamais osé escalader le haut mur menant à l'intérieur du parc, ni même emprunter l'allée des domestiques pour mieux le connaître.

L'une des raisons pour lesquelles je m'étais abstenu de faire ce qui, à première vue, semblait être une chose très naturelle à faire, était une promesse solennelle faite à ma mère, arrachée presque aussitôt que j'étais capable de me déplacer par moi-même, de ne jamais passer à l'intérieur de ce grand mur d'enceinte qui encerclait complètement le parc intérieur et les gardiens du château. Mais, à part cela, la chose m'aurait été de toute façon impossible.

J'ai déjà dit que M. Ravenor avait le caractère d'un homme remarquablement excentrique. L'une des manifestations les plus frappantes de cette excentricité résidait peut-être dans l'isolement rigide dans lequel il avait choisi de vivre au château et dans les précautions extraordinaires qu'il avait prises pour empêcher tous les intrus et visiteurs de toute sorte d'avoir accès à lui.

Depuis l'extérieur, on n'essayait en effet pas d'exclure quiconque appartenant au quartier qui choisirait de s'y promener, et en l'absence de M. Ravenor, les visiteurs qui avaient obtenu la permission du steward étaient parfois autorisés à passer en voiture ; mais l'accès au parc et au château lui-même était tout simplement impossible. Si le château de Ravenor avait été la demeure d'un souverain et le pays environnant possédé par un peuple hostile, les précautions n'auraient guère pu être plus rigoureuses.

Le haut mur de pierre, qui encerclait le château et les jardins sur un circuit de trois quarts de mile, les isolait efficacement du monde extérieur. Les portes de la poterne avec lesquelles elle était percée étaient en fer massif, et les serrures qui les fixaient auraient été façonnées par un Hindou que M. Ravenor avait ramené un jour de l'Inde avec lui, et seraient parfaitement uniques dans leur conception. et la fabrication. Les deux entrées cochères principales, distantes d'environ un demi-mile, n'étaient remarquables que par les belles proportions des imposantes portes en fer ; mais ils étaient toujours jalousement fermés à clé et verrouillés, et le sort de l'invité non invité qui s'y présentait était inévitable. Il n'y avait pas d'admission.

L'après-midi touchait à sa fin lorsque je tournai le dernier coin de l'avenue sinueuse et m'approchai de l'entrée. Cela avait été une journée folle et fanfaronnante ; mais juste avant que je parte de chez moi, le vent était tombé et un soleil d'eau, perçant faiblement les masses de nuages lourds dont le ciel était jonché, brillait, d'une lueur pâle et peu naturelle, sur les bouquets de sapins des deux côtés. côté du chemin et les tours massives et renfrognées du château se ferment au-dessus de moi.

Sous mes pieds et autour de moi, tout était mouillé. Au moindre mouvement de la brise mourante, des averses de gouttes de pluie tombaient des arbustes et des arbres, et à chaque pas mes pieds s'enfonçaient dans le gravier mou et détrempé, ou faisaient jaillir l'humidité des couches de feuilles et de brindilles pourries que le vent du matin avait apportées. dispersés le long de la route.

C'était un après-midi pour rafraîchir le moral de tout le monde ; et c'est peut-être à l'influence du temps que je dus le soudain effondrement de cœur et de courage qui m'envahit alors que je ralentissais le pas devant les loges sinistres et les portes grillagées. J'étais parti de la maison, malgré le visage blanc et l'air nerveux et tremblant de ma mère, dans un état d'excitation agréable.

J'allais pénétrer dans un mystère qui avait fait la curiosité de mon enfance ; Je devais devenir l'un des rares privilégiés à avoir été autorisés à franchir les portes du château de Ravenor ; et, plus encore, j'étais sur le point de m'y rendre en tant qu'invité d'un homme dont la merveilleuse réputation, la personnalité et la carrière avaient éveillé en moi une vénération presque passionnée - un homme qui avait longtemps été l'objet de mon dévouement, quoique enfantin et enfantin. déraisonnable, culte du héros. Pourtant, même s'il semblait que j'avais tout à gagner et rien à craindre ou à perdre lors de l'entretien à venir, à peine étais-je arrivé en vue de ma destination que mon moral tomba à zéro.

Une femme l'aurait appelé un pressentiment et l'aurait accepté avec un désespoir muet. Pour moi, cela ne semblait être qu'une réaction déraisonnable de mon état antérieur d'excitation refoulée - un sentiment d'être écrasé à tout prix, de peur de me tenir, avec un visage sombre et ingrat, devant l'homme au pouvoir duquel il était en pouvoir de me faire sortir de mon état actuel. position et perspectives désagréables. Je rejetai donc la tête en arrière et hâtai le pas, gardant résolument devant moi tout ce que j'avais osé espérer de ma prochaine entrevue ; et au moment où je me trouvai devant les grandes portes de fer et tendis la main pour sonner la cloche, la dépression avait presque disparu, et l'empressement que je ressentais se reflétait sans aucun doute pleinement sur mon visage.

Je n'avais pas besoin de sonner. Mon dernier pas rapide était tombé sur une substance plus dure que le gravier sur lequel je marchais, et le contact de mes pieds avec cette substance fit connaître ma présence d'une manière qui ne me surprit pas peu. Il y eut une sonnerie stridente provenant de la porte du lodge à ma droite, et presque simultanément, elle s'ouvrit et un domestique en sortit dans la livrée sombre de Ravenor.

« Auriez-vous la bonté, monsieur, de descendre du bordage ? il a dit.

J'ai reculé d'un mètre ou deux et la cloche – c'était une cloche électrique, bien sûr – s'est immédiatement arrêtée. C'était ma première expérience d'un tel moyen de communication, et je restai un moment à regarder en bas avec une certaine perplexité.

"Votre nom et votre entreprise, monsieur?" » demanda respectueusement l'homme. « Souhaitez-vous voir M. Clemson ? M. Clemson était l'intendant.

"Je m'appelle Morton et mes affaires concernent M. Ravenor", répondis-je. "Je veux le voir."

"Je crains que M. Ravenor ne puisse pas vous voir, monsieur", dit-il. "Avez-vous un rendez-vous?"

"Oui; pour cinq heures, répondis-je. Et à peine ces mots avaient-ils quitté mes lèvres que le premier coup de l'heure retentit sur la grande horloge du Château. Peut-être que, plus que toute autre chose, ce son m'a fait prendre conscience de l'endroit où j'étais. Heure après heure, tout au long de ma vie, depuis les profondeurs de Rothland Wood, depuis mes prairies natales ou lors de mes longues promenades dans les lointaines collines de Barnwood, j'avais entendu ces carillons profonds et palpitants ; parfois faible et grave, lorsque le vent éloignait le son de moi, parfois dur et perçant dans la tempête, et souvent aussi clair et distinct que si seulement une nappe d'eau s'étendait entre nous. Et maintenant, je me tenais presque à un jet de pierre d'eux, et je ne m'étonnais plus que les notes profondes et retentissantes voyagent si loin à travers les collines et les landes que je n'avais jamais encore pu m'éloigner de leur écoute.

L'homme accepta mon explication après un moment d'hésitation et, s'écartant de la porte par laquelle il était sorti, me fit signe d'entrer. Je l'ai fait et j'ai reçu une nouvelle surprise. Au lieu de me retrouver chez l'un des domestiques du domaine, ce qui eût semblé naturel, je me suis retrouvé dans une salle d'attente des plus luxueusement meublées, ornée de miroirs et de tableaux encadrés de chêne sur un mur lambrissé sombre. Mes pieds s'enfoncèrent dans un épais tapis, et je m'affaissai, un peu hébété, dans un fauteuil bas en velours cramoisi, et trouvai à côté de moi une table couverte de revues.

L'homme m'a suivi dans la pièce et, alors qu'il se dirigeait vers l'extrémité supérieure, il a fait rouler vers moi une table plus petite sur laquelle se trouvaient des carafes, des verres et une longue boîte de cigarettes. Sans leur jeter un coup d'œil, je l'ai vu ouvrir un grand placard et disparaître à moitié à l'intérieur.

Il y resta près de cinq minutes. Puis il est sorti, l'a soigneusement verrouillé et s'est avancé vers moi. Je pensais qu'il y avait un peu plus de respect dans ses manières et certainement une certaine surprise.

"M. Le serviteur de Ravenor sera là dans quelques minutes, monsieur, pour vous montrer le chemin vers le château.

Je pensais que j'aurais très bien pu le trouver par moi-même, mais bien sûr, je ne pouvais pas le dire. Je m'occupai d'examiner le contenu de la pièce et luttai pendant quelques instants entre un sentiment de forte curiosité et une réticence naturelle à poser des questions à un domestique, surtout à un domestique dont les manières semblaient si peu invitantes. Finalement les premiers ont vaincu.

« Comment as-tu découvert cela sans quitter cette pièce ? » J'ai demandé.

Il montra le placard.

« Nous avons là-bas un téléphone en relation avec le Château, monsieur », expliqua-t-il. Puis il s'occupa de ranger quelques papiers sur une table à l'autre bout de l'appartement, avec l'air évident de ne pas désirer être interrogé davantage.

L'explication était si simple que j'ai souri. Je commençai à me rendre compte des causes très insuffisantes qui avaient donné naissance aux histoires qui circulaient toujours sur le mystère dans lequel le maître du château de Ravenor avait choisi de demeurer. Quoi de plus naturel qu'un homme d'éducation libérale, passionné par la solitude absolue, cherche à l'assurer par des moyens comme ceux-ci, par l'application de dispositifs scientifiques très simples, assez courants dans une ville, mais inconnus dans notre pays. quartier de campagne calme ?

J'ai dû attendre environ un quart d'heure. Puis la porte s'ouvrit sans bruit du dehors et un grand homme brun, rasé de près et vêtu de noir, relevé d'une cravate d'un blanc immaculé, entra et me regarda. Je me levai et jetai le magazine que je faisais semblant de lire.

"Vous êtes M. Morton?" » demanda-t-il d'un ton calme, tout en me regardant fixement avec un regard quelque peu perplexe et critique, ce qui, peut-être de manière déraisonnable, m'ennuyait extrêmement. C'était cependant une contrariété que je pris soin de ne pas montrer, car quelque chose dans la personnalité de cet homme m'impressionnait. Ses manières, bien que soigneusement respectueuses, n'étaient pas dénuées d'une certaine dignité tranquille, et son visage ovale et maigre, presque émacié, avait en lui plus qu'un soupçon de raffinement. Mon premier regard, alors que j'étais soumis à son bref examen, m'a assuré qu'il ne s'agissait pas d'un domestique ordinaire.

«C'est mon nom», répondis-je. « Vous êtes venu m'emmener chez M. Ravenor ?

"Si vous voulez bien me suivre, monsieur."

J'ai pris ma casquette et je l'ai fait, en escaladant à grands pas la montée raide, espérant ainsi gagner son camp et lui poser quelques questions sur l'endroit. Mais il l'a empêché en se précipitant alors que j'étais juste derrière lui ; aussi, après la troisième tentative, j'y renonçai et me contentai de regarder autour de moi autant que je pouvais et de profiter au maximum de la courte promenade.

D'un côté de l'allée – j'avais emprunté peu d'autoroutes aussi larges – se trouvait une haute haie d'ifs, qui masquait peu ma vue, car l'épaisse forêt de pins noirs qui dominait et formait un arrière-plan si saisissant pour le grand vieux château. n'avait jamais été éclaircie dans cette direction et s'étendait en une large ceinture irrégulière, longeant la longue ligne de dépendances jusqu'aux collines et au-delà. Mais sur la droite, seule une clôture basse nous séparait du terrain situé immédiatement devant le château, qu'un virage soudain de la route aux lacets serrés mettait en évidence.

Mon ignorance absolue de l'architecture m'interdit de tenter de la décrire, sauf dans son effet général. Je me souviens même maintenant de l'effet que cela m'a fait lorsque je me suis tenu pour la première fois presque à ses pieds. De loin, ses créneaux renfrognés et ses tourelles grises usées avaient un aspect majestueux ; mais, me trouvant alors à quelques centaines de mètres de sa façade vaste et imposante, et presque à l'ombre de ses murs et de ses tours, son effet était tout simplement impressionnant.

J'ai presque retenu mon souffle en le contemplant ainsi que les pelouses de la terrasse, en pente en contrebas, bien rasées, veloutées, la perfection même du gazon anglais. Non pas que j'aie eu beaucoup de temps pour regarder autour de moi. Au contraire, mon conducteur ne ralentissait pas une seule fois le pas, et lorsque je m'arrêtais involontairement un instant, les yeux rivés sur la magnifique pile devant moi, il jeta un regard brusque autour de lui et me fit signe avec impatience de continuer.

"M. Ravenor n'a pas l'habitude d'attendre, monsieur, remarqua-t-il, et il nous attendra.

Je me ressaisis avec effort et le suivis de plus près. Nous passâmes sous un pont de maçonnerie solide, incrusté de mousse et marqué des tempêtes des siècles et des marques plus grossières du bélier et du canon, à travers une large cour circulaire protégée par des portes de fer massives, qui s'ouvraient lentement devant nous avec de nombreux grincements et grincements lourds, comme si je répugnais à admettre un étranger, dans une grande salle blanche, pavée de pierres, faiblement éclairée, mais suffisamment éclairée pour me permettre de percevoir les longues rangées de guerriers en armure qui bordaient les murs, et les lances. et des lances et des boucliers qui brillaient au-dessus de leurs têtes.

Nous la traversâmes tout droit, nos pas éveillant des échos retentissants en tombant sur les dalles polies, par une porte du côté opposé, dans une pièce qui me coupa presque le souffle. Du haut plafond voûté jusqu'au sol, de chaque côté de l'appartement, il y avait des livres – rien que des livres.

Deux hommes, l'un vieux, l'autre du même âge, levèrent les yeux d'une table lorsque nous entrâmes et s'arrêtèrent dans leur travail, qui semblait être un catalogage ; mais mon guide les dépassa sans remarque ni remarque, et traversa tout droit la pièce jusqu'à l'endroit où un rideau cramoisi, pendant en plis épais, cachait une porte de chêne noir. Ici, il a frappé, et j'ai attendu à ses côtés jusqu'à ce que la réponse vienne sur ce ton clair et bas, que, même si je ne l'avais entendu qu'une ou deux fois auparavant, j'aurais pu reconnaître entre mille. Puis mon guide tourna la poignée et, me faisant silencieusement signe d'entrer, me quitta.

CHAPITRE IX.
M. MARX.

Au début, je n'avais d'yeux que pour la silhouette sombre assise à quelques mètres de moi, devant un petit bureau placé au centre de la pièce. Il était penché sur son bureau et ne levait même pas les yeux ni ne cessait d'écrire à mon entrée. Devant lui, sur la table, et éparpillés autour de sa chaise sur le sol, se trouvaient de nombreuses feuilles de papier blanc recouvertes de son écriture large et ferme, certaines avec l'encre à peine sèche dessus ; et tandis que je me tenais devant lui, il en balaya impatiemment un autre sur son bureau et, sans attendre de le voir tomber au sol, commença un nouveau drap.

Un verre d'eau, quelques biscuits secs et une petite pile de livres, certains retournés face contre terre, étaient à ses côtés. Il n'y avait rien d'autre sur la table, qu'une grande pile de papiers inutilisés, une montre détachée de sa chaîne et une lampe à gros abat-jour qui jetait une lumière épouvantable sur son visage blanc et usé, et sur ses yeux secs et brillants, sous lesquels étaient faiblement gravés les jantes sombres de l'étudiant.

Je l'ai observé pendant un moment, fasciné. Puis, comme il ne me prêtait pas la moindre attention, mes yeux se mirent à errer dans la pièce. Elle était hexagonale et, de tous les côtés sauf un, tapissée de livres du sol jusqu'au haut plafond. Les meubles étaient tous en chêne noir, tout comme les étagères, et les tapis et les tentures étaient d'un vert olive foncé. La cheminée et la grille marquetée étaient en marbre noir, légèrement rehaussé d'or, et à l'intérieur des barreaux polis de la grille brûlait un petit feu.

Il n'y avait rien de gai dans l'appartement ; au contraire, il me paraissait, quoique magnifique, sombre et lourd, enveloppé dans l'obscurité d'un crépuscule lugubre, que le feu vacillant et l'abat-jour ne parvenaient pas à percer. Depuis les hautes portes-fenêtres, j'apercevais une longue étendue de pelouse détrempée, au-delà de laquelle tout était enveloppé dans la semi-obscurité du crépuscule qui tombait rapidement, approfondi par le ciel gris et nuageux. Mais j'ai choisi, après mon premier coup d'œil autour de la pièce, de garder les yeux fixés sur l'homme qui était assis en train d'écrire devant moi, l'homme pour qui déjà je ressentais un intérêt si fort qu'il engourdissait toute la curiosité que j'aurais autrement pu ressentir. à mon entourage.

Il parut enfin conscient de ma présence. Levant les yeux, pour leur accorder un moment de repos, il rencontra mon regard fixe. Pendant un moment, il m'a regardé d'un air perplexe, comme s'il se demandait comment j'étais arrivé là. Puis son expression changea et, posant son stylo, il repoussa ses papiers.

« Alors vous êtes venu, Philip Morton », dit-il.

À une affirmation aussi évidente, je ne pouvais répondre qu'une brève affirmative. Mais il semblait n'attendre rien de plus.

« Quel âge as-tu dit que tu avais ? » » demanda-t-il brusquement.

"Dix-sept ans, monsieur."

Il lui fallut bien cinq minutes avant de reprendre la parole, pendant lesquelles il resta assis, les sourcils froncés et les yeux fixés intensément mais distraitement sur moi, plongé dans ses pensées, et dont il me semblait, d'une manière ou d'une autre, que je devais être le sujet.

"Où êtes-vous né?"

« À la ferme, monsieur… du moins, je suppose. »

Il m'est venu à l'esprit à ce moment-là que je n'avais jamais entendu parler de la période de ma première enfance ni par mon père ni par ma mère. Mais ce n'était qu'une pensée passagère, rejetée presque aussitôt conçue. N'avions-nous pas toujours vécu à la ferme ? Où d'autre aurais-je pu naître ?

« Connaissez-vous des parents de votre mère ? » a demandé M. Ravenor, sans tenir compte de l'ajout qualificatif à ma réponse précédente.

J'ai secoué ma tête. Je n'en avais jamais vu ni entendu parler, et c'était une circonstance à laquelle j'avais réfléchi plus d'une fois. Mais l'attitude réservée de ma mère à mon égard ces dernières années avait mis un terme à de nombreuses questions que j'aurais pu autrement avoir envie de lui poser. Il y eut un bref silence pendant lequel M. Ravenor resta assis, le visage à moitié détourné de moi, le reposant légèrement sur les doigts longs et délicats de sa main gauche.

« Vous êtes un peu jeune pour l'université, » dit-il maintenant, d'un ton plus neutre ; « D'ailleurs, je doute que vous soyez assez avancé. J'ai donc décidé de vous envoyer pendant deux ans chez un ecclésiastique du Lincolnshire qui reçoit quelques élèves, parmi lesquels mon propre neveu. C'est un de mes amis et il donnera une certaine forme à vos études. Il y a une ou deux choses dont je vous demanderai de vous souvenir une fois sur place », a-t-il poursuivi.

« D'abord, que ce petit arrangement entre ta mère, toi et moi reste absolument un secret entre nous. Aussi que vous recherchiez, ou, en tout cas, ne refusez pas, l'amitié de mon neveu, Cecil, Lord Silchester. D'après ce que j'ai pu apprendre, je crains qu'il ne se comporte d'une manière très insatisfaisante et, comme je le sais faible d'esprit et facile à diriger, son comportement actuel et son caractère futur dépendent dans une large mesure de la influence que ses compagnons immédiats peuvent avoir sur lui. Vous me comprenez?"

J'acquiesçai silencieusement, car les mots à ce moment-là n'étaient pas à ma disposition ; mes joues étaient rouges et mon cœur battait de plaisir devant la confiance qu'impliquaient en moi les paroles de M. Ravenor. Ce moment a été l'un des plus doux de ma vie.

« Bien entendu, je ne souhaite pas que vous jouiez à l'espion sur mon neveu d'une manière ou d'une autre », a poursuivi M. Ravenor, « mais j'attendrai de vous que vous me disiez la vérité impartiale si, à tout moment, je vous posais des questions le concernant. ; et si vous pensez, après y avoir été quelque temps et avoir eu l'occasion de juger, qu'il serait susceptible de faire mieux ailleurs, sous une discipline plus stricte que chez le Dr Randall, j'attendrai que vous me le disiez. En termes simples, Philip Morton, je vous demande de vous intéresser à mon neveu et de prendre soin de lui.

«Je ferai de mon mieux, monsieur», répondis-je avec ferveur.

« Un jeune mentor, vraiment ! »

Ces mots, accompagnés de quelque chose qui ressemblait beaucoup à un ricanement, ne venaient ni de M. Ravenor ni de moi-même. Ou bien une troisième personne devait se trouver dans la chambre avant mon arrivée et pendant toute notre conversation, ou bien il devait y être entré puisque par un moyen que je ne connaissais pas, car presque à mon coude, du côté éloigné de la porte, se tenait l'homme qui était entré par effraction, sans excuses ni explications, lors de notre entretien.

Tant par l'étrange manière de son costume que par sa personnalité, je ne pus réprimer une forte curiosité pour le nouveau venu. Il était au-dessus de la taille moyenne, mais d' une silhouette gauche et disgracieuse, sa massivité rehaussée par la longue robe de chambre noire qui l'entourait librement. Ses cheveux et sa barbe étaient d'une teinte rougeâtre foncé, la première étant en partie cachée par une calotte de soie noire, et il portait d'épaisses lunettes bleues, qui n'ajoutaient en rien à l'attrait de son visage ; ses traits, ceux qui étaient visibles, étaient bons, mais leur effet était complètement gâché par les lunettes défigurantes et son teint curieux. Il y avait en lui un air de puissance difficile à analyser, mais suffisamment apparent, qui le rachetait tout à fait de la grossièreté, ou même de la médiocrité ; et sa voix aussi était bonne. Mais mes impressions à son sujet étaient très mitigées.

C'était évidemment quelqu'un de important dans la maison, car il se tenait sur le foyer, les mains enfoncées dans ses poches lâches, tout à fait à son aise et sans s'excuser de son apparence sans cérémonie. Lorsque je me suis tourné pour la première fois vers lui, il m'examinait avec un regard froid et critique, ce qui me mettait mal à l'aise sans savoir pourquoi.

« Qui est le jeune gentleman ? » » demanda-t-il en se tournant vers M. Ravenor. "Tu ne veux pas me présenter?"

M. Ravenor prit quelques papiers posés sur la table devant lui et commença à les trier.

"C'est Philip Morton, le fils de l'homme qui a été assassiné à Rothland Wood", répondit-il doucement. "Je vais entreprendre son éducation."

"En effet! Vous devenez un véritable philanthrope », fut la réponse. "Mais pourquoi ne pas l'envoyer immédiatement dans une école publique ?"

"Parce qu'une école publique serait tout simplement le pire endroit pour lui", répondit froidement M. Ravenor. « Son éducation a été assez bonne jusqu'à présent, j'ose dire, mais elle n'a pas été systématique. Il veut forme et proportion, et le Dr Randall est l'homme idéal pour y veiller.

Le nouveau venu haussa les épaules.

« Je ne crois pas aux tuteurs privés », a-t-il fait remarquer.

"Cela n'affecte guère la question", répondit M. Ravenor avec un peu de hauteur. "Es-tu prêt pour moi, Marx ?"

«Je le serai tout à l'heure. J'avais presque fini quand des bruits de voix m'incitèrent à sortir pour voir qui vous aviez admis en votre auguste présence. Vous n'avez pas terminé l'introduction.

M. Ravenor se tourna vers moi avec un léger froncement de sourcils sur son beau front.

« Morton, dit-il, voici M. Marx, mon secrétaire particulier et collaborateur. »

Nous avons échangé des salutations et je l'ai regardé avec un intérêt ravivé. L'homme qui méritait de travailler avec M. Ravenor devait être un véritable érudit et, dans l'ensemble, M. Marx en avait l'air. Je lui ai presque pardonné son discours hautain et son attitude condescendante.

« Vous êtes donc tout à fait décidé à envoyer ce jeune homme chez le docteur Randall ? » dit calmement M. Marx.

"J'ai. Il y a encore une ou deux choses dont je ne lui ai pas encore parlé, je serai donc heureux de vous revoir dans une demi-heure, remarqua M. Ravenor en jetant un coup d'œil à sa montre.

M. Marx m'a fait un signe de tête non hostile et, soulevant un rideau que je n'avais pas remarqué auparavant, il a disparu dans un appartement plus petit.

M. Ravenor a attendu d'être hors de portée puis s'est tourné vers moi.

« Je ne sais pas s'il est nécessaire que je le mentionne, car il est possible que vous ne reveniez plus en contact », dit-il lentement ; « Mais au cas où vous le feriez, rappelez-vous ceci : je souhaite que vous ayez le moins possible de relations avec M. Marx. Toi-"

Il s'interrompit brusquement et je sursautai et regardai autour de moi, à moitié étonné, à moitié effrayé. Le son continu d'une cloche électrique, qui semblait venir à quelques mètres de moi, résonnait dans la pièce.

CHAPITRE X.
DAME SILCHESTER.

M. Ravenor était assis comme un homme abasourdi par un choc soudain, tandis que la sonnerie stridente devenait de plus en plus impérative. Puis soudain, au moment où je m'y attendais le moins, il parla, et le fait que son ton calme et égal ne trahissait pas le moindre signe d'agitation ou quoi que ce soit qui s'en rapproche, fut pour moi un grand soulagement. Après tout, son silence aurait pu signifier de l'indifférence.

«Va là-bas», dit-il en désignant le coin de la pièce d'où provenait le son.

Je l'ai fait et j'ai vu juste devant moi ce qui semblait être une boîte en acajou sombre encastrée dans le mur.

"Touchez ce bouton", ordonna-t-il, "et placez votre oreille contre le tube."

A peine l'avais-je fait qu'une voix vive et agitée, que je reconnus pour celle de l'homme qui m'avait accueilli à la porte de la loge, se mit à parler. J'ai répété ses paroles à M. Ravenor.

« Je suis vraiment désolé, monsieur ; mais pendant que j'intervenais ici pour l'annoncer, Lady Silchester est passée. Elle est seule."

M. Ravenor ne fit aucun signe d'agacement ou de surprise. Je ne saurais dire si cette nouvelle était pour lui un soulagement ou l'inverse.

"Y a-t-il une réponse, monsieur?" J'ai demandé.

"Oui. Dites-lui de venir chercher son salaire chez le steward dans une heure et de se préparer à partir ce soir.

J'ai hésité puis j'ai répété les mots. M. Ravenor m'a observé attentivement.

"Vous pensez que je suis un maître sévère," dit-il brusquement.

C'était exactement ce qui me passait par la tête et je l'ai avoué. Il haussa les épaules.

«J'aime qu'on me obéisse implicitement et à la lettre», a-t-il déclaré. « Si le quart des gens qui se présentent ici pour me voir étaient autorisés à passer par mon château, mes loisirs, qui ont quelque valeur pour moi, seraient continuellement interrompus. Anderson a cependant été prudent jusqu'à présent, et cela doit lui servir de leçon. Vous pourrez lui dire en sortant que je lui donnerai une chance de plus.

Je me levai, ma casquette à la main, mais il me fit signe de revenir.

« J'ai une lettre à écrire à ta mère », dit-il en tirant vers lui un papier à lettres. "Attendez une minute ou deux."

Je me dirigeai vers les hautes portes-fenêtres et contemplai le crépuscule gris. J'étais à peine resté là un instant que le bruit des pas des chevaux et le roulement doux des roues remontant la large allée m'apprirent que le visiteur de M. Ravenor était à portée de main, et immédiatement après, un petit coupé passa devant la fenêtre et, décrivant un semi -cercle, arrêté devant la porte du hall. Un valet de pied sauta de la loge, et plusieurs domestiques, debout sur les marches, saluèrent respectueusement la dame qui était descendue de la voiture. Quelques instants plus tard, on frappa à la porte.

"Entrez", répondit M. Ravenor, sans lever les yeux, ni même cesser d'écrire, car j'entendais la large plume s'élancer sans pause sur le papier à lettres.

Un domestique ouvrit la porte et annonça « Lady Silchester », et une grande femme, enveloppée de la tête aux pieds dans des fourrures marron foncé, le dépassa et entra dans la pièce.

Un simple coup d'œil sur la silhouette élancée et majestueuse et sur les contours classiques de son visage m'a appris qui elle était et m'a dit avec raison. C'était la sœur de M. Ravenor.

M. Ravenor se leva et, sans poser sa plume, accueillit Lady Silchester avec une courtoisie froide et glaciale, qu'elle semblait cependant déterminée à ne pas remarquer.

"C'est une visite assez inattendue, n'est-ce pas ?" s'exclama-t-elle en s'enfonçant dans un fauteuil devant le feu avec un petit frisson. « Je n'ai jamais eu aussi froid ! Ces brumes d'automne sont affreuses et j'ai parcouru douze milles en voiture. Quelle pièce morne vous en avez faite ! ajouta-t-elle en regardant autour d'elle en haussant légèrement les épaules et en enfonçant plus profondément ses mains dans son manchon. "Comment peux-tu rester assis ici dans cette lumière fantomatique avec une seule lampe et un tel feu en plus ?"

Il sourit sinistrement, mais ce n'était pas un sourire qui annonçait une augmentation de la cordialité dans ses manières.

« Je n'ai pas l'habitude de recevoir des dames ici, dit-il, et je ne vous attendais pas. D'où venez-vous? Je pensais que tu étais à Rome.

Elle secoua la tête.

« J'aurais aimé que nous le soyons. Nous sommes revenus la semaine dernière et je suis allé directement aux Cedars, chez Tom à Melton, vous savez. Je ne pense pas avoir eu chaud depuis mon arrivée en Angleterre. En ce moment, je suis presque mort de froid.

«Je pense que vous trouveriez une des chambres de l'autre aile plus confortable», dit-il après une courte pause; « En outre, je suis actuellement fiancé. Vous dînez ici, bien sûr ?

"Bien sûr," répondit-elle. « Vous ne me renverriez pas à Melton sans dîner, n'est-ce pas, même si j'étais venu sans invitation ? Je meurs d'envie d'avoir une tasse de thé.

"Mme. Ross vous enverra tout ce que vous voudrez », a-t-il déclaré. "Je vais sonner pour elle."

Elle se leva et secoua ses jupes. Ses yeux tombèrent sur moi.

« Vous avez un visiteur », remarqua-t-elle. "Je suis désolé de vous avoir dérangé."

Elle me regarda fixement alors que j'avançais de quelques pas hors des ombres profondes qui traînaient à l'autre bout de l'appartement. Puis elle s'est tournée vers M. Ravenor, qui lui tenait la porte ouverte. Il croisa son regard fixement, avec un regard calme et interrogateur dans ses yeux profonds, comme s'il se demandait pourquoi elle s'attardait.

« Voulez-vous présenter votre visiteur ? » » demanda-t-elle lentement.

Il semblait désireux qu'elle parte, mais il s'est résigné.

« Certainement, répondit-il, si vous le souhaitez. Cecilia, permettez-moi de vous présenter M. Philip Morton, le fils d'un de mes anciens voisins. Vous serez peut-être intéressé d'apprendre que M. Morton est sur le point de terminer ses études avec le Dr Randall. Morton, voici ma sœur, Lady Silchester.

Lady Silchester leva une paire de lunettes dorées et me regarda fixement. Je n'étais pas habitué aux dames, mais les manières de Lady Silchester ne me plaisaient pas et, après une très légère révérence, je me redressai et lui rendis son regard sans broncher. Elle se détourna brusquement.

"Oui, je suis intéressée, un peu surprise", dit-elle d'un ton particulier. « Permettez-moi de vous féliciter, mon cher frère, pour… »

« Ai-je bien compris que tu disais que tu serais prête dans un quart d'heure, Cécilia ? l'interrompit-il calmement. "Permettez-moi d'ordonner que vos chevaux soient hébergés." Et il traversa la pièce en direction de la sonnette et la sonna.

Elle hésita, se mordit la lèvre et se tourna vers la porte sans ajouter un mot. Un domestique se tenait sur le seuil, appelé par la cloche.

"Laissez Mme Ross s'occuper de Lady Silchester immédiatement", ordonna M. Ravenor. « Sa Seigneurie prendra le thé dans sa chambre et dînera avec moi dans la bibliothèque à huit heures et demie. »

"Tres bien Monsieur."

La porte était fermée et nous étions de nouveau seuls. M. Ravenor revint à sa lettre, les lèvres légèrement entrouvertes dans un sourire tranquille. Je restai immobile, chaud et mal à l'aise, me demandant de quelle manière j'aurais pu offenser Lady Silchester. Le sens de la petite scène qui venait de se passer dépassait mon entendement. Mais je savais que cela avait un sens et que j'y étais d'une manière ou d'une autre concerné.

CHAPITRE XI.
LE CRI DANS L'AVENUE.

La lettre que M. Ravenor avait écrite à ma mère était enfin terminée et scellée. Puis il s'est penché en arrière sur sa chaise et m'a regardé fixement.

« Je ne vous reverrai pas avant votre départ, Philip Morton, dit-il, c'est pourquoi je souhaite vous rappeler une fois de plus ce que je vous ai dit au sujet de mon neveu, qui est le fils de lady Silchester, au revoir. Je sais qu'il va mal, mais j'aimerais savoir à quel point il va mal. Malheureusement, il n'a pas de père et, d'après ce que je me souviens de lui, j'imagine qu'il se laisse facilement conduire et qu'il serait très sensible à l'influence d'un esprit plus fort. Si vous êtes dans cet esprit — et je ne vois pas pourquoi ce ne serait pas le cas — ce serait bien pour lui. Votre optimisme délicieusement utopique est, en tout cas, sain », ajouta-t-il sèchement.

J'ai senti mes joues brûler et j'aurais parlé, mais M. Ravenor m'a arrêté.

« Qu'il n'y ait aucun malentendu entre nous », a-t-il déclaré. «Je ne désire aucune gratitude de votre part et je n'en mérite aucune. Ce que je fais, je le fais pour ma propre satisfaction — peut-être pour mon propre avantage ultime. Que vous en soyez gagnant est purement une question de hasard. Le caprice aurait tout aussi bien pu être inverse. J'aurais peut-être eu envie de vous faire expulser de cet endroit et, si c'était le cas, je l'aurais fait. Dans l'ensemble, c'est moi qui devrais vous être reconnaissant de ne pas me contrarier dans mon projet et de me laisser faire ce que je veux. Comprenez donc, s'il vous plaît, après cette explication, que je considérerai toute expression de gratitude de votre part comme une marque flagrante d'imbécillité, sans compter que cela m'ennuiera extrêmement.

J'ai écouté en silence. Que répondre à une manière aussi étrange de présenter un cas ? Les manières de M. Ravenor interdisaient tout doute quant à son sérieux et je ne pouvais que respecter ses souhaits.

"Comme vous ne me laissez pas vous remercier, monsieur, je pense que je ferais mieux d'y aller", dis-je sans détour. "Je suis sûr d'oublier si je reste ici plus longtemps."

"C'est une bonne discipline pour que tu restes, alors," répondit-il.

De nouveau, le tintement de la cloche du téléphone retentit dans le coin et interrompit son discours. M. Ravenor m'a fait signe de le rejoindre.

« Allez entendre ce que c'est et répétez-le-moi », dit-il.

J'ai collé mon oreille au tube et j'ai répété les mots au fur et à mesure :

« Un homme désire vous voir, monsieur, mais refuse de donner son nom. Je lui ai dit qu'il était tout à fait inutile de communiquer avec vous sans cela ; mais il persiste et refuse de s'en aller. Il est convenablement habillé, mais d'apparence plutôt rude.

M. Ravenor haussa les épaules et prit sa plume, comme s'il s'apprêtait à reprendre son écriture.

"Dites-lui d'aller au diable!" dit-il brièvement.

J'ai répété fidèlement le message, mais son destinataire n'était visiblement pas satisfait. En moins d'une minute, la cloche sonna à nouveau.

« Son nom est Richards, monsieur… ou plutôt, il dit que vous le connaissez sous ce nom… et il insiste beaucoup sur le fait de vous voir… et, vous demandant pardon, monsieur, il est un peu insolent. Il dit que son entreprise est de la plus haute importance.

J'ai répété le message et je suis resté comme transformé en pierre. Mon imagination me jouait-elle des tours dans la pièce faiblement éclairée, ou le visage de M. Ravenor était-il vraiment devenu horrible et livide, comme le visage d'un homme qui voit passer devant son regard fixe les ombres fantômes d'un cauchemar hideux ? J'ai fermé les yeux pour un instant de soulagement et j'ai regardé à nouveau. C'était sûrement chic ! M. Ravenor écrivait avec seulement un léger froncement de sourcils sur son visage calme et serein.

« Que M. Richards – ou quel que soit le nom de cet individu – comprenne que je refuse catégoriquement de le voir », dit-il doucement. "S'il a des affaires avec moi, il peut m'écrire."

J'ai répété cela puis j'ai pris ma casquette pour partir. M. Ravenor a posé son stylo et m'a accompagné jusqu'à la porte. Je m'attendais à ce qu'il me tende la main, mais il ne l'a pas fait. Il a hoché la tête, assez gentiment, et a maintenu la porte ouverte pendant que je m'évanouissais. Alors j'y suis allé.

Alors que je traversais la grande salle en sortant, je me suis retrouvé face à face avec Lady Silchester, qui contemplait pensivement l'une d'une longue série de peintures à l'huile sombres avec l'âge, mais néanmoins vives avec les merveilleuses couleurs d'un vieux maître. À ma grande surprise, elle m'a arrêté.

« Êtes-vous un juge des images, M. Morton ? elle a demandé. "Je me demandais si c'était un véritable Reynolds." Et elle montra le tableau qu'elle examinait.

Je secouai la tête, reconnaissant brièvement que je ne savais absolument rien d'eux. J'étais bien conscient à l'époque que cette question n'était qu'une feinte. Qu'est-ce qu'un fils de fermier était susceptible de savoir des vieux maîtres ?

"Ah laisse tomber!" remarqua-t-elle en fermant ses lunettes d'un coup sec. «Je peux demander à M. Ravenor ce soir. Je pensais peut-être que, comme vous étiez ici si souvent, il aurait pu vous en parler. Je sais qu'il est très fier de ses photos.

"Si j'avais été ici souvent, il l'aurait peut-être fait", répondis-je. "Mais il se trouve que c'est ma première visite au château de Ravenor."

"En effet? Et pourtant, M. Ravenor semble s'intéresser beaucoup à vous. Pourquoi?"

J'ai hésité et j'ai souhaité pouvoir m'enfuir ; mais Lady Silchester se tenait immédiatement devant moi.

« Votre Seigneurie me pardonnera, » dis-je, « mais votre question ne serait-elle pas mieux adressée à M. Ravenor ?

Elle se mordit la lèvre et s'écarta avec hauteur. J'ai fait un mouvement comme pour la dépasser, mais elle s'est retournée brusquement et m'en a empêché.

"M. Morton, dit-elle un peu nerveusement, mon frère a dit que tu allais chez le Dr Randall, je crois ?

J'ai admis que tel était le fait.

« Je suppose que vous savez que mon fils est là, » continua-t-elle, « et j'ai peur qu'il ne se comporte pas exactement comme il le devrait. Bien sûr, nous n'entendons rien de précis ; mais Cecil est très bon enfant, se laisse facilement entraîner dans n'importe quoi, et je doute un peu de ses compagnons là-bas. Maintenant, M.

Morton, vous n'êtes bien sûr vous-même qu'un garçon ; mais vous n'avez pas l'air de vous intéresser au genre de choses dans lesquelles Cecil, j'ai bien peur, se laisse entraîner. J'aimerais vraiment que toi et lui puissiez être amis, et que… que… »

Elle s'est interrompue, comme si elle s'attendait à ce que je dise quelque chose, et je me suis senti un peu gêné.

« C'est très gentil à vous de penser si bien à moi, alors que vous ne savez rien de moi », dis-je en faisant tournoyer ma casquette dans mes mains ; mais vous oubliez que je ne suis qu'un fils de fermier, et peut-être que votre fils ne voudrait pas être ami avec moi.

« Mon fils, quels que soient ses défauts, a tous les instincts d'un gentleman », répondit fièrement Lady Silchester ; « et s'il t'aimait pour toi-même, cela ne ferait aucune différence, même si tu étais le fils d'un commerçant. Promets-moi que, si tu en as l'occasion, tu feras ce que tu peux ?

"Oh oui; Je vous le promets, avec plaisir ! Je lui ai assuré.

Lady Silchester a souri, et tant que ce sourire a duré, j'ai pensé que je n'avais jamais vu une femme plus belle. Puis elle tendit une petite main délicate, étincelante de bagues, et la plaça dans la mienne, qui était alors brune comme une baie et peu molle.

"Merci beaucoup, M. Morton."

Elle m'a regardé avec gentillesse pendant un moment. Puis, tout à coup, ses manières changèrent complètement. Elle retira ses yeux de mon visage, avec une légère rougeur aux joues, et se détourna brusquement.

« Bonsoir, M. Morton. Je vous suis très reconnaissante de votre promesse, dit-elle d'un ton plus froid.

Je me redressai, inconscient d'avoir dit ou fait quoi que ce soit qui puisse l'offenser, et me sentant blessé d'un air enfantin face à son changement d'attitude.

« Bonsoir, Lady Silchester », répondis-je avec toute la dignité que je pouvais avoir. Puis je me suis détourné et j'ai quitté le château.

Je parcourus lentement la large avenue, jetant derrière moi de nombreux regards sur le vaste et sombre tas autour duquel s'élevaient les brumes de fin de soirée sur le sol humide. De nombreuses lumières scintillaient depuis les fenêtres supérieures et depuis l'aile est, où se trouvaient les quartiers des domestiques, mais la partie inférieure du bâtiment était plongée dans une profonde obscurité, non éclairée, sauf par une faible lumière provenant du bureau de M. Ravenor. Il y avait quelque chose d'anormal, presque fantomatique, dans cet endroit, qui me glaçait tout en me fascinant.

Ca c'était quoi? Je me suis soudainement arrêté au milieu du trajet et j'ai écouté. Un cri faible et étouffé, qui me parut d'abord être un cri humain, avait rompu le profond silence du soir. Je retins mon souffle et restai immobile, l'ouïe tendue. Il n'y avait aucune répétition, aucun autre son. J'étais perplexe; plus de la moitié étaient enclins à s'alarmer. Il s'agissait peut-être des cris d'un lièvre ou des cris d'un lapin attrapé par une hermine. Mais ma première impression avait été forte, aussi improbable que cela paraisse. Les braconniers, aussi audacieux soient-ils, ne seraient guère susceptibles d'envahir les terrains intérieurs étroitement gardés, où les réserves étaient moins nombreuses et le risque de capture bien plus grand qu'à l'extérieur du parc. D'ailleurs, il n'y avait eu aucune décharge d'arme à feu, aucune agitation, aucun grand cri ; seulement celui-là, un gémissement étouffé et désespéré. Qu'est-ce que cela pourrait signifier ?

Une montée raide s'offrait à moi. Après un moment d'hésitation, je me suis précipité en avant et je ne me suis arrêté que lorsque j'ai atteint le sommet et que j'avais une vue dégagée autour de moi à travers le crépuscule brumeux.

CHAPITRE XII.
UN COIN SOMBRE DANS L'AVENUE.

Loin au-dessous de moi – car le château de Ravenor se dressait sur le point culminant du pays – une lueur rouge terne dans le ciel et de nombreuses lumières scintillantes s'étendaient au loin, marquaient l'endroit où se trouvait une grande ville. À ma droite se trouvait une étendue de gazon vert et lisse, parsemée de chênes étalés et à croissance épaisse. Sur la gauche se trouvait une plantation éparse, délimitée par un muret de pierre grise, qui descendait progressivement jusqu'à l'une des carrières d'ardoise désaffectées et couvertes de fougères, dont regorgeait le quartier.

À bout de souffle, je restai immobile et regardai autour de moi avec curiosité. Sauf dans les environs immédiats, la nuit qui tombait rapidement avait masqué la vue, réduisant les champs, les bois et les rochers à une masse chaotique et floue. Mais là où mon œil pouvait percer l'obscurité, je ne pouvais voir aucun signe d'objet en mouvement. Peu à peu, mon appréhension s'est atténuée. Le cri, s'il n'avait pas été entièrement un tour d'imagination, aurait dû être le cri d'un animal. J'ai poussé une longue inspiration de soulagement et j'ai avancé à nouveau.

Immédiatement devant moi, l'avenue serpentait à travers une petite plantation de sapins qui, poussant épais et noirs de chaque côté, me donnaient presque l'impression d'être confronté à un tunnel ; autour de son embouchure, l'obscurité était intense, mais ma vue, toujours bonne, s'était alors tout à fait habituée à la lumière incertaine, et au moment où j'y pénétrais, je crus voir quelque chose bouger à quelques mètres seulement devant moi. . Je m'arrêtai aussitôt et attendis, regardant en avant dans l'obscurité avec des yeux tendus et un cœur battant. Mon suspense, bien que vif, ne dura pas longtemps, car presque immédiatement la forme sombre se transforma en la silhouette d'un homme se dirigeant rapidement vers moi.

Ma première impulsion fut, j'en ai peur, de me retourner et de courir vers elle, la suivante fut de donner à la silhouette qui avançait une place aussi large que possible. Avec cette idée, je me mis rapidement d'un côté et m'appuyai contre la clôture qui bordait l'allée. Mais j'étais trop tard, ou trop maladroit dans mes mouvements, pour échapper à mon attention. Avec une exclamation rapide et effrayée, l'homme que j'avais failli croiser s'arrêta et, juste à ce moment-là, la lune, qui se débattait derrière une épaisse masse de nuages en colère, brillait faiblement et me montrait le visage blanc et effrayé. du secrétaire de M. Ravenor.

"Bonté divine!"

Il me sembla que l'éjaculation sortait de ces lèvres tremblantes. Puis, dans un sursaut brusque, il se reprit, et son attitude fut si changée que j'aurais presque cru que sa première émotion de terreur avait été une imagination de ma part.

« Suis-je si redoutable que vous vous écartiez de mon chemin comme si vous aviez vu un fantôme ? dit-il avec un petit rire. "Viens viens; un jeune homme de votre taille devrait avoir plus de courage que cela.

J'avais un peu honte de moi, mais je lui répondis avec le moins d'insouciance possible.

« Je ne pense pas avoir été plus surpris que toi. Nous nous sommes croisés tout à coup et la nuit est très noire.

"Sombre! Sombre n'est pas le mot. Cette partie du trajet est un véritable Hadès.

« Au revoir, monsieur Marx, remarquai-je, il me semblait avoir entendu un cri il y a quelques minutes… »

"Un cri! Quel genre de cri ? l'interrompit-il brusquement, sur un ton modifié.

"Eh bien, pour moi, cela ressemblait beaucoup au gémissement d'un homme qui souffre", expliquai-je en regardant autour de moi avec une certaine crainte. « Bien sûr, il s'agissait peut-être d'un lièvre, mais cela ressemblait merveilleusement à une voix humaine. Écouter! Tu n'entends pas quelque chose maintenant ? m'écriai-je en posant ma main sur son bras.

Nous restâmes proches les uns des autres, en silence, écoutant attentivement. Un vent léger s'était levé et soupirait tristement à travers les arbres trempés et alourdis par la forte pluie. Goutte, goutte, goutte à goutte. A chaque soupir de la brise, une petite pluie de gouttes tombait en crépitant sur les feuilles détrempées et la musique mélancolique reprenait.

C'était dans l'ensemble très déprimant et je frissonnais visiblement.

«Je n'entends rien», dit-il en claquant des dents. "Cela devait être votre fantaisie, ou peut-être le cri d'un lièvre."

"Je suppose que oui", admis-je, assez heureux d'être forcé de tirer cette conclusion.

« Je n'en dirais rien au lodge », remarqua-t-il en se préparant à partir. "Anderson est déjà aussi nerveux qu'un chat."

« Très bien, je ne le ferai pas. Bonne nuit."

"Tu n'as pas peur, n'est-ce pas ?" Il a demandé. "Si tu le souhaites, je descendrai au lodge avec toi."

"Pas du tout, merci", répondis-je avec un peu d'indignation. « Je pensais que ce bruit était bizarre, c'est tout. Bonne nuit."

Je m'éloignai rapidement, écoutant tout le temps, mais n'entendant aucun son inhabituel. Quelques minutes plus tard, j'atteignis les portes et trouvai Anderson qui attendait dehors. Il m'a laissé passer immédiatement.

"Puis-je entrer ici une minute?" Ai-je demandé en désignant la pièce dans laquelle on m'avait fait attendre en montant au Château. "J'ai un message à vous transmettre de la part de M. Ravenor."

"Certainement, monsieur," répondit-il en ouvrant la porte. J'entrai à l'intérieur, m'attendant à moitié à voir l'homme que M. Ravenor avait refusé de recevoir ; mais c'était plutôt vide.

"Alors M. Richards a décidé de ne pas attendre, après tout ?" Ai-je remarqué en regardant autour de moi. « Il était sage. Je suis sûr que M. Ravenor ne l'aurait pas vu.

«Oui, monsieur», répondit l'homme; « Il s'est éclipsé sans laisser de message ni rien, alors que j'étais parti chercher du charbon en traversant. J'ai été un peu surpris quand je suis revenu et j'ai trouvé l'endroit vide, car il avait juré une minute ou deux auparavant qu'il verrait M. Ravenor, ou s'arrêterait ici pour toujours.

"Il n'a pas pu continuer jusqu'au Château, n'est-ce pas ?" Ai-je demandé en regardant autour de moi.

L'homme secoua la tête avec assurance.

« Impossible, monsieur ! Les portes étaient verrouillées et les clés dans ma poche, et il n'y a pas de fenêtres dans cette pièce, voyez-vous, du côté du château.

"Mais il y a une porte", dis-je en désignant l'extrémité supérieure de l'appartement.

"Allez le regarder, monsieur," répondit Anderson en souriant.

Je l'ai fait et je l'ai examiné de près. Il n'y avait pas de boulons, mais il était fixé avec une serrure brevetée particulièrement solide.

« Qui garde la clé ? » J'ai demandé.

"M. Ravenor, monsieur. Je n'en ai pas du tout. Vous parliez d'un message ?

"Oui. M. Ravenor était en colère contre vous pour avoir laissé passer Lady Silchester, mais il a décidé de ne pas en tenir compte cette fois. Vous n'êtes pas obligé de monter au Château pour votre argent.

L'homme était visiblement content.

« Je suis sûr que je vous suis très reconnaissant, monsieur, » dit-il chaleureusement. « C'est une bonne nouvelle et ce n'est pas une erreur. Ce n'est pas un endroit que l'on voudrait perdre.

"Eh bien, bonne nuit, Anderson. Oh, dis-je, ajoutai-je en me retournant brusquement, depuis combien de temps M. Marx n'était-il pas là ?

Anderson parut perplexe.

"M. Marx, monsieur ! Eh bien, je ne l'ai pas vu de la journée !

"Quoi!" M'écriai-je.

«Je ne l'ai pas vu de la journée. Il n'est pas venu ici », répéta l'homme.

Je restais immobile, essoufflé, plein de soupçons vagues mais rapides.

« Je ne l'ai pas vu aujourd'hui ! Eh bien, je l'ai rencontré tout à l'heure dans l'avenue, déclarai-je.

"Je suppose, monsieur," remarqua doucement l'homme. « Il passe souvent par là. En fait, il le fait la plupart des soirs avant le dîner. Il est bizarre, et ce n'est pas une erreur.

Les paroles de cet homme changèrent le cours de mes pensées et mes soupçons à moitié conçus s'évanouirent presque avant d'avoir pris forme. J'ai fait une remarque insignifiante et je suis rentré chez moi.

CHAPITRE XIII.
LE NUAGE ENTRE NOUS.

Il était tard quand j'arrivai chez moi et, à l'obscurité de toutes les fenêtres, je conclus que ma mère et l'unique domestique de campagne qui composait notre petite maison étaient déjà retirés. Ma main se leva pour frapper à la porte fermée, quand il me vint à l'esprit que je pourrais tout aussi bien entrer sans déranger personne. La fenêtre de notre salon donnait sur le jardin de devant dans lequel je me trouvais et était rarement fermée, alors je me glissai doucement sur l'herbe détrempée et poussai le châssis vers le haut. Il céda facilement à mon contact et, me soulevant doucement sur le rebord bas de la fenêtre en pierre, je sautai dans la pièce.

Au début, je pensais que c'était, comme je m'attendais à le trouver, vide. Mais ce n'était pas le cas. Par la fenêtre ouverte par laquelle je venais d'entrer, le clair de lune entrait à flots, projetant de longs et fantastiques rayons sur le tapis usé, sur les meubles pittoresques et démodés et sur la nappe blanche sur laquelle avait été servi mon repas du soir. reparti préparé. Mais mes yeux ne se sont jamais arrêtés un instant sur aucun de ces objets familiers, je les ai à peine remarqués, car un autre spectacle plus étrange m'a tenu en haleine. À l'autre extrémité de la pièce, là où les ombres étaient les plus sombres et où les rayons de la lune pénétraient faiblement, se trouvait la silhouette d'une femme agenouillée.

Sa robe parfaitement noire mettait en valeur la teinte épouvantable de son visage tendu et sauvage, et ses bras minces étaient tendus passionnément vers le haut dans un geste plein d'un pathétique dramatique intense. Ses yeux étaient fixés sur un petit crucifix d'ébène accroché au mur, et les paroles jaillissaient de ses lèvres blanches et tremblantes, mais, qu'il s'agisse de prière ou de confession, je ne pouvais pas, ou plutôt je ne voulais pas entendre, car je fermais mes yeux et le son de sa voix ne me parvenaient que dans un gémissement indistinct. C'est un spectacle qui est resté dans ma mémoire et ne disparaîtra jamais.

Depuis cette terrible nuit à Rothland Wood, le comportement de ma mère à mon égard avait été une source d'étonnement constant et douloureux. Elle était devenue une énigme, et une énigme que je sentais en quelque sorte qu'il valait mieux que je ne tente pas de résoudre.

Mais même à l'époque où mon environnement sans amour et sa froideur m'avaient plongé dans les profondeurs les plus profondes de la dépression, cela n'avait jamais été un état totalement désespéré, car d'une manière ou d'une autre, j'avais toujours senti que sa froideur n'était pas celle de l'indifférence, mais plutôt une froideur de l'indifférence. effort de volonté, et qu'un moment viendrait où elle s'en débarrasserait et redeviendrait pour moi la mère de mes souvenirs antérieurs. Mais le changement s'est fait attendre.

Elle était une fervente catholique romaine – une religion dans laquelle je n'avais pas été élevé – et par tous les temps et à tout moment de l'année, elle rendait de longues et fréquentes visites à la chapelle du monastère au-dessus des collines. Mais la voir telle qu'elle était maintenant était pour moi une révélation. Je l'avais déjà vue prier, mais jamais comme ça. Elle m'avait toujours semblé plus une martyre qu'une pécheresse et ses prières étaient plutôt des prières de dévotion respectueuse que de supplication passionnée. Mais son attitude en ce moment, son visage hagard et sauvage, ses yeux implorants, me furent pleins de révélations. Une autre explication possible de sa vie solitaire et sans joie et de sa profonde dévotion religieuse m'est venue à l'esprit. Ne serait-ce pas la morne expiation, la dure pénitence de son Église infligée pour le péché ?

Craignant à moitié de la déranger, je restai un instant silencieux, mais, à mesure que les minutes passaient, la vue de son agonie devenait trop pour moi et je lui criais :

« Mère, je suis là. Je ne savais pas que tu étais debout ! Je suis entré par la fenêtre !

Au premier son de mes tons attrayants, son visage changea, comme s'il était soudainement figé d'une expressivité passionnée à un marbre froid. Lentement, elle se leva et me fit face.

« Mère, as-tu des ennuis ? » Dis-je doucement en me rapprochant d'elle ; « Ne puis-je pas partager votre chagrin ? Puis-je vous réconforter ? Pourquoi suis-je exclu de ta vie alors ? Racontez-moi votre grand problème et laissez-moi le partager.

Depuis de nombreuses années, j'avais envie de lui dire ces mots, mais la froideur impressionnante de ses manières les avait souvent retenus sur mes lèvres et les avaient renvoyés dans mon cœur douloureux. Maintenant, alors qu'une grande douleur remplissait son visage d'une lumière plus douce et desserrait un instant ses lignes dures et rigides, j'osais céder à l'impulsion que j'avais si souvent éprouvée — et, hélas ! en vain… en vain !

Une agonie plus intense, une déception plus profonde, je n'en ai jamais ressenti. La froideur et l'indifférence avaient été difficiles à supporter, mais ce qui arrivait maintenant était pire. Elle recula devant moi – recula, les mains tendues vers moi et la tête détournée.

« Philippe, je ne savais pas que tu étais là. Je ne peux pas te parler maintenant. Va dans ta chambre. Demain Demain!"

Sa voix s'éteignit, mais sa soudaine faiblesse ne m'inspirait aucun espoir, car ce n'était qu'une faiblesse physique. Il n'y avait aucun signe d'adoucissement sur son visage, aucune tendresse en réponse dans son ton. Alors que pouvais-je faire à part partir ?

CHAPITRE XIV.
UNE RÉUNION AU CAFÉ.

Il était onze heures le lendemain matin. Je lisais dans le jardin depuis quelque temps et je pensais justement partir pour une promenade, lorsqu'une charrette à chiens du château s'arrêta à la porte, et le domestique de M. Ravenor, l'homme qui m'avait conduit du pavillon au château. - a été introduit dans la maison. Je suis allé le voir immédiatement et il m'a remis un mot.

"M. Ravenor vous a envoyé ceci, monsieur, » dit-il respectueusement.

Je l'ai déchiré et lu (il n'y avait pas de début orthodoxe) :

« Avant d'aller chez le Dr Randall, il y a certaines choses que vous n'aurez probablement pas et que vous jugerez nécessaires. N'oubliez pas qu'il fait partie de l'éducation que je vous propose de vous associer sur un pied d'égalité avec les autres élèves. Par conséquent, ayez la gentillesse d'aller à Torcher avec Reynolds et de vous remettre entièrement entre ses mains. Il a mes instructions complètes. — R. »

J'ai plié le billet et l'ai mis dans ma poche.

« Dois-je venir avec toi maintenant ? » J'ai demandé.

"S'il vous plaît, monsieur."

Je suis monté à l'étage pour me préparer et en quelques minutes j'étais prêt à commencer. Le palefrenier m'a offert les rênes, mais je les ai refusées et suis monté sur le siège vacant à ses côtés, que Reynolds m'avait silencieusement cédé.

Torcher était à peine à une douzaine de milles de la ferme, mais c'était néanmoins ma première visite. Bien des fois, j'avais regardé depuis Beacon Hill le vaste nuage de fumée de couleur sale qui s'échappait des hautes cheminées de ses usines, qui ressemblait à une tache dégradante sur la belle et paisible étendue de campagne environnante et, la nuit, sur l'atmosphère morne de Beacon Hill. la lueur rouge dans le ciel et les myriades de lumières scintillantes qui me montraient où elle se trouvait. Mais ni de jour ni de nuit, la scène ne m'avait attiré. Je n'avais ressenti aucune curiosité d'y entrer. Je n'avais même jamais pensé à imaginer à quoi cela ressemblerait.

Alors maintenant, pour la première fois de ma vie, je me suis retrouvé à conduire dans les rues d'une grande ville industrielle. C'était l'heure du dîner et de toutes parts les usines déversaient des flots d'hommes, de femmes et même d'enfants d'apparence malsaine. Les tramways et les omnibus étaient bondés, les rues animées étaient bordées de voitures roulant rapidement, d'hommes élégants et de filles et de femmes habillées de façon gaie. À quelques mètres, j'ai vu des types d'hommes et de femmes si différents qu'il semblait impossible qu'ils puissent appartenir à la même espèce.

«C'est la 'Bell', monsieur, où nous nous installons généralement», remarqua Reynolds à mon côté. « Vous déjeunerez, monsieur, avant d'aller en ville ?

Je secouai la tête, mais il insista doucement mais respectueusement. Je le laissai donc faire et me laissai conduire dans une longue salle de café sombre, où mes commandes, considérablement augmentées par Reynolds en transit, furent reçues par un garçon que nous découvrîmes profondément endormi dans un fauteuil, et qui parut très surpris de nous voir.

Ensuite, nous sommes sortis en ville, Reynolds et moi, et avons commencé nos courses. J'ai été mesuré chez le principal tailleur pour plus de vêtements qu'il ne me semblait possible d'en porter dans ma vie, depuis une culotte de cheval jusqu'à un veston ; et la quantité et la variété des chapeaux, des bottes, des chemises et des cravates que Reynolds considérait comme indispensables me remplissaient d'un étonnement à moitié amusé, bien que j'eusse décidé de ne m'étonner de rien. Mais nos achats n'étaient pas terminés même lorsque Reynolds, à mon indicible soulagement, déclara que ma garde-robe était aussi complète que pouvait l'être une ville de province. L'armurerie, le magasin de sport et le dépôt de chevaux furent tous visités tour à tour. Et lorsque nous revînmes à l'hôtel vers six heures, j'étais en possession de deux fusils, qui furent pour moi une révélation parfaite, une batte de cricket, une raquette de tennis, un petit gymnase, un jeu de fleurets et, entre autres choses. des choses, un dogcart élégant et bien construit et un torchis solide et utile.

Je me laissai tomber dans un fauteuil dans le café et, refusant d'écouter la suggestion de Reynold quant à l'opportunité de dîner avant de rentrer chez moi, commandai une tasse de thé. Pendant que le serveur avait quitté la pièce pour le chercher, je me dirigeai vers la fenêtre pour observer le temps qui menaçait depuis quelques temps et, en chemin, je découvris que je n'étais pas seul dans l'appartement. Un homme était assis à l'une des tables les plus éloignées, en train de dîner, et alors que je passais, il leva les yeux et m'examina avec un regard froid et critique, qui se transforma soudain en un agréable sourire de reconnaissance.

"M. Morton, n'est-ce pas ? dit-il en tendant la main. "M. Ravenor m'a dit que je devrais probablement te croiser.

J'ai été tellement surpris que j'ai oublié un instant d'accepter la main offerte. La secrétaire de M. Ravenor était la dernière personne que j'aurais dû trouver en train de dîner en solitaire dans un hôtel de Torcher.

CHAPITRE XV.
UN DÎNER TÊTE-À-TÊTE.

« Qu'as-tu fait à Torchester, hein ? Achats?" » a demandé M. Marx. Je ne voyais aucune raison de lui cacher quoi que ce soit, et je ne l'ai pas non plus fait. Assez maladroitement, je lui ai parlé du message que M. Ravenor m'avait adressé et que j'avais été avec Reynolds tout l'après-midi. Peut-être ai-je parlé avec un peu d'enthousiasme de nos achats un peu élaborés. En tout cas, quand j'eus fini, il rit doucement, un rire long, silencieux, mais pas désagréable.

"Eh bien, je suis content de t'avoir rencontré", dit-il, ses lèvres toujours tremblantes, comme par amusement. "Asseyez-vous et dînez avec moi."

J'ai hésité, car juste à ce moment les paroles de M. Ravenor concernant sa secrétaire me sont venues à l'esprit. En plus, je n'étais pas du tout sûr de l'apprécier. Mais d'un autre côté, quelle alternative avais-je pour moi ? Quelle excuse pourrais-je trouver pour refuser une invitation aussi simple ? Dans quelques minutes, le serveur apparaîtrait avec le modeste repas que j'avais commandé, et il me serait impossible de lui ordonner de le déposer dans une autre partie de la pièce, ou de le quitter et de sortir de l'hôtel, juste parce que cet homme était là. Ce serait lui dire aussi clairement que possible que j'avais un désir particulier de l'éviter, et il devinerait instantanément que j'obéissais à un ordre de M. Ravenor. Non; c'était inévitable. Je ferais mieux d'accepter son invitation et, brièvement, je l'ai fait.

"C'est vrai," dit-il agréablement. « C'est une de mes bizarreries, mais je déteste dîner seul. Serveur, apportez un peu plus de soupe tout de suite. Ce monsieur dînera avec moi.

Pendant le dîner, notre conversation fut interrompue. Chapeau à la main, Reynolds se tenait devant nous, regardant M. Marx puis moi et la table devant nous avec un air sur son visage que je ne comprenais pas tout à fait, même si cela m'ennuyait excessivement. Il m'a parlé :

« La charrette à chiens est revenue, monsieur. »

Je me levai à moitié et jetai ma serviette, quoique avec une certaine réticence. J'ai tendu la main à regret à M. Marx, mais il a refusé de la prendre.

"Vous n'êtes pas obligé de rentrer chez vous avec Reynolds à moins que vous ne le souhaitiez", a-t-il déclaré. "J'ai ici un coupé du château et je peux vous déposer à la ferme en rentrant chez moi."

J'ai hésité, car la tentation de rester était forte. En fait, j'aurais dû accepter tout de suite, seulement que le visage grave et renfrogné de Reynolds me rappelait d'une manière ou d'une autre l'injonction de M. Ravenor. Reynolds, comme un imbécile, a réglé l'affaire.

« Je pense que M. Morton ferait mieux de revenir avec moi, monsieur », dit-il à M. Marx. «Si vous êtes prêt, monsieur», m'a-t-il ajouté. "La jument devient très agitée si elle continue à attendre."

Ma vanité d'enfant fut blessée au vif par le style de son discours et par sa prise d'autorité imprudente, et je répondis rapidement :

« Alors, tu ferais mieux de partir immédiatement, Reynolds. J'accepterai l'offre de M. Marx.»

Il était visiblement inquiet et fit un effort supplémentaire.

"Je pense que M. Ravenor préférerait que vous reveniez avec moi, monsieur", dit-il.

M. Marx était adossé au dossier de sa chaise, sirotant son café d'un air quelque peu distrait, et apparemment totalement indifférent quant à la décision que je devais prendre. Cependant, il leva les yeux maintenant et s'adressa à Reynolds pour la première fois.

« Comment diable savez-vous ce que votre maître préférerait ? dit-il froidement.

Reynolds ne répondit rien, mais me regarda d'un air suppliant. J'ai choisi de ne pas le voir.

"J'imagine", poursuivit M. Marx, se penchant de nouveau en arrière sur sa chaise et remuant délibérément son café, "que si M. Ravenor avait le moindre choix à ce sujet, ce qui me semble très improbable, il préférerait que M. Morton rentre chez lui en toute sécurité avec la peau sèche. Écouter!"

Nous l'avons fait, et à ce moment-là, une violente rafale de vent a poussé un véritable déluge de pluie contre les vitres tremblantes.

"Cela décide!" M'écriai-je. "J'accepterai votre offre, M. Marx, si cela ne vous dérange pas."

"C'est de loin la chose la plus sensée à faire", remarqua-t-il négligemment. « Prenez un verre de vin, Reynolds, avant de commencer. Vous avez une route mouillée devant vous.

Reynolds secoua la tête et, me souhaitant respectueusement une bonne soirée, se retira.

M. Marx regarda Reynolds quitter la pièce puis haussa légèrement les épaules.

« Honnête, mais stupide. Eh bien, maintenant que tu es sous ma responsabilité, Morton, je dois voir si je ne peux pas t'amuser d'une manière ou d'une autre. Vous êtes déjà allé au théâtre ?

Je n'ai pas pu m'empêcher de rougir légèrement en admettant que je n'en avais jamais vu l'extérieur.

M. Marx m'a regardé après mon admission comme si j'étais une sorte de curiosité naturelle.

"Eh bien, nous y irons si vous le souhaitez", dit-il. "Il y en a une très bonne ici, je crois, pour les provinces, et ce sera un changement pour vous."

"Cela nous mettra très en retard, n'est-ce pas ?" ai-je osé dire.

"Pas nécessairement. Je suppose qu'il sera plus de dix heures et demie et que la voiture pourra nous attendre à la porte.

Je n'en dis pas plus, de peur qu'il ne me prenne au mot et ne renonce à partir. Au bout de quelques minutes, M. Marx réclama sa note, la régla et, jetant un coup d'œil à sa montre, déclara qu'il était temps de partir. Le garçon a appelé un chauffeur et nous avons traversé les rues animées, M. Marx fumant tranquillement une cigarette parfumée, et moi, penché en avant, observant la foule pressée de gens, certains en quête de plaisir, mais pour la plupart tout juste libérés de leur labeur quotidien au restaurant. usine ou atelier.

La nuit était humide et les rues ressemblaient à une parfaite mer de parapluies. La pluie tombait en nappe, frappant la façade vitrée fermée de notre cabine et obscurcissant sa surface, jusqu'à ce qu'il devienne impossible de voir plus loin que la tête du cheval. Je me suis penché en arrière à côté de M. Marx avec un soupir et j'ai découvert qu'il m'avait observé avec un sourire amusé.

"Petit endroit très fréquenté, Torcher", remarqua-t-il.

"Il me semble que oui", reconnus-je. "Je ne suis jamais allé dans une autre ville que Mellborough."

"Garçon chanceux!" s'exclama-t-il, moitié légèrement, moitié sérieusement. « Vous avez devant vous tous les plaisirs de la vie, avec la sauce de la nouveauté pour vous aider à les savourer. Que ne donnerais-je pas pour ne jamais avoir vu Paris ou Vienne, ni être amoureux, ni goûter des cailles sur des toasts ! Mais nous voici au théâtre !

CHAPITRE XVI.
Mlle Mabel Fay.

Le taxi s'arrêta brusquement sous une longue rangée de phares brillants. Nous sommes descendus de cheval et j'ai suivi M. Marx dans un large escalier au tapis épais jusqu'à un couloir semi-circulaire drapé de tentures cramoisies et faiblement éclairé par des lumières roses. Un léger parfum flottait dans les lieux, et d'en bas sortait la douce mélodie d'une valse allemande rythmée que jouait l'orchestre. J'ai presque retenu mon souffle, avec un curieux mélange d'attente et d'excitation, alors que je suivais M. Marx et un employé dans le couloir.

Celui-ci ouvrit la porte de ce qui semblait être une petite pièce et nous entrâmes. M. Marx s'est immédiatement avancé vers l'avant et, rejetant les rideaux, m'a fait signe de le rejoindre. Je lui ai obéi et j'ai regardé autour de moi avec émerveillement.

C'était une soirée à la mode et l'endroit était bondé. A notre niveau — nous étions dans une loge — se trouvaient des rangées d'hommes et de femmes en tenue de soirée ; au-dessus, une foule un peu désordonnée dans la galerie ; et en bas, une foule dense — du moins, me semblait-il — de gens assis trahissait leur impatience pour la représentation par un piétinement continuel et d'autres grondements.

Pour un spectateur régulier, c'était en effet un spectacle très ordinaire ; pour moi, ce fut une révélation. Je me tenais devant la boîte, regardant autour de moi, jusqu'à ce que M. Marx, souriant, me pousse une chaise et me demande de m'asseoir. Puis je me tournai vers la scène et restai les yeux fixés sur le rideau, attendant avec impatience qu'il se lève.

Hélas pour mes attentes ! Quand enfin le moment fut venu, ce fut en effet un tableau charmant que je contemplai, mais combien différent ! Un groupe de filles en jupes courtes et en tenues paysannes pittoresques se déplaçant légèrement sur la scène et chantant ; un homme en uniforme faisant l'amour passionnément avec l'un d'eux, qui lui faisait timidement signe de s'éloigner de la main et lui ordonnait de rester des yeux. Une jolie image tout cela faite et éblouissante. Mais qu'est-ce que tout cela signifiait ?

M. Marx avait observé mon visage et s'est penché vers moi avec une question aux lèvres.

"Qu'est-ce que tout cela veut dire?" J'ai chuchoté. « Ce n'est pas une pièce de théâtre, n'est-ce pas ? Je ne me souviens pas d'un tel.

"Un pièce? Non; c'est un opéra-comique, répondit-il.

Je me suis détourné et j'ai regardé à nouveau le spectacle. Je suppose que j'avais l'air un peu déçu ; mais peu à peu ma déception s'est estompée. Tout cela était si frais pour moi.

Vers la fin du premier acte, à propos d'un des incidents, plusieurs personnages nouveaux, parmi lesquels la jeune fille qui tenait le rôle principal, apparurent sur scène. Il y eut une petite salve d'applaudissements et j'étais sur le point de me retourner pour faire quelques remarques à M. Marx, lorsque j'entendis une exclamation aiguë et à moitié réprimée s'échapper de ses lèvres et sentis son souffle chaud sur ma joue.

Je l'ai regardé avec surprise. Il s'était levé de sa chaise et se tenait près de mon coude, penché sur moi, les yeux fixés sur le centre de la scène et un air incrédule sur son visage pâle. Instinctivement, j'ai suivi la direction de son regard ravi. Il me semblait tourné vers la jeune fille qui était apparue la dernière fois et qui, les jupes de sa cavalière vert foncé rassemblées dans sa main, s'apprêtait à chanter.

Il se remit très rapidement de sa surprise, ou de toute autre émotion, et éclata de rire. Mais j'ai remarqué qu'il repoussait sa chaise plus loin dans le caisson et tirait les rideaux un peu plus en avant.

« Y a-t-il un problème, M. Marx ? J'ai demandé.

Il haussa les épaules et fronça légèrement les sourcils.

"Rien du tout. Il me semblait reconnaître un visage sur la scène, mais je me trompais. Jolie fille, n'est-ce pas… celle qui chante, je veux dire ?

Je pensais que la beauté était un moyen d'expression très faible, et je l'ai dit avec insistance. En fait, je la considérais comme la créature la plus belle et la plus gracieuse que j'aie jamais vue ; et, à mesure que la soirée avançait, je me surpris à applaudir si vigoureusement ses chansons qu'elle jeta un coup d'œil en souriant dans notre loge, et M. Marx, qui était toujours assis derrière le rideau, me regarda avec un tic de lèvres amusé.

"Morton, Morton, ça ne marchera pas !" s'exclama-t-il en riant. "Vous allez bientôt tomber éperdument amoureux de cette jeune femme."

Je suis devenu en un instant très rouge et mal à l'aise, car elle venait de nous jeter un regard souriant et M. Marx l'avait intercepté. J'étais à la fois honteux et en colère contre moi-même d'avoir applaudi si fort qu'on s'en faisait remarquer ; mais M. Marx ne semblait pas y penser.

« Il existe une meilleure façon de montrer votre appréciation des talents de cette jeune femme – Miss Mabel Fay, je vois qu'elle s'appelle – que par des applaudissements. Vous voyez ces fleurs ?

Je me retournai et vis un grand bouquet d'azalées blanches et de roses, que le préposé avait dû apporter.

"Vous pouvez les lui donner si vous le souhaitez", a suggéré M. Marx.

Je secouai immédiatement la tête, pleinement déterminé à ne rien faire de tel. Mais M. Marx était tout aussi déterminé à ce que je le fasse. C'était tout à fait correct, m'a-t-il assuré ; il les avait fait exprès et je n'avais qu'à me lever et à les lui jeter. Pendant qu'il parlait, il écrivait sur une carte ordinaire, qu'il épinglait sur les fleurs et me les mettait ensuite dans la main.

Comment cela s'est-il produit, je ne le sais pas vraiment, mais M. Marx a suivi sa propre voie. C'était la fin de l'acte et tout le monde applaudissait la chanson de Mabel Fay. Elle se tenait face à la maison, s'inclinant et souriant, et ses yeux rieurs rencontrèrent les miens un instant, puis se posèrent sur les fleurs que je tenais et enfin se tournèrent vers les miens pleins d'invitation muette.

J'ai levé la main. M. Marx a murmuré : « Maintenant ! Et le bouquet gisait à ses pieds. Elle le ramassa gracieusement, me lança un regard coquet, puis le rideau tomba et je me rassis sur ma chaise, convaincu de m'être complètement ridiculisé.

Vers le milieu du troisième acte, M. Marx se leva et se dirigea vers la porte. Le tenant ouvert dans sa main pendant un moment, il s'arrêta et regarda autour de lui.

«Je vais vous quitter quelques minutes», dit-il. "Je ne serai pas très long."

Puis il est parti et je l'ai entendu marcher dans le couloir.

Une heure s'est écoulée et il n'est pas revenu. Le dernier acte arriva, le rideau tomba et, avec un soupir de regret, je me levai pour partir. Il n'était toujours pas revenu.

J'ai enfilé mon manteau et je me suis attardé, ne sachant pas quoi faire. Puis on frappa à la porte de la loge, mais, à la place de M. Marx, un employé entra et me remit un billet. Je l'ai déchiré et j'ai lu, griffonné à la hâte au crayon :

«Je suis ronde à l'arrière de la maison. Venez à moi. Le porteur vous montrera le chemin. — M. »

CHAPITRE XVII.
DANS LES COULISSES DU THÉÂTRE TORCHESTER.

J'ai suivi mon guide jusqu'au bout du couloir, à travers une porte qu'il a déverrouillée et soigneusement refermée, et j'ai dépassé le côté de la scène déserte, sur laquelle je me suis arrêté un instant pour contempler avec émerveillement l'ensemble de cordes et de poulies et des patins que les menuisiers étaient occupés à remettre en place, et à la salle couverte de toile et non éclairée, qui ressemblait maintenant, étrange transformation, à l'entrée d'une caverne obscure. Après avoir soigneusement choisi notre chemin, nous avons atteint une porte sur laquelle était peint « Chambre du directeur ». Une voix venant de l'intérieur nous a demandé d'entrer et j'ai été introduit.

M. Marx était assis dans un fauteuil, parlant assez sérieusement à un jeune homme mince et brun, appuyé contre la cheminée. Un homme plus âgé écrivait à une table à l'autre bout de la pièce, dos à la porte.

M. Marx m'a accueilli d'un signe de tête et m'a présenté brièvement au jeune homme à ses côtés :

"M. Morton—M. Isaacs. M. Isaacs est le manager de la société qui joue ici.

M. Isaacs a tourné vers moi un visage incontestablement juif et m'a tendu la main.

« Heureux de vous rencontrer, M. Morton ! J'espère que vous avez aimé la performance », dit-il avec un sourire qui révélait l'ensemble d'une dentition très blanche. « Très juste, n'est-ce pas ? Hahaha!"

Je lui ai répondu que j'avais énormément apprécié ce séjour et j'ai regardé M. Marx en me demandant combien de temps il comptait rester. J'avais pris une aversion soudaine mais forte envers M. Isaacs.

« Voulez-vous être très long, M. Marx ? J'ai demandé.

« J'ai envoyé chercher la voiture, » répondit-il ; "il sera là dans dix minutes."

Il me semblait qu'il y avait quelque chose d'un peu étrange dans l'attitude de M. Marx et dans la manière dont il regardait constamment vers la porte.

Juste à ce moment-là, quelqu'un frappa à la porte.

"Entrez!" s'écria M. Isaacs.

Une dame obéit à son appel et entra dans la pièce avec un bruissement de jupes en soie des plus inutiles. M. Isaacs l'accueillit avec effusion.

« Mademoiselle Fay, votre très humble servante ! s'exclama-t-il en s'inclinant profondément. "Permettez-moi de vous présenter deux de mes amis, M. Morton et M. Marx."

La dame tendit sa main non gantée, couverte d'une profusion de bagues.

«Je connais ce jeune monsieur de vue», dit-elle d'un ton fort et plutôt aigu. « Tu m'as jeté ces jolies fleurs, n'est-ce pas ? Très bien de votre part, terriblement bien ! Je les ai renvoyés chez moi par ma jeune femme.

J'ai balbutié une réponse incohérente et j'ai souhaité de tout cœur me retrouver à cent milles. Quel désenchantement ! J'ai regardé ses sourcils épais au crayon, la poudre et la peinture étalées en couche épaisse sur son visage : ses yeux audacieux et fixes, les pattes d'oie en dessous, que l'art avait fait ce qu'il pouvait pour cacher et n'avait pas réussi ; devant les masses de cheveux jaunes, que je savais intuitivement être fausses, et je sentis mes joues brûler de honte d'avoir été amené à l'admirer un instant. Malheureusement, elle imputait mon embarras à une autre cause, car cela semblait en partie pour la satisfaire, en partie pour l'amuser.

"Mon jeune ami et moi avons également admiré votre performance, Miss Fay, même si, peut-être, il était le plus démonstratif", a déclaré M. Marx en s'avançant. « Accepterez-vous les félicitations et les remerciements d'un provincial qui a rarement le plaisir de voir un tel jeu ou d'entendre une telle voix ?

Elle le remercia avec un petit rire affecté, qui s'éteignit brusquement et elle le regarda attentivement.

"Ne nous sommes-nous pas déjà rencontrés?" » demanda-t-elle curieusement. "Il y a quelque chose dans votre visage ou votre voix qui me semble familier."

Il lui rendit régulièrement son regard, mais secoua la tête avec un léger sourire.

"Je crains de ne pas pouvoir revendiquer cet honneur", a-t-il déclaré. « Si nous l'avions fait, il n'y aurait eu aucune incertitude dans mon esprit à ce sujet. Cela aurait été un souvenir précieux.

Elle avait l'air dubitative, mais se détourna négligemment.

"Je suppose que c'est mon erreur, alors", remarqua-t-elle. « Vous semblez certainement me rappeler quelqu'un que j'ai connu. Fantaisie, peut-être. M. Isaacs, je suis venu vous demander de vous raccompagner chez vous. (Elle me lança alors un rapide coup d'œil, ce qui me fit à nouveau chaud aux joues.) « J'ai envoyé Julia, et je ne peux pas y aller seul, n'est-ce pas, M. Morton ? » demanda-t-elle en se tournant vers moi.

«Je... je suppose que non», répondis-je, souhaitant sincèrement que M. Marx parte. Mais, comme exprès, il était allé à l'autre bout de la pièce et me tournait le dos.

Il y eut un bref silence. M. Isaacs m'a jeté un coup d'œil, a sifflé doucement, puis s'est dirigé lentement vers la fenêtre, comme pour voir quel genre de nuit c'était. Miss Fay me regarda avec impatience, avec une légère contraction des sourcils. J'avais désespérément envie de m'enfuir, mais je ne trouvais aucune excuse pour ma vie.

« Vous ne proposerez donc pas votre escorte, M. Morton ? » elle a chuchoté.

"Je ne peux pas. Je ne connais pas la ville — je n'y suis jamais allé auparavant — et nous avons un trajet de douze milles devant nous. Nous attendons la voiture à chaque instant. Ah, ça y est ! » ai-je ajouté, avec un soudain sentiment de soulagement, en entendant le bruit des pieds des chevaux piétinant à l'extérieur et le tintement des harnais. "M. Marx, Burdett est venu ! J'ai appelé.

Il leva les yeux en fronçant les sourcils.

"D'accord; rien n'est pressé ! il a dit. « Si vous n'êtes pas prêt, je vous en prie, ne m'étudiez pas. Je devrais déguster un cigare et un cognac-soda au « Bell » avant de commencer.

"Je suis tout à fait prêt, merci," répondis-je lentement, car ses paroles et ses manières m'avaient donné matière à réflexion. « Si cela ne vous dérange pas, j'aimerais m'enfuir. C'est un long chemin, tu sais.

"Oh, je t'en prie, ne me laisse pas te retenir !" S'exclama Miss Fay en secouant la tête. "M. Isaacs, si tu es prêt, je le suis. Bonne nuit, monsieur Marx; bonsoir, monsieur Morton ! »

Elle m'attira un peu de côté, manœuvre que je ne pouvais empêcher, et me murmura à l'oreille :

« Espèce de garçon timide et stupide ! Là!"

Elle m'a de nouveau serré la main et a laissé quelque chose dans ma paume. Quand ils furent partis et que j'étais dans le couloir, je le regardai. C'était une simple carte sur laquelle était griffonnée à la hâte une adresse :

MLLE MABEL FAY ,

15, rue Reine.

J'ai senti mes joues rougir tandis que je le déchirais en morceaux et les jetais par terre. Puis j'ai suivi M. Marx jusqu'à la voiture et, m'appuyant sur les coussins à ses côtés, j'ai commencé à réfléchir sérieusement à une idée que chaque incident insignifiant de la dernière partie de la soirée m'avait signalée ; M. Marx avait délibérément essayé de me conduire à me ridiculiser avec Miss Mabel Fay. Pourquoi?

CHAPITRE XVIII.
A MINUIT SUR LA MAURE.

Nous étions à plus de la moitié du chemin lorsque M. Marx rompit un silence qui devenait oppressant.

"Eh bien, avez-vous apprécié votre soirée?" Il a demandé.

"Bien sûr que oui, et je vous suis très reconnaissant de m'avoir emmené au théâtre", ai-je ajouté. Après tout, je l'avais peut-être mal jugé. Quel motif pourrait-il avoir pour être mon ennemi ?

« Oh, ça va », déclara-t-il en allumant soigneusement un cigare et en jetant l'allumette par la fenêtre. « Mais je crains que vous n'ayez dissipé plus d'une illusion ce soir, » continua-t-il en souriant. « Vous devez aussi avoir eu beaucoup de temps et d'opportunités pour les tisser, ici toute votre vie. N'êtes-vous jamais allé rendre visite à vos parents ou quoi que ce soit de ce genre ?

J'ai secoué ma tête.

«Je ne crois pas avoir de relations», dis-je. « Je n'en ai jamais entendu parler. Mon père disait qu'il était le dernier de sa famille.

« Mais ta mère ? Vous connaissez sûrement certains de ses gens ?

«Je ne l'ai même jamais entendue en parler», répondis-je brièvement.

"Étrange! Vous ne vous souvenez pas de son nom de jeune fille, n'est-ce pas ?

«Je ne sais pas si je l'ai déjà entendu», lui ai-je dit.

J'ai commencé à souhaiter que M. Marx choisisse un autre sujet de conversation. Sans doute, c'était extrêmement gentil de sa part de s'intéresser autant à mes affaires et ses questions partaient de motifs tout à fait authentiques, mais mon incapacité à répondre à aucune d'entre elles devenait un peu embarrassante.

« Encore une question que j'allais vous poser et ce sera la dernière », dit-il, comme s'il devinait mon sentiment. « Êtes-vous né ici ?

"Je suppose. Je n'ai jamais entendu dire que je suis né ailleurs.

Il y eut un autre long silence et il me sembla que M. Marx était plongé dans ses pensées. Je commençais à avoir sommeil et, fermant les yeux, je me suis adossé parmi les coussins moelleux et souples.

Ce fut l'une des nuits les plus folles et les plus difficiles de l'année. Les deux vitres des voitures ruisselaient de gouttes de pluie, et nous entendions le vent hurler à travers la campagne et siffler tristement parmi les arbres sans feuilles.

Nous avions accompli environ les trois quarts de notre voyage et venions d'entrer dans la partie la plus noire. De chaque côté de la route et tout près, sans même la séparation des haies, se trouvait une étendue de campagne nue et ouverte, assez agréable en été, mais maintenant une simple plaine, sur laquelle étaient parsemées quelques plantations éparses. de sapins maladifs et rabougris, parmi lesquels l'ouragan faisait une musique étrange.

Nous étions au milieu de cette morne région. M. Marx fumait toujours son cigare, mais les yeux fermés, et soit somnolent, soit plongé dans ses pensées. Moi, avec ma part du tapis de fourrure enroulé autour de mes genoux, j'essayais en vain de dormir – en vain, car ma tête tournait encore, après ce qui avait été pour moi une journée si excitante.

Mais si passionnante qu'elle ait été, sa clôture devait l'être davantage. Soudain, sans le moindre avertissement, nous ressentions une secousse brusque et entendîmes le cocher crier à ses chevaux qui plongeaient furieusement. M. Marx et moi nous sommes penchés en avant et, juste au moment où nous le faisions, il y a eu un énorme fracas de verre brisé et, à travers la vitre brisée du wagon, du côté le plus proche de lui, est entré un lourd morceau de roche, suivi de une masse confuse de pierres, de graviers et autres débris.

M. Marx se leva d'un bond, la main sur la poignée de la porte et le sang coulant de son front. Mais avant qu'il puisse ouvrir la porte, une chose étrange se produisit. Dehors, à moitié visible à travers les restes de vitre et à moitié sans aucune obstruction intermédiaire, apparut pendant une seule seconde le visage blanc et horrible d'un homme qui nous regardait. Cela allait et venait si rapidement que je ne pouvais avoir qu'une très faible idée de ses traits ; mais avec M. Marx, il semblait en être autrement. Comme un éclair, un regard passa sur son visage qui n'est jamais sorti de ma mémoire. Chaque trait semblait dilaté et secoué par une agonie spasmodique de reconnaissance horrifiée. Pendant un instant, il parut impuissant, avec toutes ses forces de mouvement et tous ses nerfs engourdis. Alors un cri sourd, tel que je n'en ai jamais entendu auparavant ou depuis depuis la gorge humaine, jaillit de ses lèvres tremblantes et sa main droite déchira son manteau et chercha sa poche de poitrine.

La portière de la voiture s'ouvrit brusquement alors qu'il s'élançait sur la route comme un animal sauvage, et de longues traînées de feu jaillirent du revolver brillant qu'il tenait dans sa main - une illumination sinistre qui me fit soudain apercevoir son visage blanc et ensanglanté. il se tenait sur la route, tirant baril après baril dans l'obscurité.

J'ai sauté et me suis précipité à ses côtés, regardant avec impatience la nuit noire et ensemble nous nous sommes tenus debout et avons écouté dans un silence haletant. À travers la lande sauvage et ouverte, le vent se précipitait vers nous avec un bruit sourd et profond, et parmi les cimes nues des arbres d'une petite plantation devant nous, nous l'entendions crier et hurler comme le rire infernal d'une armée de sorcières. Les nuages noirs d'encre qui s'abaissaient au-dessus de nos têtes se dissolvaient dans un torrent de pluie folle, et l'obscurité était si intense que, même si nous entendions la chute frénétique des chevaux derrière nous, nous ne pouvions les voir ni eux ni la voiture. Les éléments semblaient s'être déclarés du côté de notre mystérieux agresseur. L'obscurité de la nuit et le rugissement du vent et de la pluie effaçaient tout ce qui nous entourait et assourdissaient tous les bruits sauf le leur.

"Attends ici!" s'écria M. Marx d'un ton dur et peu naturel. Et avant que je puisse ouvrir la bouche, il avait disparu hors de vue et c'était comme si l'obscurité noire et béante l'avait englouti.

Pendant un moment, je restai debout sans bouger. Puis un appel à l'aide du cocher derrière moi et le bruit renouvelé des chevaux en difficulté me rappelèrent leur sort, et je retournai à tâtons vers la route.

J'étais juste à temps. Les chevaux, de belles créatures puissantes, presque pur-sang, étaient complètement fous de peur, et le palefrenier, qui les tenait et s'efforçait de les maîtriser, était tout à fait épuisé. Entre nous, nous avons réussi à les apaiser après une brève lutte, et dès que j'ai pu retrouver suffisamment de souffle, j'ai commencé à interroger Burdett, qui était resté collé à sa place sur la boîte comme une statue immobile, sur la première cause de leur alarme.

"Qu'est-ce qu'ils ont hésité au début?" J'ai demandé. "Avez-vous vu quelqu'un?"

"Je viens d'apercevoir le canaille, monsieur, et c'est tout", répondit Burdett. "Nous tournions magnifiquement, car ils savaient qu'en rentrant chez eux, ces animaux le faisaient, quand, tout d'un coup, Dandy hésite, et la jument monte sur ses pattes arrière et s'approche le plus possible. moi sur la route. J'ai desserré les rênes et j'ai posé le fouet dessus, pendant que Tom sautait à terre. Et juste à ce moment-là, j'ai vu une silhouette au milieu de la route et j'ai entendu un fracas à travers la vitre de la voiture. Tom, il avait déjà attrapé leurs têtes, ce qui était une chance ; car quand la fusillade a commencé, ils étaient comme des créatures folles et je n'aurais jamais pu les retenir. C'est une chance que nous ne soyons pas complètement détruits, et ne nous y trompons pas. Que le Seigneur me préserve de sortir à nouveau avec mes os par une nuit comme celle-ci ! »

« Vous n'avez donc pas vu le visage de l'homme qui nous a attaqués ? » Ai-je demandé avec impatience.

"N'ayant pas les yeux d'un heagle ou d'un chat, monsieur, je ne l'ai pas fait", répondit Burdett. « Il suffit de regarder autour de vous et de voir quelle sorte de nuit nous sommes. Eh bien, je peux à peine comprendre votre aperçu, monsieur ; bien que je te regarde depuis cinq minutes, je ne vois rien de ton visage.

"Toi non plus, je suppose, Tom?" J'ai demandé au marié.

"Non monsieur; rien sauf juste une silhouette noire. Heureusement qu'aucun de vous n'a été blessé, monsieur.

« Je ne suis pas sûr que M. Marx ne le soit pas », répondis-je ; « Son visage saignait beaucoup. J'aurais aimé qu'il revienne.

Jamais le temps n'a passé aussi lentement qu'à l'époque où nous attendions sous la tempête et la pluie le retour de M. Marx. Il a dû s'écouler près d'une heure avant que nous l'entendions nous héler au loin et que, peu après, nous voyions sa silhouette surgir de l'obscurité à proximité. Il était seul.

Éclaboussé de la tête aux pieds, sans chapeau, et avec de grandes traînées de sang coagulé sur le front et les joues, il présentait d'abord une figure effrayante. Mais son visage avait perdu cette terrible expression d'horreur engourdie qui l'avait rendu un instant si terrible pour moi, et, tandis qu'il se laissait tomber, essoufflé et épuisé, parmi les coussins, il essayait même de sourire.

«Tout cela en vain, voyez-vous», dit-il. "Je n'ai trouvé aucune trace de qui que ce soit."

« Êtes-vous très blessé, monsieur ? demanda le palefrenier qui attachait la portière cassée.

"Pas du tout. Seulement une égratignure. Dites à Burdett de rentrer chez lui aussi vite qu'il peut maintenant, Tom, c'est un brave garçon.

Nous restâmes ensemble pour discuter de cette étrange affaire. M. Marx semblait déjà avoir pris sa décision.

« Sans doute, dit-il délibérément, c'est quelque vagabond, désespéré de faim ou de boisson, qui s'est décidé à jouer au voleur de grands chemins. Il a bien commencé, puis, nous voyant deux au lieu d'un, il s'est déchaîné et s'est enfui. Je ne pense pas avoir jamais connu un tel départ dans ma vie.

"Tu as vécu le pire", ai-je remarqué en désignant son front.

"Ce n'est pas ça qui m'a bouleversé", répondit-il. «C'était une idée horrible qui m'est venue juste un instant. Le visage qui regardait par la fenêtre, vous l'avez vu, ressemblait horriblement au visage d'un homme mort, que je sais mort. Cela m'a donné, le temps que l'idée durait, une sensation que j'espère ne plus jamais éprouver de toute ma vie. C'était horrible.

Le visage des morts ! Ce n'était pas une pensée joyeuse. Mais j'ai regardé la porte et la fenêtre détruites de la voiture et je me suis senti immédiatement rassuré. Notre agresseur, quel qu'il soit, n'était pas un fantôme. Il y avait des preuves indéniables de sa présence matérielle et de sa force dans le verre brisé, les boiseries arrachées et la blessure au front de M. Marx.

La voiture s'arrêta avec un coup sec. Nous étions arrivés chez moi.

« Ne feriez-vous pas mieux d'entrer et de vous laver le front, M. Marx ? » suggérai-je avec hésitation.

Il secoua la tête et refusa.

"Non merci. Je reviendrai au château dès que possible et je le soignerai moi-même. Au revoir, Morton. Si je ne vous revois pas avant votre départ, je vous souhaite plein succès chez M. Randall.

Je le remerciai chaleureusement, lui serrai la main et, fermant la portière, j'appelai Burdett à continuer sa route. Pendant un moment ou deux, je suis resté sur la route à regarder les lumières qui devenaient de plus en plus faibles au loin. Puis j'ai tourné lentement vers la maison.

A mi-chemin, je m'arrêtai net et, retenant mon souffle, j'écoutai attentivement. Le vent était tombé et la pluie avait presque cessé, mais la nuit était toujours aussi noire que de la poix. J'ai écouté avec les oreilles tendues et le cœur battant et j'ai vite compris que je ne m'étais pas trompé. En descendant la colline entre la porte de Rothland Wood et là où je me trouvais, le long de la route par laquelle nous venions d'arriver, j'entendais le bruit faible, mais néanmoins indubitable, d'une lumière, de pas courants. En me retournant, je parcourus doucement le chemin et restai debout au milieu de la route, attendant.

CHAPITRE XIX.
UNE ÉTRANGE ATTAQUE.

En réalité, il ne pouvait s'écouler plus d'une minute ou deux, même si cela me semblait alors terriblement long, avant que j'entende de nouveau le son qui avait attiré mon attention. Quand je l'ai fait, c'était tout près, juste au début de l'alignement de bâtiments de ferme qui longeait la route. Il n'y avait aucune possibilité d'erreur. La situation était en tout cas suffisamment claire. À cinquante mètres à peine, un homme accourut vers moi, soit pieds nus, soit chaussé de chaussures très souples ; et il était minuit passé, il faisait nuit noire et une route solitaire.

Les marches se rapprochaient de plus en plus et mon cœur commençait à battre très vite. Enfin, scrutant sérieusement l'obscurité, j'ai distingué la silhouette sombre d'un homme à seulement un mètre ou deux de moi, courant au milieu de la route, et une paire d'yeux sauvages et brûlants brillaient comme du feu sur le fond sombre. . J'ai senti son souffle chaud et haletant sur ma joue, j'ai entendu un cri sourd et féroce et, une seconde plus tard, j'ai vu la silhouette bondir de côté et disparaître dans l'ombre du mur de la grange.

Je le suivis avec précaution ; mais, quoique je tâtonnais dans toutes les directions, je ne voyais rien. Je restai donc immobile, le dos au mur, et j'appelai doucement :

"Qui es-tu? Pourquoi me caches-tu ?

Pas de réponse. J'ai réessayé :

« Je ne veux pas te faire de mal. Je ne te ferai aucun mal. Je veux seulement savoir qui tu es et quoi… »

Je n'ai jamais fini la phrase. J'ai soudain pris conscience de deux yeux brillants qui me regardaient, comme des morceaux de charbon ardent, tombés d'un tas froissé sur le sol. Puis il y eut un grognement rapide et haletant, un sursaut, et je sentis les longs doigts nerveux d'un homme me serrer la gorge. À bout de souffle et à bout de souffle, je les ai jetés, pour me retrouver retenu comme dans un étau par une paire de longs bras. Inspirant profondément, je me préparai à lutter contre mon agresseur inconnu.

Plus d'une fois, je me crus perdu, car mon adversaire était évidemment un homme puissant et semblait déterminé à m'étrangler. Mais, même s'il se débattit d'abord avec acharnement, je vis bientôt que sa force n'était que la frénésie d'un désespoir nerveux et qu'elle le quittait rapidement. Peu à peu, je commençai à prendre le dessus, et enfin, avec un effort suprême, je le jetai sur le dos et, avant qu'il puisse se reprendre, je posai mon genou sur sa poitrine et poussa un long soupir de soulagement.

Je lui ai parlé, crié, menacé, ordonné ; mais il n'y prêta pas attention. Puis j'ai regardé de plus près son visage tourné vers le haut et ses yeux féroces, et la vérité m'est immédiatement apparue. J'avais eu affaire à un fou, un fou désespéré et furieux, et c'était probablement lui qui nous avait attaqués dans la voiture.

Mon premier mouvement fut celui d'une profonde gratitude pour mon évasion ; puis j'ai commencé à me demander ce que j'allais bien faire de lui. Il gisait maintenant comme une bûche, parfaitement silencieux ; mais je savais qu'il me suffisait de relâcher mon emprise sur lui et que la lutte recommencerait — peut-être se terminerait différemment. Je ne pouvais pas l'emmener dans la maison, car il n'y avait aucune pièce d'où il ne pourrait pas s'échapper facilement. Le seul endroit me semblait être la remise. C'était sec et propre, sans fenêtres, sauf en haut, et avec un cadenas solide et solide. La remise ferait l'affaire, ai-je décidé, si seulement je pouvais l'y amener.

Je tirai mon mouchoir de ma poche et, le nouant avec mes dents, j'attrapai ses mains du mieux que je pus. Puis, le saisissant par le collet, je le traînai, moitié l'aidai à remonter l'allée du jardin jusqu'à la remise, et, ouvrant la porte d'une main, je le poussai dedans. Il ne fit aucune résistance ; en fait, il semblait complètement intimidé ; et il regardait un objet pitoyable, accroupi sur le sol, la face tournée vers le mur. J'ai allumé une allumette pour mieux le voir.

Sa seule tenue était une chemise de flanelle grise et un pantalon sombre, tous deux déchirés par endroits et saturés de pluie. De son visage, je ne voyais pas grand-chose, car il était à moitié caché par ses cheveux, emmêlés de saleté et de pluie, et par ses moustaches touffues et sa barbe, en lambeaux et négligées. Ses pieds étaient nus et noirs avec une épaisse couche de boue ; d'où sa démarche douce et furtive. Dans l'ensemble, il était un objet horrible, alors qu'il gisait en tas contre le mur, marmonnant pour lui-même un jargon inintelligible.

Lâchant ses mains, je l'ai laissé là et, entrant doucement dans la maison, j'ai trouvé de la nourriture et des tapis et je les lui ai apportés. Il regarda le premier avec voracité, et avant que je puisse le poser, il m'arracha un morceau de pain des mains et commença à le dévorer avec impatience. J'ai déposé le reste à côté de lui et, jetant les tapis sur lui, je me suis enfui.

CHAPITRE XX.
LE MONASTÈRE PARMI LES COLLINES.

Quand je me suis réveillé le matin, le soleil était déjà haut dans le ciel et mon heure habituelle de lever était déjà largement dépassée. J'ai sauté du lit immédiatement et j'ai commencé ma toilette. J'avais à peine fini mon bain qu'on frappa fort à la porte.

"Bonjour!" J'ai crié. « Quelque chose ne va pas ?

"Oui Monsieur. S'il vous plaît, monsieur, John veut savoir si vous avez enfermé quelque chose dans la remise hier soir. Il y avait--"

"Oui, je l'ai fait," l'interrompis-je rapidement. "Dites-lui de ne pas y aller avant que je descende."

"S'il vous plaît, monsieur, il est trop tard", répondit la jeune fille d'un ton effrayé. "Il s'est enfui, quoi qu'il en soit."

J'ai laissé tomber la serviette avec laquelle je m'étais frotté et je me suis dépêché d'enfiler mes vêtements. Quelques minutes plus tard, j'étais dans la cour, où plusieurs hommes discutaient ensemble. John les quitta aussitôt et vint vers moi.

«Pourquoi voulais-tu aller si tôt à la remise?» M'exclamai-je en jetant un coup d'œil à la porte grande ouverte et à l'intérieur vide. "J'ai eu un travail épouvantable pour faire entrer cet homme hier soir, et maintenant vous l'avez laissé partir."

"Eh bien, monsieur, c'était une dispute effrayante qu'il était en train de créer", expliqua John. « Dès mon arrivée ce matin, vers cinq heures, je traversais le dépôt de stockage lorsque j'ai entendu un bruit sourd terrible à la porte de la remise, venant de l'intérieur. Bien sûr, je ne savais pas qu'il y avait quelqu'un ici, alors je suis allé directement et j'ai ouvert la porte, pour voir ce qui se passait, et, oh, j'ai bien rigolé, et je ne m'y suis pas trompé ! Il faisait assez sombre, et je ne voyais plus que deux yeux me fixant, aussi sauvages que ceux d'un animal sauvage. «Sortez de là et jetons un coup d'œil à vous», dis-je, car, voyez-vous, je pensais qu'il s'agissait de quelqu'un qui s'était glissé à l'intérieur sans se rendre compte pendant la journée et s'était enfermé par erreur. Il n'y a pas de réponse, et j'étais sur le point d'allumer une allumette et de le regarder, quand il se jette sur moi comme un chat sauvage. J'ai essayé de le tenir et je serai foutu s'il n'a pas réussi à faire se croiser ses dents dans ma main.

Il toucha légèrement sa main droite et je remarquai pour la première fois qu'elle était bandée.

"Il s'est échappé de toi, alors ?" J'ai remarqué.

« Vous vous êtes éloigné de moi ? » répéta John, sur un ton de dégoût total. « Il ne m'avertit pas d'un objet si doux, ni d'un homme au caractère si doux, que je serais trop soucieux du plaisir de sa compagnie, n'est-ce pas ! J'ai juste retiré ma main de sa mâchoire et je l'ai laissé aller aussi vite qu'il le voulait, avec un bon coup de pied derrière pour l'aider aussi. Vous voyez, monsieur, je ne savais pas que vous aviez quelque chose à voir avec le fait de le mettre là-dedans, » ajouta l'homme en s'excusant. "Je pensais qu'il s'était lancé dans la promiscuité."

A vrai dire, même si j'avais été alarmé au début, je ne regrettais pas particulièrement ce qui s'était passé. En tout cas, cela m'a évité de me rendre au commissariat de police de Mellborough. Pourtant, l'idée qu'il puisse encore se cacher dans les environs, avec de nombreuses opportunités de se procurer une arme, n'était pas tout à fait agréable.

« Qui pouvait-il être, monsieur ? » s'enquit John avec curiosité.

"Juste ce que j'aimerais savoir," répondis-je. "C'est un fou et un dangereux, c'est certain. Il s'est évadé d'un asile, je pense." Et je lui ai raconté mon aventure de la veille, que tout le groupe a écouté bouche bée.

«Je pense, monsieur», remarqua John, quand j'eus fini, «qu'il vaudrait mieux que Foulds et moi fassions une tournée pour voir si nous ne pouvons pas le trouver, sinon il le fera. quelqu'un est un méfait.

"Si vous n'êtes pas très occupé, j'aimerais que vous le fassiez", dis-je. « Je ne me sens pas très à l'aise à l'idée de son errance par ici. Si vous le trouvez, enfermez-le et envoyez un message au commissariat de Mellborough.

Ce matin-là, après le petit-déjeuner, ma mère fit une demande qui me surprit presque autant qu'elle me ravit.

«Je vais marcher jusqu'au monastère, Philippe», dit-elle doucement. "Voulez-vous venir avec moi?"

"Bien sûr que je le ferai, maman," répondis-je promptement. « Rien ne pourrait me procurer un plus grand plaisir. Quand commenceras-tu?"

« Je serai prête dans une demi-heure », dit-elle avec un léger sourire, comme si elle était contente de mon acquiescement immédiat. Puis elle quitta la pièce pour se préparer.

À peu près au moment où elle m'a mentionné, elle est venue me voir dans le jardin et nous avons commencé notre promenade. Cela s'est déroulé sans incident, mais je ne pense pas que je l'oublierai un jour. Ma mère semblait, après sa brève rechute dans une relative bonté, être devenue plus inaccessible que jamais ; et elle marchait à mes côtés, les yeux baissés et une expression nerveuse et pensive sur son visage pâle.

Moi aussi, je me sentais quelque peu déprimé au début, mais bientôt l'air frais et pur, devenant de plus en plus fort à mesure que nous quittions la route et suivions le sentier près de Beacon Hill, eut son effet invariable sur mon moral. Toutes les pensées perplexes et les pressentiments de malheur s'éloignèrent de moi comme par magie, et mon cœur battait et le sang coulait dans mes veines avec toute l'ardeur impétueuse d'une jeunesse sanguine.

Au sommet de la colline, nous nous sommes arrêtés, moi pour regarder autour de moi ma scène préférée, ma mère pour me reposer un instant. Puis nous avons vu quelle avait été la tempête de la nuit précédente.

Ici et là se trouvaient des troncs d'arbres nus et de nombreuses étables et granges étaient sans toit. La tempête semblait avoir fait des ravages partout, sauf là où, au sommet de sa colline boisée, le château de Ravenor, avec sa grande rangée de puissants créneaux, ses vastes tours et ses murs gris d'une épaisseur invincible, regardait d'un mauvais œil le pays à ses pieds. . En le regardant de l'autre côté, il me semblait que l'endroit n'avait jamais paru aussi imposant qu'à l'époque.

Ma mère se tenait à mes côtés et remarqua mon regard attentif.

« Tu admires beaucoup le château de Ravenor, Philip ? » dit-elle doucement.

J'ai retiré mes yeux avec effort.

«Oui, maman», avouai-je; « vraiment beaucoup. Cet endroit exerce une sorte de fascination pour moi… et pour l'homme qui y habite !

Ma mère s'était un peu détournée de moi et se tenait debout, le visage tourné vers le ciel et les lèvres muettes. De ses yeux, je pouvais voir les larmes couler lentement et sa grande silhouette mince était secouée de sanglots. Je me suis précipité à ses côtés et j'ai attrapé sa main.

"Qu'est-ce qu'il y a, maman?" J'ai pleuré. "Dites-moi!"

Elle secoua tristement la tête.

« Pas maintenant, Philip… pas maintenant. Viens, partons !

Côte à côte, nous commençons à descendre la colline. Notre chemin serpentait autour de plusieurs épinards fraîchement plantés puis traversait une plantation de pins.

Puis nous nous sommes retournés avec regret, en ce qui me concerne, dans la route boueuse et avons marché pendant plus d'un mile entre de hautes haies droites. Enfin, peu après midi, nous tournâmes à gauche, traversâmes une cour de ferme et suivions un sentier sinueux qui nous conduisit, tantôt à côté de champs de navets, tantôt à travers une rase campagne couverte de fougères, jusqu'au sommet de notre dernière colline.

Là encore, nous avons fait une pause. Au-dessous de nous, tout près du fond des collines incolores, tristement situés dans l'endroit le plus sombre du paysage austère, les flèches droites et les bâtiments austères et simples du monastère étaient regroupés. Un peu au-dessus, sur une éminence rocheuse artificielle, une croix grossière se détachait avec un vif relief sur le ciel, et sur celle-ci les yeux de ma mère étaient fixés avec une sorte de nostalgie ravie, tandis que nous nous tenions côte à côte au sommet de la montagne. colline regardant vers le bas.

C'était un endroit tout à fait approprié que ces hommes, qui comptaient parmi leurs vertus de s'être coupés même des beautés de la nature dans leur immolation rigide, avaient choisi pour leur habitation. Mais bien que l'endroit ait un caractère singulier et impressionnant qui ne manquait jamais d'exercer sur moi une sorte de fascination, j'étais heureux aujourd'hui lorsque ma mère s'avança de nouveau.

Alors que nous approchions de la fin de notre voyage et que nous tournions dans la longue avenue droite qui menait aux portes du monastère, l'étrange agitation que j'avais remarquée dans les manières de ma mère au début de la journée augmentait visiblement. La froideur inexpressive qui avait habité si longtemps son visage disparut, et s'y glissa un regard que, après avoir vu une fois, je ne voulais plus revoir. Il semblait qu'elle essayait de se préparer à une terrible épreuve, et j'aurais donné n'importe quoi pour pouvoir exprimer par des mots la sympathie qui s'était fortement élevée en moi.

Contre nature, froide, sévère et, dans le meilleur des cas, indifférente, comme elle l'avait été récemment à mon égard, elle était toujours ma mère et je l'aimais. Mais je n'osais pas interrompre par des mots l'angoisse féroce qui commençait déjà à laisser ses traces sur son visage blanc et tendu. Ce n'est que lorsque nous nous trouvâmes devant la façade en pierre nue du monastère, et que, de ses doigts faibles, elle avait tiré la grande cloche de fer, que je pus parler, et alors les mots n'étaient pas ceux que je souhaitais prononcer. Ensuite, quand je pensais à eux — et j'y pensais souvent, ainsi qu'à tous les petits incidents de cette promenade mémorable — ils me parurent faibles et mal choisis.

Mais tels qu'ils étaient, je suis heureux de les avoir prononcés.

Elle m'écoutait comme quelqu'un dont les pensées étaient lointaines, mais quand j'eus fini, essoufflée, elle posa sa main sur mon bras et, avec ses yeux sombres et tristes regardant dans les miens, dit simplement :

« C'est pour toi, Philippe, pour toi ! »

Puis, avant que je puisse lui demander ce qu'elle voulait dire, la grande porte s'ouvrit lentement et le maître des invités se tint devant nous. Elle le dépassa avec un salut silencieux et disparut en se dirigeant vers la chapelle ; et, même si je la regardais avec envie, je n'osais pas la suivre. Puis, déclinant l'invitation du Père Bernard à aller me reposer dans sa chambre, je me détournai de la porte et me dirigeai vers le parc.

Heure après heure, la brève journée d'hiver s'écoulait. Le Père Bernard vint à ma recherche et m'offrit des rafraîchissements ; mais j'ai secoué la tête. Je ne pouvais ni manger, ni boire, ni me reposer. Une appréhension étrange mais puissante d'une crise imminente dans ma vie – d'un grand mal lié à la visite de ma mère dans cet endroit – m'avait saisi, et toutes mes luttes contre cela étaient impuissantes.

Il était tard dans l'après-midi lorsqu'elle arriva. J'étais monté au sommet du « Calvaire » et, le cœur malade et les yeux ardents, je regardais la porte par laquelle elle devait sortir. Soudain, on l'ouvrit et elle resta un moment sur le seuil à me chercher. Jusqu'à ma mort, je penserai à elle telle que je la vis alors.

Son visage était celui d'une sainte, calme, sans passion et heureux, avec un bonheur doux et châtié. Je savais, quand je la regardais, qu'elle avait laissé derrière elle le fardeau de son grand chagrin. Mais elle en avait payé le prix. Si pâle et fragile qu'elle avait toujours paru, elle semblait maintenant avoir été dévastée par quelque épreuve féroce et cinglante, qui avait chassé de ses traits tout ce qui était humain et n'avait laissé qu'une vie spirituelle. À mesure qu'elle avançait lentement dans l'allée et que je la voyais encore plus distinctement, elle me parut avoir acquis une étrange et nouvelle beauté ; mais c'était une beauté qui me faisait la regarder avec un soudain frémissement de peur.

Je me précipitai à ses côtés et elle m'accueillit avec un sourire comme j'en avais rarement vu sur son visage et qui était tout à fait en harmonie avec son expression adoucie. Puis elle m'a pris le bras et nous nous sommes tournés vers la maison.

"Tu es plus heureuse maintenant, maman?" J'ai osé lui demander, et elle m'a répondu en me pressant silencieusement le bras.

Nous avons longé l'avenue, parsemée de feuilles en décomposition, suivi l'allée sinueuse et franchi la porte qui menait à Ive's Head Hill. Une ou deux fois, pendant l'ascension, j'ai cru qu'elle s'accrochait lourdement à mon bras et je lui ai demandé si elle était fatiguée ; mais elle se contenta de secouer la tête. Nous avions atteint le sommet avant que la peur terrible qui me rongeait le cœur ne prenne définitivement forme. Puis, pour la première fois depuis que nous avions commencé notre voyage de retour, j'ai pu regarder son visage, qu'elle gardait éloigné de moi, et quand j'ai vu l'horrible changement qui s'était glissé en lui, mon cœur s'est arrêté. et tous mes sens semblaient engourdis par la peur.

« Mère, m'écriai-je, vous êtes malade ! Quel est le problème? Oh, parle-moi, fais-le !

Elle était tombée dans mes bras, et ses mains, qui touchaient les miennes en tombant à son côté, étaient froides comme de la glace. Son visage était comme celui de quelqu'un qui a déjà triomphé des ombres de la mort. Au loin, à nos pieds, la Croix du Calvaire se détachait avec une vivacité sauvage sur le ciel qui s'assombrissait rapidement et sur elle ses yeux fermés étaient fermement fixés. Ses lèvres étaient légèrement entrouvertes dans un sourire heureux et confiant, et tout son être semblait absorbé dans la dévotion la plus religieuse. Une fois, elle murmura mon nom et me serra légèrement la main ; puis ses lèvres remuèrent de nouveau et j'entendis le son effrayant de la prière solennelle, balbutiée dans un murmure brisé : « *In manus Tuas, Domine* !

Dans mon cœur, je savais qu'elle était mourante et que l'aide humaine ne servirait à rien. Pourtant, j'étais réticent à abandonner tout espoir et, la déposant doucement, je regardai autour de moi avec anxiété. Au sommet de la chaîne de collines suivante, un homme était assis à cheval, regardant le monastère d'en haut, une silhouette immobile dans le ciel. Je lui ai crié, et au son de ma voix, il s'est retourné et a regardé vers nous ; puis, enfonçant soudain les éperons profondément dans les flancs de son grand cheval noir, il gravit en trombe le flanc de la colline à une allure qui fit trembler le sol sous mes pieds comme les tremblements d'un tremblement de terre.

"Ce qui est faux?" il a pleuré d'une voix rauque ; et, le regardant en face, j'ai reconnu M. Ravenor.

Je lui montrai la silhouette prostrée de ma mère, et, le regardant avec des yeux secs, je répondis machinalement :

"Elle est en train de mourir!"

A peine ces mots avaient-ils quitté mes lèvres qu'il sauta de cheval et, passant son bras autour d'elle, se pencha sur son visage pâle.

"Oh, c'est horrible!" murmura-t-il. « Vous ne devez pas mourir, vous ne devez pas mourir ! J'ai--"

Sa voix semblait étranglée par l'émotion et il ne termina pas sa phrase. Elle lui a parlé, mais si doucement que je n'ai pas pu entendre les mots.

Je me suis éloigné de quelques mètres et, une fois de plus, j'ai regardé autour de moi d'un air sauvage. Au loin, sur le flanc sombre de la colline, je pouvais voir les silhouettes en robe blanche des frères laïcs penchés sur leur travail. Plus près, il n'y avait personne. La route en contrebas était déserte et un profond silence semblait planer sur le paysage nu et sombre. Le cœur malade, je me retournai et tombai à genoux aux côtés de ma mère.

Nous sommes restés là, craignant presque de la regarder en face, jusqu'à ce que le crépuscule s'approfondisse sur les collines et fasse lentement disparaître de notre vue même la croix sombre se dressant sur le ciel gris. Puis M. Ravenor se pencha un instant en avant et un faible gémissement s'échappa de ses lèvres. Cela m'a dit ce que je redoutais : que ma mère était morte !

CHAPITRE XXI.
UN MESSAGE DES MORTS.

Le paroxysme de mon chagrin disparut lentement, et je me levai et regardai autour de moi avec des yeux ruisselants. M. Ravenor était toujours à mes côtés et ensemble nous avons ramené ma mère au monastère. La nouvelle de notre approche nous avait précédés, et bien avant que nous atteignions la fin de notre voyage, la cloche solennelle des minutes sonnait dans la nuit silencieuse, éveillant d'étranges échos dans les collines et trouvant une réverbération de sa tristesse dans mon cœur.

Si austère et impressionnante que m'avait toujours paru la grande façade nue du monastère, elle ne m'avait jamais paru aussi froide et désolée que lorsque notre mélancolique petite procession contournait la colline du Calvaire et s'approchait lentement de l'entrée. L'obscurité d'un soir d'hiver planait autour de l'édifice qui, sans aucun rayon de lumière d'aucune part, ressemblait à une demeure de morts, à un caveau gigantesque.

Mais soudain, alors que nous approchions, la porte d'entrée s'ouvrit lentement et la silhouette sombre d'un moine, tenant au-dessus de sa tête une bougie allumée, se tenait sur les marches et répétait d'une voix basse et monotone une prière latine. Quand il eut fini, il y eut un moment de silence, puis de la chapelle vint le son de voix graves chantant lentement à l'unisson solennel le *Miserere* .

Le reste de cette nuit me semble maintenant comme un rêve dont je ne me souviens que de peu. Mais je me souviens que, bien après minuit, alors que je m'étais jeté sur le sol en pierre de la chambre d'amis, j'entendis des pas doux et le bruissement des vêtements s'approcher de moi, et, levant les yeux, je vis le visage le plus doux que j'aie jamais vu. chez un homme ou une femme regardant le mien depuis les profonds plis d'une capuche de moine.

Il est resté avec moi pendant un moment, me prononçant des paroles de réconfort bienvenues ; puis, rassemblant ses robes autour de lui, il se leva, prêt à partir. Mais il m'a d'abord remis un petit paquet.

«Cela a été laissé à ma charge pour vous, Philip Morton», dit-il. «Je n'imaginais pas que je serais si tôt appelé à honorer ma confiance. Prends-le, mon fils.

Le paquet, que j'ouvris avec des doigts respectueux, était très petit et ne contenait qu'une seule lettre. Pour mieux voir et lire, j'ouvris l'étroite fenêtre encadrée de losanges, et le clair de lune remplit la petite pièce d'une lumière douce et adoucie. Puis j'ai lu :

«Le monastère Barnwood de Saint-Clément,

« *19 novembre 18—.*

« MON TRÈS CHER FILS , je t'écris ces lignes, Philippe, me sentant plus heureux que je ne l'ai été depuis de nombreuses années, parce que j'ai la conviction profonde et sûre que ma vie touche à sa fin et que la fin peut arriver à n'importe quelle minute. Hélas! mon fils, je sens que je n'ai pas été avec toi tout ce qu'une mère devrait être. Il se peut que ma froideur m'ait éloigné de l'amour que je sais que vous étiez prêt à me donner. Il se peut que ce soit le cas ; mais je préfère croire que vous me plaindrez quand je vous dirai que la froideur qui s'est développée entre nous n'était pas de mon choix, mais n'était qu'une partie d'un terrible châtiment que j'ai dû supporter pendant de nombreuses années de fatigue.
« Ce qu'était mon péché – ou permettez-moi d'être miséricordieux envers moi-même et d'appeler cela mon erreur –, je n'ai pas l'intention de vous le dire ici. Un jour, la personne à qui je l'ai laissé le choix jugera peut-être bon de vous raconter toute l'histoire. Pour moi, Philippe, pour l'amour que je sais que tu me portes, et que, Dieu sait, j'ai pour toi, je te prie d'attendre que ce moment vienne et de ne pas chercher à le hâter.
« Pense à moi aussi gentiment que possible, ma chérie. Si la voie que j'ai choisi de suivre n'était pas la plus sage, j'en ai du moins terriblement souffert. Depuis de nombreuses années, le chagrin, l'horreur et le remords ont fait de ma vie un long purgatoire. Oui, j'ai effectivement souffert. Mais j'ai enfin trouvé la paix.

« Ne vous étonnez pas de ce que je vais vous dire, Philippe. Mon testament — le peu que je dois laisser est le vôtre — est rédigé et signé et j'ai nommé M. Ravenor votre tuteur. Il y a des raisons à cela que vous ne pouvez pas connaître, mais il ne sera que trop heureux d'accepter l'accusation ; et en toutes choses, Philippe, même s'il désirait que vous changiez complètement de position dans la vie, suivez ses ordres et soumettez-vous à ses souhaits.

« Adieu, mon fils bien-aimé, adieu ! Dieu veuille que votre vie soit bonne et heureuse, et que vos derniers jours soient aussi paisibles que les miens. Je ne peux rien te souhaiter de mieux. Encore une fois, adieu ! Votre affectueux

" MÈRE. »

CHAPITRE XXII.
POUR LA VIE.

La mort de ma mère a marqué une époque dans ma vie, car immédiatement après, un grand changement s'est produit dans ma situation et dans ma situation. Des jours mornes juste avant et après les funérailles, je ne dirai que peu de choses ici. Leur tristesse est pour moi et moi seul.

Jusqu'à la fin de la cérémonie, je restai au monastère, cherchant un soulagement à mes pensées par des promenades à travers les collines, par des veilles en pleine nuit devant l'endroit où, avec de nombreuses bougies allumées autour de son cercueil ouvert, gisait ma mère, et par de longues conversations avec Père Alexandre, mon consolateur. Lorsque vint l'heure des funérailles, M. Ravenor se tenait à mes côtés, le seul autre personne en deuil, et je savais que les bancs de fleurs blanches de choix, qui étouffaient le cercueil et parfumaient l'air hivernal, étaient son cadeau.

Une fois tout cela terminé, il est venu vers moi, là où je me tenais, un peu à l'écart, et a posé sa main sur mon épaule.

« Philippe, mon garçon, dit-il gentiment, veux-tu revenir au Château avec moi ? Je suis ton tuteur maintenant, tu sais.

J'ai pris une longue inspiration.

« Laissez-moi retourner seul à la ferme pendant une semaine », dis-je ; « alors je viendrai vers vous. Soyez prêt à aller chez le Dr Randall.

« Qu'il en soit ainsi, alors », répondit-il. "C'est peut-être mieux."

J'ai dit au revoir aux moines, en particulier au Père Alexandre, avec regret, car ils avaient tous été très bons avec moi. Ensuite, j'ai accompagné M. Ravenor jusqu'à sa voiture et j'ai été rapidement reconduit chez moi.

La semaine qui suivit, je la passai dans la solitude, et à mesure que les jours passaient, l'amertume de mon chagrin me quittait. Non que le souvenir de ma mère devienne moins cher, bien au contraire ; mais j'ai commencé à reconnaître que ce qui s'était passé était le meilleur. Mieux vaut qu'elle soit morte ainsi, pleine de pensées saintes et la conscience tranquille, que de porter encore, le cœur douloureux, un fardeau qu'elle n'avait jamais mérité.

Le dernier jour de la semaine, on m'annonça qu'un visiteur était arrivé et souhaitait me voir, et avant que je puisse lui demander son nom, il était entré dans la pièce. C'était M. Marx.

Cet homme était sûrement un acteur admirable. Mon instinct me disait qu'il ne se souciait pas du tout de ma mère ni de moi ; mais ses quelques paroles de sympathie étaient parfaitement choisies et prononcées avec grâce. Puis il changea aussitôt de sujet et parla agréablement d'autres choses ; et tandis qu'il avançait, je me rappelai soudain que je ne l'avais pas revu depuis la nuit de notre retour de Torcher en voiture, et que, par conséquent, il ne pouvait rien savoir de l'aventure qui m'était arrivée après son départ. Je profitai donc d'une pause dans la conversation pour tout lui raconter ; et, si impassible que fût son visage, je vis qu'il faisait une grande impression.

« Vous souvenez-vous de comment était cet homme ? » demanda-t-il en fronçant les sourcils. "Pouvez-vous le décrire?"

Je l'ai fait du mieux que j'ai pu et, au milieu de ma narration, invoquant une excuse triviale, il a déplacé sa chaise hors de la lumière et dans l'ombre de la pièce. Mais s'il voulait échapper à mon regard, il était un peu trop tard, car j'avais déjà remarqué son visage blanchi et ses mains tremblantes. De toute évidence, il y avait quelque chose de plus dans cette attaque de minuit que ce que je pensais. Qui était le fou ? Je me demandais. J'étais sûr, en le regardant attentivement, que M. Marx le savait. Inutile maintenant que M. Ravenor me mette en garde contre la compagnie de cet homme. Déjà, mon aversion passive s'était transformée en une aversion active.

Instinctivement, je sentais qu'il était à la fois sans scrupules et indigne de confiance. Je sentais qu'il me cherchait pour ses propres fins, et tout le temps j'avais à moitié peur de lui.

Sans aucun doute, mes manières montraient qu'il n'était pas un visiteur bienvenu, mais il s'attarda néanmoins. Finalement, ma gouvernante m'a apporté ma tasse de thé de l'après-midi et j'ai été obligé de lui demander de me rejoindre. Il le fit, le but pensivement, et aussitôt après il se leva pour partir.

«Je me demandais ce qu'il était advenu de ce pauvre fou», dit-il négligemment. "Ce n'est pas une personne agréable à rencontrer lors d'une soirée sombre."

J'ai haussé les épaules en sortant avec lui dans le couloir.

«Cela fait presque quinze jours», remarquai-je; "Il ne peut guère être resté dans le quartier et caché pendant tout ce temps."

"Pourtant, s'il avait été capturé, nous en aurions entendu parler", a objecté M. Marx.

"Probablement. Et pourtant je ne vois pas pourquoi. En tout cas, je ne le devrais pas, puisque j'ai été au monastère ; et vous, je ne sais pas comment vous en auriez entendu parler, à moins de lire les journaux locaux.

« Une faiblesse dont je ne suis pas coupable », répondit-il sèchement. «Je ne suis pas non plus sorti du terrain. Nous avons travaillé dur.

"Avez-vous marché ici?" J'ai demandé.

Il secoua la tête.

«Je suis tombé dans un piège depuis le château, mais l'homme se rendait à Mellborough et je lui ai dit de ne pas m'attendre. Vous ne traverserez pas le parc avec moi, j'imagine, juste pour vous mettre en appétit pour le dîner ? C'est une soirée splendide.

Je l'ai regardé furtivement, mais attentivement. Oui, M. Marx était un lâche, en plus de ses autres légers démérites.

"Non, merci," répondis-je brièvement. « J'ai déjà fait une longue marche aujourd'hui. Bonne soirée!"

Je retournai dans le salon, mais avant d'avoir atteint mon fauteuil, je commençai à penser que je ne me conduisais pas bien. Après tout, M. Marx était un homme d'âge moyen et il était possible que ses forces aient été affaiblies par le travail cérébral dans lequel il était constamment engagé et par sa vie sédentaire.

Supposons qu'il rencontre ce fou et qu'il souffre de sa part, voire qu'il perde la vie, ne devrais-je pas m'en vouloir ? J'ai pris une décision rapide. Je lui laisserais sa frayeur, mais je le suivrais à peu de distance et veillerais à ce qu'il ne lui arrive aucun mal.

J'ai pris un bâton court et lourd sur le râtelier et, traversant le parc à piles, j'ai sauté par-dessus les palissades pour entrer dans le parc, évitant délibérément la porte. À une centaine de mètres devant lui, M. Marx marchait d'un pas rapide, les deux mains dans ses poches d'ulster, et regardait fréquemment autour de lui. La veille, des hommes étaient occupés dans le parc à couper des fougères, et le long de la route, il y en avait de nombreux tas attendant d'être transportés. J'ai remarqué que chaque fois que M. Marx s'approchait de l'un d'eux, il s'en éloignait largement et je souriais intérieurement devant cette preuve de son anxiété.

Je marchais sur le gazon pour qu'il n'entende pas mes pas et je pouvais le garder facilement en vue, car c'était une soirée claire et glaciale et la pleine lune brillait dans un ciel sans nuages. À un tournant soudain de la route, il aperçut un endroit où des tas de fougères avaient été laissés de part et d'autre, l'un en face de l'autre. Je le vis s'arrêter comme s'il hésitait sur ce qu'il devait éviter, et au même instant je vis distinctement un corps sombre accroupi derrière l'un d'eux et se balançant légèrement d'avant en arrière.

Je me mis aussitôt à courir, mais avant que les échos de mon cri d'avertissement ne s'éteignent, une silhouette sauta comme un chat sauvage à la gorge de M. Marx. Il y eut un éclair et une détonation brutale, mais depuis la direction du premier, je pus voir que le revolver avait été projeté en l'air et avait explosé sans danger.

Quand j'ai enfin atteint l'agresseur et sa victime, j'ai assisté à un spectacle effrayant. Le visage du fou était horrible et ses yeux sauvages sortaient presque de leurs orbites sous sa rage.

Blanc et émacié comme celui d'un squelette, son visage était encore capable d'expression — et une telle expression. Un désir frénétique de tuer semblait être son seul objectif, et ses longs doigts maigres serraient la gorge de M. Marx comme dans un étau. Les globes oculaires de ce dernier dépassaient de sa tête et son souffle était court et angoissé ; Pourtant, pendant tout ce temps, M. Marx tenait le fou dans une poigne si féroce que j'entendais ses côtes se briser comme des os de baleine.

Mon arrivée a sauvé M. Marx d'une mort rapide par strangulation. Bien que j'aie soulevé le fou dans mes bras et tendu tous mes muscles pour l'éloigner, ses doigts ne se sont jamais détendus jusqu'à ce que j'arrête sa respiration et le rende momentanément inconscient.

J'ai attendu que M. Marx revienne à lui, mon pied reposant légèrement sur le corps prosterné de son agresseur. Bientôt, il se releva lentement et commença à tâtonner sur la route.

"Que veux-tu?" J'ai demandé. « Vous avez perdu quelque chose ?

"Mon revolver."

J'ai montré l'endroit où il brillait au clair de lune. Il le ramassa et le plaça dans un baril non déchargé. Je l'ai observé avec curiosité.

"Vous ne voudrez plus ça", ai-je remarqué. "Qu'est-ce que tu vas faire avec ça?"

«Je vais sortir cette bête de son malheur», répondit-il. « Restez à l'écart ! »

"Absurdité! Vous ne ferez rien de tel ! J'ai pleuré chaudement. "Quoi! tuer un homme insensible ? Il a autant le droit de vivre que vous. Vous ne commettrez pas de meurtre en ma présence, et surtout vous ne tuerez pas un pauvre fou comme celui-ci. Mettez ce truc en place !

Un regard horrible apparut sur son visage et, tandis qu'il levait brusquement le bras, je regardai le canon sombre de son revolver.

D'un mouvement rapide, je lui arrachai le revolver des mains et, me penchant en arrière, je le lançai au loin dans les fougères.

"Je ne sais pas ce que vous alliez faire, M. Marx," dis-je en le regardant fixement, "mais il me semble que vous n'êtes pas une personne digne de confiance avec des armes à feu."

Il resta immobile, bouche bée de rage. Je lui ai tourné le dos et j'ai découvert, à ma grande surprise, que l'homme dont M. Marx avait tant désiré la vie était allongé sur le côté, me regardant avec les yeux grands ouverts.

«Eh bien, faites ce que vous voulez», dit doucement M. Marx; «J'ose dire que vous avez raison. Il n'était pas nécessaire d'être violent ni de jeter mon revolver préféré. Que proposez-vous de faire de lui ?

M. Marx s'avança, mais à sa vue, le fou, qui s'appuyait lourdement sur mon bras et gémissait de douleur, se recroquevilla sur le sol, se recroquevillant à mes pieds comme un chien. Il se couvrit le visage de ses mains et poussa un des cris de détresse les plus pitoyables que j'aie jamais entendu de bouche humaine. J'ai fait signe à M. Marx de revenir.

« Je peux le gérer seul, je pense ; et ta vue le bouleverse. Voulez-vous nous suivre ?

M. Marx avança d'un pas ou deux, les yeux brillants de colère. Puis, tout à coup, il nous tourna le dos et, sans un mot, s'éloigna rapidement. J'ai soulevé mon prisonnier et je l'ai à moitié porté, à moitié traîné jusqu'à la ferme.

Quelques heures plus tard, le médecin de Rothland était arrivé et a rapidement réparé les os brisés. Il parut très intéressé par l'affaire et procéda à un examen attentif.

"Pensez-vous qu'il est fou depuis longtemps?" J'ai demandé.

Le docteur secoua la tête.

« Au contraire, répondit-il, je devrais dire que sa folie est apparue tout récemment, probablement à la suite d'un choc violent. S'il est traité correctement, il ne fait aucun doute qu'il retrouvera la raison.

Au bout de quelques jours, le fou fut déclaré suffisamment en bonne santé pour être déplacé ; et comme toutes les enquêtes et annonces à son sujet se révélèrent infructueuses, il fut envoyé à l'asile du comté de Torchester.

CHAPITRE XXIII.
MON GARDIEN.

Le troisième jour après mon aventure dans le parc, M. Ravenor m'a appelé. Il est arrivé éclaboussé de la tête aux pieds et avait manifestement parcouru une longue distance et rapidement. Je lui ai offert une chaise et un rafraîchissement, car il avait l'air pâle et fatigué, mais il a refusé les deux et a marché lentement de long en large dans la pièce, ses mains saisissant une longue cravache derrière son dos.

« Je ne peux vous accorder qu'une minute ou deux maintenant, Morton, » dit-il avec un léger retour de son ancienne *hauteur brusque* ; « J'attends des visiteurs de Londres ce soir et je dois revenir les recevoir. Mais il y a quelque chose que je dois vous dire. Vous serez surpris d'apprendre que votre mère vous a légué un bien considérable ?

J'ai été très surpris.

« En êtes-vous bien sûr, M. Ravenor ? » Ai-je osé demander. « Ma mère me parlait toujours comme si nous étions pauvres. »

«Je ne fais pas d'erreurs», répondit-il en s'arrêtant dans sa marche et en me regardant de sa grande hauteur avec des sourcils froncés et des yeux perçants, « surtout dans des affaires d'une telle importance. À combien s'élèvera cette somme exacte, je ne peux pas encore le dire, mais elle dépasse vingt mille livres, vous pourrez donc choisir votre propre profession. De quoi s'agira-t-il, je me demande : le barreau, l'armée, l'Église, l'agriculture ? Viens, tu es un garçon plein d'imagination et tu n'as jamais été amoureux. Vous avez dû faire des rêves éveillés. Où vous ont-ils conduit ?

"Pas à aucune des professions que vous avez mentionnées", répondis-je promptement.

"Alors où? Dites-moi. Je suis curieux de savoir."

«Mes idées ont toujours été très vagues», dis-je lentement. « J'aimerais vivre loin de toute ville, lire beaucoup et passer le reste de mon temps dehors ; et puis, peut-être, après un certain temps, je pourrais essayer de réfléchir à quelque chose et de le mettre en mots.

«En bref, vous aimeriez être auteur», interrompit M. Ravenor avec un léger sourire.

"Oui; mais je ne voudrais pas écrire pour amuser les gens ou pour devenir célèbre, poursuivis-je, encouragé par la gravité de M. Ravenor. «J'aimerais faire réfléchir les gens. Je voudrais les amener à se détourner du rythme de leur vie quotidienne et à se rendre compte que le monde est plein de choses plus grandes et plus élevées que la simple prospérité matérielle. Les hommes me semblent trouver leur travail et leurs plaisirs quotidiens trop absorbants. Ils se considèrent eux-mêmes et les autres uniquement comme des individus, jamais comme les membres d'une grande humanité commune dotée d'un destin puissant. Le monde devient de plus en plus étroit pour eux à mesure qu'ils vieillissent, au lieu de s'élargir de plus en plus. C'est parce qu'ils négligent l'usage de leur imagination – du moins, me semble-t-il.

« Avez-vous lu les petits pamphlets d'Hibbet ? » a demandé M. Ravenor.

"Les deux", répondis-je. "J'aime ses idées."

« Vos vêtements viennent-ils de Torcher ? » s'enquit-il, apparemment hors de propos.

"Oui; ils sont venus la semaine dernière », lui ai-je dit, m'interrogeant.

"Très bien; enfilez votre grand tailleur et montez au Château à huit heures ce soir. Vous dînerez avec moi et rencontrerez Hibbet.

Rencontrez Sir Richard Hibbet ! Dînez à la même table ! Mes joues rougirent et mon cœur battait vite. La vie s'ouvrait pour moi.

"Oui; lui, Marris et Williams, l'éditeur, vous savez, séjournent tous au château. Il y en aura d'autres ce soir. Ne sois pas en retard. Je trouverai le temps, si je peux, de discuter avec vous, car je veux que vous alliez chez le Dr Randall la semaine prochaine.

Il hocha la tête et partit. Je l'ai regardé monter à cheval et galoper à travers le parc ouvert. Ensuite, je me suis lancé dans une promenade solitaire, pour réfléchir à mes nouvelles perspectives.

CHAPITRE XXIV.
MON PREMIER DÎNER.

À huit heures moins le quart, je me trouvais dans la grande salle du château de Ravenor. Lors de ma première visite, son immensité et son obscurité m'avaient quelque peu refroidi ; maintenant, c'était tout à fait différent. Une petite armée de domestiques en livrée pittoresque et aux cheveux poudrés circulait sans bruit. Des lumières douces brûlaient sur de nombreuses consoles, dissipant les ombres profondes qui traînaient un peu tristement ; et il y avait un parfum parfumé de fleurs et une agréable sensation de chaleur dans l'air. J'ai commencé à comprendre immédiatement les histoires que j'avais entendues sur le luxe et la magnificence avec lesquels M. Ravenor recevait ses invités dans les rares occasions où il ouvrait grand ses portes.

M. Ravenor était dans ses appartements privés, m'a-t-on dit, et son propre domestique, qui avait été sommé de prendre mon nom, m'a fait entrer, après un moment d'hésitation, dans la bibliothèque. Je me dirigeai vers le feu, car j'avais froid, probablement parce que je n'étais pas habitué à porter des vêtements aussi fins ; et, me tenant là, les mains derrière le dos, je regardais autour de moi avec un sentiment presque d'admiration devant la vaste collection de livres dont j'étais entouré.

"Et qui es-tu, s'il te plaît?"

J'ai sursauté et j'ai regardé dans la direction d'où venait la voix — un aigu doux et enfantin. Assise modestement au centre d'un grand fauteuil, les cheveux ébouriffés et un livre sur les genoux, se trouvait une très jeune femme. Ses yeux bleu clair étaient fixés sur moi calmement mais interrogateurs, comme si elle attendait une réponse immédiate, et il y avait un léger froncement de sourcils sur son front. Dans l'ensemble, pour une jeune fille aussi petite, elle paraissait plutôt redoutable.

"Je ne savais pas que tu étais là", dis-je pour expliquer mon sursaut. «Je m'appelle Morton, Philip Morton.»

Elle m'a regardé d'un air grave et critique et a réussi à me mettre mal à l'aise. Apparemment, cependant, l'interrogatoire s'est terminé en ma faveur, car le froncement de sourcils a disparu et elle a fermé son livre.

«Philip est joli», dit-elle avec condescendance. «Je ne pense pas beaucoup à Morton. Mais j'aime plutôt Philip.

«Je... j'en suis content», répondis-je boiteusement. C'était très ridicule, mais je ne trouvais rien d'autre à dire. Je voulais dire quelque chose de brillant, mais cela ne venait pas ; alors je suis resté immobile et je l'ai regardée et j'ai eu le visage plutôt rouge.

"Est-ce que tu sais qui je suis?" elle a demandé.

"Je n'en ai pas la moindre idée", admis-je.

Elle appuya sa petite tête délicate sur sa main et commença à balancer lentement ses pieds d'avant en arrière.

«Je m'appelle Lady Beatrice Cecilia et ma mère est Lady Silchester», dit-elle. « Pensez-vous que c'est un joli nom ? »

« Très », répondis-je en me mordant la lèvre ; "beaucoup plus jolie que la mienne."

"Tu sais, je pense que tu es un gentil garçon!" elle a continué. "Je t'aime plutôt."

"Je suis si content!" Répondis-je, me sentant excessivement ravi. "Je suis sûr que je t'aime bien", ai-je ajouté avec ferveur.

« C'est très gentil à vous de le dire, alors que vous venez de me voir, dit-elle ; « mais vous ne pouvez pas en être sûr. Vous ne savez rien de moi, voyez-vous. Je pourrais être terriblement désagréable.

"Mais je suis sûr que non," répondis-je, sentant que je m'entendais bien.

Elle était assez bonne pour paraître contente de ma confiance ; mais elle ne fit aucune autre remarque pendant une minute ou deux, pendant lesquelles je me creusai la tête en vain pour trouver une remarque efficace, les yeux fixés sur elle. Elle faisait certainement un tableau très charmant, recroquevillée dans le grand fauteuil en chêne noir, avec la lueur du feu jouant sur ses cheveux dorés et roux et scintillant dans ses yeux brillants.

« Vous avez lu, n'est-ce pas ? Ai-je demandé en désignant le livre qui se trouvait sur ses genoux.

"Ce n'est pas du tout un bon livre!" » dit-elle décidément. «Je n'aime aucun des livres ici. Oh!"

Je me retournai vivement, car je vis qu'elle regardait derrière moi. Debout sur le seuil de sa chambre intérieure se tenait la grande silhouette sombre de M. Ravenor, plus beau que jamais, me semblait-il, dans sa robe de soirée unie.

Lentement, il sortit de l'ombre, avec un léger sourire sur son visage pâle, et posa sa main sur son épaule, regardant d'abord ma petite hôtesse puis moi.

"Alors tu as reçu un de mes invités pour moi, Trixie, n'est-ce pas ?" il a dit. « C'est un peu tard pour que tu te lèves, n'est-ce pas ? Votre infirmière vous cherche partout.

"Alors je suppose que je dois y aller", remarqua délibérément Lady Beatrice Cecilia. Elle se leva, secoua ses cheveux et, replaçant sur l'étagère le livre qu'elle lisait, se prépara à partir. Mais d'abord, elle s'est approchée de moi, sur le tapis du foyer, et m'a tendu sa petite main blanche.

« Bonne nuit, Philip Morton », dit-elle en me regardant avec un sourire grave. «Je suis très heureux que vous soyez venu ici pour me parler. J'étais tellement ennuyeux.

J'ai prononcé un discours réciproque qui, s'il était un peu maladroit, avait au moins le mérite du sérieux, et mes yeux l'ont suivie avec admiration tandis qu'elle se dirigeait vers la porte et disparaissait avec un regard en arrière et un sourire. Puis j'ai commencé et j'ai colorié, pour constater que M. Ravenor me regardait.

« Je ne sais pas pourquoi ils auraient dû vous amener ici », dit-il. "Viens par là."

Je suivis M. Ravenor à travers le couloir dans une suite de pièces tendues de satin, s'ouvrant les unes sur les autres et ressemblant à mon inexpérience à une succession de chambres de fées brillamment éclairées. Dans la pièce la plus petite et la plus reculée, trois hommes discutaient ensemble, et sur une chaise basse à leurs côtés était allongée Lady Silchester, tenant un délicat écran de plumes de paon entre son visage et le feu, et écoutant la conversation d'un air légèrement ennuyé. . Elle était en pleine toilette du soir, et plusieurs rangées de diamants brillaient et scintillaient à chaque montée et descente de sa gorge blanche comme neige. Par la suite, j'ai commencé à considérer Lady Silchester comme un bon type de femme du monde bien élevée ;

mais ensuite elle fut pour moi une révélation – la révélation d'une nouvelle espèce.

Mon apparition parut d'abord la surprendre puis légèrement la déconcerter, mais les deux émotions disparurent d'un coup et elle m'accueillit avec un charmant petit sourire tout en levant langoureusement sa main et la plaçant un instant dans la mienne.

A notre entrée, la conversation cessa un instant. M. Ravenor posa sa main sur mon épaule et se tourna vers le petit groupe.

« Sir Richard, permettez-moi de vous présenter un de mes jeunes pupilles et un de vos disciples. Sir Richard Hibbet—M. Morton ; Professeur Marris—M. Morton ; M. Plus tard—M. Morton.

Ils me serraient tous la main et, élargissant un peu leur cercle, continuaient la conversation.

Ceci fut aussitôt interrompu par l'annonce du dîner, le professeur accueillant notre hôtesse, les autres suivant, M. Ravenor et moi fermant la marche.

Les conversations ne manquèrent pas pendant le dîner, mais peu à peu elles se tournèrent vers des sujets purement littéraires et y restèrent. Pour moi, c'était tout à fait fascinant, même si cela dépassait souvent mon entendement.

Longtemps après le départ de Lady Silchester, nous étions assis autour de la petite table scintillante d'assiettes et de verres finement taillés, et chargée de fleurs de choix et de fruits merveilleux ; et mes sens étaient presque étourdis par l'éclat de mon environnement matériel et par la conversation toujours fluide, qui semblait toujours m'apprendre quelque chose de nouveau et m'ouvrir de nouveaux champs de pensée. Parfois, je savais à peine ce que j'admirais le plus : l'esprit sec et piquant et les remarques caustiques du professeur ; l'anglais classique et parfaitement exprimé de M. Later ; le son, le bon sens de Sir Richard, assaisonnés d'un stock apparemment inépuisable d'anecdotes et de citations puisées dans toutes les sources imaginables ; ou les épigrammes brillantes, les critiques tranchantes et les éclairs occasionnels d'éloquence authentique au moyen desquels M. Ravenor, avec un art rare, stimulait continuellement le discours.

Presque inaperçu, M. Marx, toujours en blouse du matin, le visage pâle et les yeux cernés de noir, était entré et s'était affaissé avec lassitude sur un siège ; mais, bien qu'il écoutât avec un intérêt apparent, il ne prenait aucune part à la guerre des mots qui éclatait autour de lui. Soudain, tout a pris fin. M. Ravenor jeta un coup d'œil à sa montre et se leva.

« Messieurs, dit-il, je dois vous demander de m'excuser pendant une heure. Si vous désirez visiter la bibliothèque, M. Marx vous la fera visiter, ou bien le fumoir et la salle de billard sont à votre service. Ou si vous souhaitez rester ici, il y a encore beaucoup de bordeaux de phoque jaune et les cigares sont sur la table. Philippe, je te veux.

Je me levai et le suivis vers la porte. Ce faisant, j'ai dû dépasser M. Marx, qui avait quitté son siège sous un prétexte quelconque. Il se pencha vers moi, hagard et pâle, et me fourra un bout de papier entre les doigts.

« Lisez-le immédiatement », marmonna-t-il d'un ton rapide et bas. Puis il s'est avancé et a pris la place de M. Ravenor en bout de table.

J'avais envie de le lui renvoyer ; Mais je ne l'ai pas fait. En traversant le couloir, je le dépliai et lus ces quelques mots, griffonnés d'une grande main tremblante :

« Vous ne devez pas aller chez le Dr Randall. M. Ravenor vous donnera le choix. Allez n'importe où sauf là-bas. Si vous négligez cet avertissement, vous vous en repentirez toute votre vie. Je le jure. Déchire ça, "

CHAPITRE XXV.
M. L'AVERTISSEMENT DE MARX.

Mon premier réflexe, en parcourant la brève note de M. Marx, fut de la montrer à M. Ravenor ; mais, après une seconde de réflexion, j'ai changé d'avis. M. Marx était un mystère complet pour moi. Parfois, il semblait possible que l'intérêt qu'il me témoignait soit sincère et bienveillant, et je luttais contre mon aversion pour cet homme. Puis je me suis souvenu de sa conduite brutale envers le fou et des autres aspects inexplicables de son comportement, et les soupçons et les doutes les plus sombres ont commencé à prendre forme dans mon imagination.

Il y avait quelque chose de tout à fait mystérieux chez lui : ses liens avec M. Ravenor et ses manières envers moi. J'étais perplexe et plus qu'à moitié enclin à me prononcer contre l'homme que personnellement j'avais appris à détester. Mais d'un autre côté, j'étais jeune et toujours optimiste à l'égard de mes semblables.

Quel mal avais-je fait à M. Marx, et pourquoi chercherait-il à me faire du mal ? Cela semblait improbable, presque ridicule. Finalement, un certain sens de l'équité m'a poussé à respecter son post-scriptum, et je n'ai rien dit à M. Ravenor de l'avertissement de sa secrétaire.

Mon entretien avec lui fut en effet très court. Il m'a ouvert le chemin dans le bureau dans lequel je l'avais vu pour la première fois et, fermant la porte, s'est retourné et m'a fait face sur le tapis de l'âtre. La pièce était faiblement éclairée, mais là où il se tenait, le feu qui s'éteignait rapidement projetait une faible lueur autour de sa grande silhouette droite et me montrait un visage froid et résolu comme du marbre, mais pas méchant.

« Philip Morton, dit-il lentement, j'ai pensé qu'en souhaitant que vous alliez dans le Lincolnshire, j'ai peut-être été influencé dans une certaine mesure par des considérations égoïstes. Si vous avez la moindre préférence pour une école publique… »

Je savais instinctivement d'où venait cette idée et je l'ai interrompu.

"Rien ne devrait m'inciter à aller ailleurs que chez le Dr Randall!" m'exclamai-je fermement.

« Dans ce cas, poursuivit-il, je souhaite que vous partiez demain. Serez-vous prêt ?

J'ai immédiatement acquiescé.

« Moi aussi, je pars d'ici, cela peut être pour très longtemps », poursuivit-il. « Dans deux mois, j'espère partir pour la Perse, et d'ici là mes déplacements seront incertains. Je ne peux pas m'installer ici. C'est inutile."

Une grande lassitude brillait dans ses yeux bleu foncé et il étouffa un soupir. Une pensée ou un souvenir teinté de regret lui avait traversé l'esprit ; mais ce que c'était, je ne pouvais pas le dire.

« Tu te souviens de la lettre que ta mère t'a adressée et de sa dernière demande ? » continua-t-il d'un ton changé. « Je ne peux pas l'expliquer maintenant, même si je dois vous le rappeler. Ce paquet (et il me passa une grande enveloppe cachetée) contient un chéquier, l'adresse de l'avocat qui gérera vos affaires, et une lettre que vous n'ouvrirez que si vous avez des nouvelles certaines et des preuves de ma mort. Vous constaterez que vous êtes, comparativement parlant, riche. Comment cela se produit, je ne peux pas vous le dire maintenant, et vous devez vous rappeler l'injonction de votre mère, en mourant, de ne pas chercher à le savoir jusqu'au moment où vous saurez tout. À l'heure actuelle, je peux seulement vous assurer que cet argent vous appartient de droit, qu'il ne s'agit pas d'un cadeau et que personne d'autre n'y a droit. C'est tout ce que je peux dire à ce sujet. Es-tu satisfait?"

La curiosité me semblait une mauvaise chose alors que j'écoutais les paroles de mon tuteur et regardais son visage triste et sévère. Toute la vieille fascination que j'avais ressentie dès le début en sa présence était forte sur moi cette nuit-là. Quoi qu'il m'ait demandé de faire, j'aurais dû le faire. Et alors j'ai répondu :

"Je suis satisfait. Ce que vous me dites est à moi, je le prendrai et je ne poserai aucune question.

"C'est bien," dit-il doucement. « Et maintenant, un mot sur ton avenir, Philippe, car demain tu assumeras certaines des responsabilités de ta première virilité. Un grand homme a dit un jour que le meilleur conseiller de la jeunesse était celui dont la vie avait été un échec. Si cela est autre chose qu'un paradoxe, alors il ne peut y avoir personne de mieux placé que moi pour ce poste. Déjà le goût de la vie est devenu comme de la cendre morte entre mes dents ; et c'est ma faute. M. Marris a dit beaucoup de bêtises dans le salon avant le dîner de ce soir. Je voudrais vous dire juste un ou deux mots sur le même sujet, et rappelez-vous que je parle en tant qu'étranger, de manière impersonnelle.

« Avant l'âge de vingt et un ans, j'avais étudié dans la plupart des écoles de philosophie moderne et je m'étais débarrassé de ma religion comme d'un vieux chiffon. J'étais gonflé d'un sentiment de ma propre supériorité intellectuelle sur les autres hommes. C'était la philosophie qui apprenait aux hommes à vivre, affirmais-je, et la philosophie qui leur apprenait à mourir. Avec cette devise devant moi, je me suis soigneusement mis à anéantir tout vestige de foi dont j'avais jamais été doté. J'ai réussi, trop bien. C'est mort; et parfois j'ai peur qu'il ne se réveille jamais. Et qu'est-ce que je suis ? L'homme le plus misérable qui ait jamais respiré sur cette terre. Il me semble que j'ai écrasé une partie de ma vie et que la plaie restera à jamais.

« Il y a une partie de la nature de l'homme, Philippe, c'est-à-dire des hommes tels que j'ai été et que vous serez, la partie sympathique, émotive et révérencieuse, qui réclame une certaine croyance en un Pouvoir supérieur et infini. pour une sorte de religion à laquelle il peut s'accrocher et s'entrelacer avec chaque action de la vie quotidienne. Vous devez satisfaire ce besoin si vous désirez connaître le bonheur. Pour moi, une telle connaissance n'existe pas. J'ai délibérément commis un suicide spirituel ; J'ai arraché la foi jusqu'aux racines et j'ai fait un vide dans mon cœur que rien d'autre ne pourra jamais combler. Franchement, je te le dis, Philippe, il y a des moments où la religion, quelle qu'elle soit, ne me semble pas meilleure qu'un conte de fées. Il n'est pas nécessaire que cela vous paraisse ainsi. Formez-vous toute forme de croyance — celle du chrétien vaut une autre — et accrochez-vous-y résolument. C'est mon conseil pour vous, les miens qui ne croient en aucun Dieu ni en aucun état futur. Suivez-le et adieu !

Il tendit la main et serra la mienne un instant. J'aurais parlé, mais avant que je puisse trouver mes mots, il avait disparu par une porte à rideaux dans son appartement intérieur. Alors je me suis détourné et je suis parti.

CHAPITRE XXVI.
UNE PHOTO PERDUE.

Il était environ cinq heures, dans un après-midi aussi morne que je me souvienne, lorsque le train lent, qui avance toujours à un rythme des plus misérables depuis Peterborough à travers les comtés de l'est, m'a déposé à Little Drayton. Outre le chef de gare, il n'y avait que deux personnes sur le quai mouillé : l'un était un porteur, qui se dirigeait vers mes bagages avec un empressement presque semblable à celui d'un loup, après un instant de regard étonné, sans doute devant l'arrivée rare d'un passager avec des bagages ; l'autre était un jeune homme mince et brun, vêtu d'un imperméable clair à très gros carreaux et fumant un long cigare. Pendant que je récupérais mes affaires, il s'est approché tranquillement et m'a abordé.

"Vous vous appelez Morton ?" » demanda-t-il sans retirer son cigare de ses dents.

J'ai accepté.

"Es-tu descendu pour me rencontrer?" J'ai demandé.

"Oui; Le vieux Randall est sorti dîner, alors il a demandé à Cis et moi de venir vous chercher. Le chariot est dehors ; mais nous ne pouvons pas prendre tous les bagages. Faites attention à ce que vous voulez, s'il vous plaît, et nous enverrons chercher le reste demain.

J'ai choisi un portemanteau et je l'ai suivi hors de la gare. Une légère charrette brune à quatre roues attendait, tirée par deux petits épis à l'air intelligent, ce qui constituait une participation très intelligente.

«Mettez ce sac derrière, porteur», ordonna ma nouvelle connaissance. « Maintenant, M. Morton, si vous êtes prêt, nous partons. Votre train a une demi-heure de retard et Cis va se demander ce que nous sommes devenus.

« Est-ce que Cis est le neveu de M. Ravenor, Silchester ? Ai-je demandé en grimpant à côté de lui.

"Oh oui! Au revoir, j'aurais dû me présenter, n'est-ce pas ? Je m'appelle de Cartienne… Léonard de Cartienne.

"Et êtes-vous l'autre élève du Dr Randall?" J'ai demandé.

"Oui; Je fais un travail là. C'est aussi extrêmement lent. Vous regretterez d'être venu, je peux vous le dire, d'ici très longtemps.

En regardant autour de moi, j'étais enclin à penser que ce n'était pas improbable. Il faisait trop sombre pour voir loin, mais ce que je pouvais voir était tout sauf prometteur. Le pays était parfaitement plat, morne et aride, et la vue n'était interrompue par aucun arbre, ni haie, ni colline. Au bord de la route se trouvait un petit canal, au-dessus des eaux maussades duquel, et de l'autre côté de la route, couvaient des nuages de brume semblables à des spectres. La pluie tombait toujours rapidement et les roues de notre charrette couraient sans bruit dans la boue sableuse et pâteuse.

« Affreuse nuit, n'est-ce pas ? » fit remarquer mon compagnon en brisant de nouveau le silence.

"Plutôt!" J'acquiesçai vigoureusement. « Quel pays plat et laid aussi ! Je n'ai jamais rien vu de tel."

« Pays bestial ! endroit tout à fait bestial ! de Cartienne était d'accord. « J'en ai vraiment marre, je peux vous le dire ! Calme, Brandy ! stable, monsieur ! donner un coup de fouet à l'animal le plus proche.

"Comment appelles-tu tes chevaux ?" Ai-je demandé avec curiosité.

« Brandy et soda. Joli nom sympa pour une paire. Tu ne le penses pas ?

« Pratique, en tout cas, » répondis-je de manière ambiguë. « N'avez-vous pas dit que nous devions appeler Silchester quelque part ?

« Tu veux dire Cis ? Oh oui; nous devons venir le chercher au Rose and Crown.

"Un hôtel?"

«Eh bien, à peine. Le fait est que, continua de Cartienne en baissant un peu la voix et en regardant derrière lui pour voir si le palefrenier écoutait, le fait est que Cis a un peu tendance à se ridiculiser. Il y a une jolie fille ici et il y consacre beaucoup de temps. Elle est vraiment très jolie fille, a-t-il ajouté confidentiellement. « Je ne supporterai pas non plus les bêtises. L'endroit n'est qu'un pub, après tout, mais tous ceux qui y vont doivent se comporter correctement. Elle n'aura pas beaucoup d'hommes qui la suivront, même si elle pourrait avoir toute la ville si elle le voulait. Cela la rend d'autant plus dangereuse, je pense.

« Et Lord Silchester... »

"Pendez le 'seigneur'!" interrompit mon compagnon en fouettant ses chevaux.

« Eh bien, Silchester, alors ! Je suppose qu'il l'admire beaucoup ?

« L'admire ! Je devrais penser que oui ! Il est horrible, des cuillères sur elle ! C'est assez écoeurant de voir leur façon de procéder parfois. Mais il y a un ragoût régulier ce soir, scène époustouflante.

"Qu'en est-il de?"

« Eh bien, il semblerait que le père de Milly – c'est le propriétaire des lieux, vous savez – a quitté la maison il y a environ un mois, disant qu'il allait à Londres pour affaires. Il était attendu dans quinze ou trois semaines ; mais il n'est jamais venu et il n'a pas écrit. Alors finalement Milly l'a envoyé à l'endroit où il s'arrête toujours en ville et aussi chez des amis qu'il allait voir. Ce matin, une réponse vient d'eux deux. On n'a rien vu ni entendu parler de lui. Bien sûr, Milly imagine tout de suite le pire, devient hystérique et, lorsque nous avons appelé ce soir en descendant, elle était à moitié folle.

"Et donc Silchester s'est arrêté avec elle pour la consoler ?"

– Exactement, répondit de Cartienne avec un drôle de sourire. "Je ne devrais pas non plus me demander s'il a réussi!"

Nous entrâmes dans la rue d'une ville démodée et dispersée, dont les lumières scintillantes étaient en vue depuis quelque temps. de Cartienne, assis un peu en avant, consacrait toute son attention aux chevaux, car les pierres étaient mouillées et glissantes, et Brandy semblait timide devant tout et n'importe quoi qui se présentait, depuis les petites flaques d'eau luisantes à la lueur des lampes, qui s'étendaient. au creux du chemin, jusqu'à sa propre ombre. J'ai regardé autour de moi avec curiosité. La place du marché à l'ancienne mode, les maisons bizarrement bâties, les boutiques faiblement éclairées et les petits groupes de paysans béants, que notre approche rapide dispersait à droite et à gauche, étaient en tout cas plus intéressants et plus agréables à regarder que l'humidité. , pays misérable à l'extérieur. Soudain, nous nous sommes arrêtés en sursaut devant une auberge petite mais propre, et le palefrenier a bondi par derrière et s'est dirigé vers la tête des chevaux.

« Faites-les remonter un peu la rue, John, dit de Cartienne en descendant. « Inutile de faire connaître la folie de Cis à toute la ville », ajouta-t-il d'un ton plus bas. "Allez, Morton, nous allons le mettre en déroute."

Je traversai le trottoir mouillé après lui et, me baissant, franchis le seuil de la Rose et de la Couronne. Nous passâmes devant une pièce où plusieurs ouvriers buvaient des chopes de bière, et entrâmes dans le bar, dans lequel une campagnarde aux joues roses échangeait des badinages bruyants et pas trop choisis avec un ou deux jeunes hommes qui traînaient autour d'elle. De là, une autre porte donnait sur une pièce intérieure et de Cartienne frappa avec ostentation. Il y eut une seconde pause ; puis une voix claire et agréable a chanté « Entrez ! et nous sommes entrés.

C'était une petite pièce confortable, pas mal meublée, et avec un feu joyeux brûlant dans la cheminée. Appuyé contre la cheminée, le visage tourné vers nous, se trouvait Cis, dont la ressemblance avec Lady Beatrice était si remarquable que je l'aimais de tout cœur avant que nous ayons échangé un mot. À ses côtés, la tête étrangement près de son épaule, se tenait une jeune fille très blonde, avec une belle silhouette et un joli teint, et de grands yeux bleus. Son visage était certes joli, mais il n'était pas d'une très grande beauté. Les traits, bien que réguliers, n'étaient en aucune façon raffinés ou *spirituels* , et il n'y avait rien dans son expression qui la rachète de la médiocrité de la beauté.

Pourtant, c'était sans aucun doute une jolie fille, assez jolie pour être la belle d'une campagne, et, dans l'ensemble, j'étais plutôt soulagé de trouver ses attraits si ordinaires. Il ne pouvait guère y avoir rien de dangereux, pensai-je, dans ce visage de poupée en bonne humeur ; elle ne semblait pas avoir l'audace ou le caractère nécessaire pour conduire son admirateur enfantin au-delà des frontières d'une sentimentalité à la cuillère. En tout cas, cela n'était pas écrit sur son visage. Un physionomiste brutal aurait probablement déclaré qu'il n'y avait pas assez de diable en elle pour enflammer le sang même d'un garçon impétueux et généreux et le pousser à l'insouciance. Il me semblait que c'était le cas et j'en étais content.

En ce moment même, il y avait des traces de larmes sur son visage et une expression généralement triste. Son compagnon aussi avait l'air bouleversé et sympathique ; mais il leva les yeux avec un sourire éclatant lorsque nous entrâmes.

"Vous êtes Philip Morton, je suppose?" s'exclama-t-il en tendant la main. "Content de te voir! J'ai entendu parler de toi par mon oncle, tu sais ! Je lui ai serré la main et il m'a présenté formellement à la jeune femme à ses côtés, l'appelant Miss Hart. Puis il s'est à nouveau tourné vers moi.

« J'avais bien l'intention d'être à la gare pour vous rencontrer, dit-il ; "Mais nous avons d'abord appelé ici et j'ai été arrêté."

«Cela n'a aucune conséquence», lui ai-je assuré. "M. de Cartienne était là.

— Et M. de Cartienne ayant dû attendre une demi-heure sous la pluie dans ce vieux hangar infernal qu'on appelle gare, a besoin d'un petit rafraîchissement, intervint l'intéressé. « La belle Millicent condescendra-t-elle, ou dois-je sonner ?

Elle se leva et, traversant la pièce, ouvrit la porte du bar.

« Du brandy et du soda pour moi », ordonna de Cartienne. « Cis boit du whisky, je vois, alors il en prendra un autre, et nous aurons une grande bouteille d'Apollinaris entre nous. Morton, qu'est-ce que tu auras ?

J'ai opté pour le bordeaux et l'eau chaude, n'ayant jamais goûté de spiritueux. de Cartienne fit la grimace, mais ordonna sans remarque.

"Je dis, Morton, je ne sais pas ce que tu penseras de nous en train de nous promener dans un pub comme celui-ci et de t'amener ici, ta première nuit aussi!" s'exclama Silchester en approchant sa chaise de la mienne. « Mauvaise forme, n'est-ce pas ? Mais c'est tellement ennuyeux le soir et Milly est une gentille fille sans fin. Personne ne pouvait s'empêcher de l'aimer. En plus, elle a de terribles ennuis en ce moment, poursuivit-il en baissant la voix. « Son père a disparu subitement. Affaire terriblement mystérieuse et sans erreur. Nous n'y comprenons rien. »

«C'est inhabituellement bizarre», avoua de Cartienne, qui se prélassait contre le mur à côté de nous. "J'aurais dû dire qu'il était parti faire une folie quelque part, mais il n'aurait pas pu continuer aussi longtemps."

"En plus, il n'avait que quelques kilos avec lui", remarqua Cecil.

— On dirait presque qu'il a connu un malheur d'une manière ou d'une autre, dis-je.

"Je n'ose pas le dire à Milly, mais je ne sais pas quoi penser d'autre", a reconnu Cecil.

Une idée folle m'est venue un instant à l'esprit, pour ensuite s'éteindre presque aussi rapidement. C'était tout à fait improbable. Néanmoins, j'ai posé une question à Cecil avec une certaine curiosité :

« Quel genre d'homme était-il ? »

Cecil et de Cartienne commencèrent tous deux à le décrire, et, comme de Cartienne modifiait ou contredisait tout ce que disait Cecil, je fus bientôt dans un état de perplexité totale quant à la personnalité de l'homme disparu. Il semblait qu'il était petit et de taille moyenne ; qu'il était blond et enclin à être brun, gros et maigre, pâle et vermeil. Milly ajoutait un mot ou deux de temps en temps ; et, entre de Cartienne étant en désaccord avec tout ce qu'elle disait, et Cecil, un peu perplexe, prenant d'abord parti pour l'un puis pour l'autre, la description ne me rappelait naturellement pas la moindre impression de l'apparence de M. Hart. Finalement, avec un peu d'impatience, je les ai arrêtés.

« Je crains d'être coupable d'une curiosité quelque peu déraisonnable, dis-je, car je n'ai aucune véritable raison de demander ; mais n'avez-vous pas une photo de votre père, Miss Hart ? Je n'arrive pas du tout à suivre la description.

Il se trouve que je regardais vers de Cartienne pendant que je faisais ma demande, et tout à coup, sans cause apparente, je le vis sursauter, et une expression étrange lui apparut sur le visage. Au début, j'ai pensé qu'il devait être malade ; mais, voyant mes yeux fixés sur lui, il parut se remettre instantanément, quoiqu'il fût encore d'une pâleur mortelle.

"Pourquoi, quel mal regardes-tu, Morton?" demanda Cécile.

"Non, rien!" J'ai répondu. "Je pensais que de Cartienne était malade, c'est tout."

Cecil le regarda avec curiosité.

« Par Georges ! il a l'air plutôt blanc au niveau des branchies, n'est-ce pas ? Dis, mon vieux, es-tu malade ?

de Cartienne secoua la tête.

"Oh, ce n'est rien!" » dit-il négligemment. « Ne me regardez pas tous comme si j'étais une sorte de curiosité naturelle, s'il vous plaît. Je me sens un peu bizarre, mais ça passe. Je pense que si Miss Milly me le permet, j'irai m'asseoir seul dans l'autre pièce pendant quelques minutes.

"Je viendrai avec toi!" s'écria Cecil en se levant. « Pauvre vieux ! »

"Non, ne le fais pas, s'il te plaît!" protesta de Cartienne. « Je préférerais être seul ; Je le ferais en effet. Tout ira bien tout de suite.

Il quitta la pièce par une autre porte, et nous restâmes seuls tous les trois. Cecil et Miss Milly ont entamé une conversation à voix basse et, me sentant un peu *déprimé* , j'ai pris un journal local et j'ai fait semblant de m'occuper de son contenu. Mais au bout de quelques minutes, Cecil se souvint de mon existence.

« Au revoir, Milly, dit-il, Morton vous demandait si vous n'aviez pas une photo de votre père. Il y en a un dans le salon, n'est-ce pas ?

Elle acquiesça.

« Eh bien, nous allons y jeter un œil et voir comment va Leonard. Il avait l'air particulièrement miteux, n'est-ce pas ? Viens, Morton.

Nous traversâmes un passage étroit et entrâmes dans un petit salon. Miss Hart s'est approchée de la cheminée et Cecil et moi sommes restés à regarder autour de nous.

"Bonjour!" il s'est excalmé. « Léonard n'est pas là ; Je me demande où--"

Il fut interrompu par un cri de surprise vide de la part de Miss Hart.

« Qu'est-ce qu'il y a maintenant ? Comme tu m'as surpris, Milly ! » s'exclama-t-il en se précipitant à ses côtés. "Qu'est-ce que c'est?"

"Eh bien, la photo !"

"Et alors?"

"C'est parti!"

CHAPITRE XXVII.
LÉONARD DE CARTIENNE.

Nous sommes tous les trois restés debout et nous sommes regardés pendant un moment, Milly Hart pointant toujours du doigt l'endroit vacant où se trouvait la photo. Puis Cecil éclata de rire.

« Cela semble très tragique », dit-il avec légèreté. « Mystérieuse disparition conjointe de Léonard de Cartienne et une photographie de M. Hart. Maintenant, s'il s'agissait d'une photographie d'une jolie fille au lieu d'un homme d'âge moyen, nous aurions pu relier les deux. Bonjour!"

Il interrompit son discours et se retourna. Debout sur le seuil, nous regardant, Léonard de Cartienne arborait un léger sourire sur ses lèvres fines.

"Voici le chaînon manquant, je veux dire mec!" s'exclama Cécile. « Bon vieux Léonard ! Vous savez, vous nous avez fait une sacrée frayeur. Nous nous attendions à vous trouver ici et la salle était vide. Êtes-vous mieux?"

"Oui merci! Je vais bien maintenant, » répondit-il. « Je suis sorti dans la cour et j'ai eu un coup dur. De quoi Milly a-t-elle l'air si effrayée ? Et qu'est-ce que tu as dit à propos d'une photographie ?

« L'image de mon père a disparu », expliqua-t-elle en se retournant, les larmes aux yeux. "Il était là sur la cheminée cet après-midi et maintenant, quand nous sommes venus le voir, il a disparu !"

« Je pense que, s'il a réellement disparu, dit de Cartienne incrédule, c'est le domestique qui l'a déplacé. Demande-lui."

Miss Hart a sonné et pendant ce temps nous avons regardé autour de la pièce. Tout cela a été en vain. Nous n'en trouvâmes aucune trace, et le domestique qui répondit à la convocation ne put nous donner aucun renseignement. Elle l'avait aperçu à sa place habituelle, tôt le matin, alors qu'elle époussetait. Depuis, elle n'était plus entrée dans la pièce.

"C'est une drôle de chose !" » déclara Cecil, lorsque nous eûmes enfin abandonné les recherches. « Diable pédé ! » répéta-t-il méditativement, les mains enfoncées dans les poches de son pantalon et les yeux posés oisivement sur le visage de de Cartienne. « Mais nous ne pouvons rien faire de plus, c'est certain. Nous devons vraiment partir, Milly. Nous sommes ici depuis presque une heure déjà, et Brandy et Soda doivent être de plus en plus agités, et tu dois être affamé, j'en suis sûr, Morton. Venez ! Au revoir Milly ! Gardez le moral, vieille fille ! Le gouverneur reviendra forcément dans un jour ou deux. Et ne vous inquiétez pas pour la photo. Cela doit être quelque part.

"Mais ce n'est pas le cas!" » déclara-t-elle en larmes. « Nous avons cherché partout ! Oh, que dois-je faire ?

Cecil prit une expression des plus lugubres et regarda avec sympathie son visage taché de larmes. Elle était certainement d'une beauté inhabituelle.

« Continuez, les gars, dit-il. « Je sors dans une minute. Je vais conduire, Leonard. Ne pensez pas que vous êtes tout à fait à la hauteur.

de Cartienne me poussa le bras et nous partîmes ensemble et remontâmes la rue jusqu'à l'auberge, sous la voûte couverte de laquelle était tendue la trappe. Quelques minutes plus tard, Cecil nous rejoignit.

« J'espère que je ne vous ai pas fait attendre », dit-il en allumant une cigarette et en grimpant jusqu'au siège du box. «Non, tu viens devant, Morton. C'est exact. Très étrange cette photo, n'est-ce pas ? C'est parti et pas d'erreur. Nous avons refait un tour.

"Absurdité!" s'écria de Cartienne avec impatience. « Quelle agitation pour une bagatelle ! Une fille n'a aucun souvenir ! J'imagine qu'elle l'a déplacé elle-même. Je parie que ça arrivera le matin.

"Je ne pense pas", répondit doucement Cecil, alors qu'il reprenait les rênes. « Maintenant, tenez bon derrière ! »

Nous avons parcouru la rue et sommes ressortis en rase campagne à un rythme qui excluait toute conversation. Les haies basses et les arbres rabougris au bord de la route semblaient passer devant nous, et un virage soudain, qui me fit presque sauter de mon siège, nous fit apercevoir un large demi-cercle de lumières scintillantes, qui semblait s'étendre à travers l'horizon. .

"Quels sont-ils?" Ai-je demandé en pointant vers l'avant.

"Ceux? Oh, des coups de pêche ! » répondit Cécile.

« C'est donc la mer ? » Ai-je demandé avec impatience.

Il éclata de rire.

"Pourquoi, qu'est-ce que tu supposes d'autre?" il s'est excalmé. "Tu ne l'entends pas?"

J'ai baissé la tête et j'ai écouté. La légère brise nocturne était juste suffisante pour porter à nos oreilles le rugissement sourd et monotone d'une marée montante.

« Ce n'est pas une dispute très joyeuse, n'est-ce pas ? observa Cécile.

"Joyeux! J'appelle ça le son le plus infernal et misérable que j'ai jamais entendu ! » grogna de Cartienne, depuis la banquette arrière, « à donner des horreurs à un bonhomme n'importe quel jour !

« Vous voyez cette lumière brillante tout près ? » dit Cecil en montrant son fouet. « C'est la Tour Borden, où nous traînons, vous savez. Nous y serons dans une minute ou deux.

"Peut-être!" grogna de Cartienne par derrière en s'agrippant nerveusement au côté de la trappe. Cis, mon cher, tu ne conduis pas un camion de pompiers, et il n'y a rien à gagner à cette foutue hâte. George! J'étais presque dehors à ce moment-là.

Nous avions tourné un virage serré dans une allée sinueuse, dépourvue d'arbres et plantée uniquement d'arbustes rabougris. D'un côté, entre nous et le rivage, il y avait une longue et irrégulière plantation de petits sapins, à travers lesquels le vent nocturne gémissait avec un bruit qui n'était pas sans rappeler le rugissement plus lointain de la mer. Juste en face se dressait un haut bâtiment sombre, se détachant avec une brusquerie presque surprenante sur le vide du ciel et de la lande.

"Nous voilà!" s'exclama Cecil en s'arrêtant avec panache devant l'entrée principale. «John, aide à descendre le pauvre invalide nerveux derrière, et emmène immédiatement Brandy et Soda à l'écurie. Ils ont trop chaud pour rester immobiles une seconde dans cet air humide.

Nous avons traversé un hall grand mais quelque peu morne pour entrer dans une salle à manger chaleureuse et confortable. Un feu vif flambait dans la cheminée et une table au centre de la pièce était dressée avec beaucoup de goût pour le dîner.

"Faites comme chez vous, Morton!" s'écria Cécil, debout sur le foyer et tendant une main engourdie vers le brasier. « Approchez un fauteuil près du feu pendant que James déballera vos pièges et s'occupera de votre chambre. Leonard, sonne, c'est un brave garçon, et fais-leur savoir que nous sommes prêts pour le dîner.

"Merci; Je pense que je vais monter immédiatement », ai-je remarqué.

"D'accord! Voici James ; il vous montrera votre chambre. Un domestique entre nous trois maintenant. Bon vieux James ! Je dis, Morton, pas de machaons, tu sais.

J'ai hoché la tête et j'ai suivi l'homme qui attendait sur le pas de la porte jusqu'à ma chambre.

Après mon grenier au sol nu et aux plafonds bas à la ferme, l'appartement dans lequel j'ai été introduit me semblait un vrai temple du luxe. Il y avait un tapis moelleux sur le sol, de nombreux fauteuils, un divan oriental, des miroirs et des meubles solides et joliment sculptés. D'un côté, on y trouvait une salle de bains et de l'autre, un petit salon ou bureau confortable.

« Y a-t-il autre chose que je puisse faire pour vous, monsieur ? » » demanda l'homme après avoir vidé mon eau chaude et exposé le contenu de mon porte-manteau.

Je secouai la tête et le renvoyai. Après une très brève toilette, je descendis précipitamment.

Le dîner était remarquablement bon et j'avais très faim ; mais j'ai trouvé le temps de remarquer deux choses. La première était que Cecil buvait beaucoup plus de vin que ce qui était bon pour lui à son âge ; et la seconde, que de Cartienne, qui buvait très peu lui-même, cachait ce fait autant qu'il le pouvait et passait continuellement la bouteille à Cecil. Cela ne m'a pas beaucoup surpris, car j'avais déjà fait ma propre opinion sur de Cartienne.

Après le dîner, l'homme qui nous servait apporta du café et se retira. Cecil, dont les joues étaient un peu rouges et dont les yeux brillaient d'un éclat plus que ordinaire, se leva et s'étira.

« Dis donc, Leonard, s'écria-t-il, allons dans ta chambre et jouons aux cartes ! Allons-nous?"

de Cartienne haussa les épaules, mais ne proposa pas de bouger.

« Je n'aime pas particulièrement les cartes ce soir, remarqua-t-il en bâillant. "Je crois que si vous aviez votre propre façon de jouer, vous joueriez du matin au soir."

"Oh, arrête tout, il n'y a rien d'autre à faire!" Cécile répondit. "Si nous restons ici, nous ne pouvons pas fumer, et les vieux Grumps vont bientôt nous déranger."

— J'avais oublié qu'on ne pouvait pas fumer, dit de Cartienne en se levant. « Viens alors ! »

« Ça ne vous dérange pas, Morton, n'est-ce pas ? » » a demandé Cecil en se tournant vers moi. "C'est terriblement confortable dans la chambre de Len."

"Certainement pas", répondis-je en finissant mon café. "Je viendrai, mais je ne peux pas jouer."

« Oh, ça n'a pas d'importance ! Vous pouvez nous regarder un peu, et vous le comprendrez bientôt. Bonjour James!" Cecil chanta, pendant que ce digne se montrait à la porte pendant une minute : « Apportez-nous du whisky et une demi-douzaine de bouteilles d'eau de Seltz dans la chambre de M. de Cartienne, voulez-vous ? Regardez bien, c'est un brave garçon !

Les chambres de de Cartienne, notamment son cabinet de travail, étaient meublées avec beaucoup plus de luxe et d'excellent goût que la mienne. Les murs et la cheminée étaient couverts de charmants petits croquis, de quelques gravures étrangères, de photographies et de petits bibelots délicats. A part les photographies, dont certaines étaient un peu *risquées* , cela ressemblait plus à un boudoir de dame qu'à un salon d'homme.

de Cartienne et Cécil s'assirent à une petite table ronde et commencèrent à jouer presque aussitôt. J'approchai un fauteuil du feu et fermai les yeux comme si j'avais l'intention de m'endormir. En fait, je voulais regarder le match, et de près aussi. Mais le destin en a décidé autrement. J'étais vraiment très somnolent, et, malgré mes efforts, je fus obligé de céder à la fin. Je me suis endormi et il a fallu près de deux heures avant que je sois réveillé par un contact sur mon bras.

« Réveille-toi, Morton, mon vieux ! Il est temps que nous partions dans nos chambres.

Je me suis assis et j'ai regardé ma montre. Il était minuit passé.

Cecil était appuyé contre la table, les mains dans les poches, l'air pâle et las, mais exultant.

"J'ai eu une chance rare ce soir!" il s'est excalmé. « J'ai gagné quelques poneys du pauvre vieux Len et tout un chapeau de IO U. Les voilà ! » Et il jeta dans le feu une petite pile de papiers froissés.

J'ai jeté un coup d'œil à de Cartienne pour voir à quel point la défaite l'avait affecté. Pas de la manière habituelle, en tout cas. Il était assis dans son fauteuil, les bras croisés, une cigarette entre les dents et un sourire impénétrable sur ses lèvres minces. D'une manière ou d'une autre, je n'aimais pas son expression. Il y avait quelque chose qui se rapprochait un peu trop du mépris alors qu'il observait l'action de Cecil et écoutait l'exultation dans sa voix — quelque chose qui semblait exprimer un pouvoir latent d'inverser facilement le résultat à tout moment qu'il jugeait approprié.

Il s'agissait sans doute de tirer des conclusions hâtives ; mais en passant du beau visage enfantin de Cecil, un peu dissipé tout à l'heure, mais ouvert et franc, au visage pâle et jaunâtre, aux grands yeux noirs et à l'expression cynique et insensible de son ami, il me sembla que j'étais regardant du visage du tenté au visage du tentateur. L'un semblait être le génie maléfique de l'autre.

CHAPITRE XXVIII.
"COMME LE FAIT ROME."

Je me suis réveillé le lendemain matin avec ce sentiment vague et particulier d'être entré dans une phase entièrement nouvelle de la vie. Peu à peu, mes facultés semi-somnolentes reprirent le dessus et je me rappelai où j'étais. Ma nouvelle vie avait effectivement commencé pour de bon.

Je sautai du lit et remontai le store. C'était une perspective très étrange que je contemplais, après le paysage vallonné luxuriant de la maison où j'avais vécu toute ma vie. Devant moi se trouvait un terrain commun plat et inculte, parsemé çà et là de quelques buissons d'ajoncs rabougris et de nombreux tas de sable. Plus loin, une longue étendue de galets descendait vers la mer aux crêtes d'écume qui, sous le ciel gris et sans soleil du début de l'hiver, avait un aspect terne et menaçant. Même si ce n'était pas une perspective attrayante, il y avait quelque chose d'attrayant dans sa nouveauté, et, baissant le store, je me précipitai dans la salle de bain et commençai à m'habiller.

Il était huit heures passées lorsque je suis descendu, mais je n'ai vu personne dans les parages, alors je suis sorti par la porte d'entrée et j'ai marché dans l'allée. Le terrain était petit et bientôt exploré et, après l'avoir épuisé, je passai par un guichet dans une petite plantation de pins et de là sur la commune. Puis, pour la première fois de ma vie, je sentis une forte brise marine et, ma casquette à la main et le visage tourné vers la mer, je restai quelques instants à en profiter pleinement.

« Je suis heureux de voir que vous êtes un lève-tôt, M. Morton. C'est une habitude que, je regrette de le dire, mes autres élèves n'ont pas prise.»

Je me retournai en sursaut. Un homme grand et mince, un peu plus d'âge mûr, avec des cheveux gris fer et des traits fins et réguliers, se tenait à mes côtés. Ses yeux étaient ceux d'un visionnaire et d'un poète, et son visage usé et pensif portait l'empreinte indubitable de l'étudiant. J'ai aimé son apparence, insouciante et échevelée malgré sa tenue vestimentaire, et sachant qu'il devait s'agir du Dr Randall, j'ai ressenti un vif sentiment de soulagement.

Car, compte tenu des habitudes évidentes et de l'occupation de la nuit dernière de Silchester et de Cartienne, j'avais commencé à me demander avec une certaine appréhension quel genre d'homme pouvait être le maître de tels élèves. Maintenant, j'étais sûr que l'idée qui m'était venue d'abord était la bonne et que les événements de la nuit précédente se déroulaient entièrement sous la rose. L'homme Jacques avait toutes les apparences d'un serviteur qu'il serait facile de corrompre. Cela avait sans aucun doute été fait.

« Peut-être qu'ils n'ont pas vécu toute leur vie à la campagne, monsieur, comme moi, » répondis-je. «J'ai toujours eu l'habitude de me lever tôt.»

"Alors tu es mon nouvel élève?" il a dit. « Eh bien, M. Morton, je suis très heureux de vous voir et j'ai l'idée que nous nous entendrons très bien ensemble. J'allais marcher jusqu'à la mer. Voulez-vous venir avec moi?"

Je l'ai suivi sur le chemin tortueux jusqu'au rivage, et en chemin il m'a interrogé sur mes connaissances, me soumettant à une sorte d' examen *de vive voix* dont le résultat parut le satisfaire.

«C'est une très agréable surprise pour moi», dit-il alors que nous retournions à la maison. « Vous êtes presque aussi avancé que de Cartienne et bien plus que Silchester. Je suppose que tu veux t'inscrire ?

Je lui ai dit que je le pensais, mais il semblait à peine entendre. Apparemment, son esprit s'était détourné vers un autre sujet et pendant près d'un quart d'heure il resta absorbé. J'ai appris par la suite que c'était une de ses habitudes.

En sursaut, il reprit ses esprits et, s'excusant de sa distraction, il nous conduisit vers la maison et dans la salle du petit-déjeuner. La nappe était posée pour quatre et l'urne sifflait sur la table ; mais il n'y avait personne d'autre en bas.

« Ni Lord Silchester ni M. de Cartienne ne sont-ils encore debout, James ? » demanda le Dr Randall.

James ne le croyait pas, mais il s'en assurerait. Au bout de quelques instants, il revint.

« Lord Silchester me demande de lui dire qu'il lisait tard hier soir, monsieur, et qu'il a dormi trop longtemps ; mais il descendra dès que possible, » annonça solennellement James.

En me rappelant que James nous avait accompagnés dans les appartements de de Cartienne la nuit dernière, j'ai trouvé cela plutôt cool. Mais cela ne me concernait pas et je me taisais.

Le Dr Randall fronça légèrement les sourcils et parut vexé.

« Il me semble que Silchester fait la plupart de ses lectures la nuit », remarqua-t-il. « J'aurais aimé que les résultats soient un peu plus évidents. Et M. de Cartienne, James ? Est-ce qu'il s'est endormi lui aussi ?

"M. M. de Cartienne sera là immédiatement, monsieur, annonça l'homme.

Nous avons commencé le petit-déjeuner. Vers la moitié du repas, la porte s'ouvrit et de Cartienne apparut. Il m'a jeté un regard inquiet, puis, voyant que le Dr Randall le saluait comme d'habitude, il a eu l'air soulagé.

Bientôt le docteur quitta la table, nous invitant à le rejoindre dans le bureau dans une demi-heure. Dès que la porte fut fermée, de Cartienne se renversa dans son fauteuil et rit doucement pour lui-même.

"Qu'est-ce qui t'a poussé à te lever si tôt?" » demanda-t-il en me regardant avec curiosité. « Ça m'a fait tourner la tête quand j'ai appris que tu étais à terre et seul avec Grumps ; et Cis était dans un état de déprime terrible. Nous avions peur que vous ne révéliez quelque chose sur la nuit dernière – accidentellement, bien sûr ; et alors il y aurait eu deux à payer et sans erreur. James, prends mon assiette et apporte-moi un cognac et un soda. Prenez garde que le médecin ne vous voie.

« De qui est le serviteur James ? J'ai demandé, alors qu'il disparaissait : « le vôtre ou celui du médecin ?

« Le médecin s'imagine qu'il est à lui, je suppose ; mais il reçoit beaucoup plus de Cis et de moi que ce que Grumps lui paie », expliqua négligemment de Cartienne. "Je l'ai connu avant qu'il vienne ici et je l'ai convaincu de postuler en promettant de doubler son salaire."

« Et les avantages ? J'ai demandé.

« Assez évident, je devrais penser. Vous en avez déjà vu quelques-uns, et vous en verrez d'autres avant d'être ici longtemps.

"J'ose dire. Il vaudrait peut-être mieux que je vous dise, de Cartienne, que ce que j'ai vu ne me plaît pas.

"Très probablement pas", répondit-il négligemment. « J'ai cru dès que je t'ai vu que tu étais un peu con — je te demande pardon, devrais-je dire, un peu strict. Pourtant, je ne pense pas que vous penserez que cela vaut la peine d'intervenir. Vous pouvez suivre votre chemin et Cis et moi pouvons suivre le nôtre.

"Cela me rendrait la tâche un peu ennuyeuse", dis-je lentement. « Peut-être que je ne suis pas aussi strict que vous semblez le penser. Je suppose que vous m'apprendriez à jouer aux cartes, si je désirais apprendre ?

« Ah, certainement ! Et comment l'utiliser aussi, remarqua-t-il en sortant une clé de sa poche et en la balançant négligemment d'avant en arrière.

"Je pense que j'apprendrai alors," répondis-je. "Après tout, cet endroit serait horriblement ennuyeux si je ne faisais pas comme vous, les gars."

Il m'a regardé intensément de ses yeux sombres et perçants, mais j'ai siroté mon café tranquillement et semblais être complètement inconscient de son examen minutieux. Apparemment, il était satisfait, car je vis les lignes dures de sa bouche se détendre un peu et il sourit — un sourire désagréable de triomphe méprisant.

« Je suis convaincu que vous vous montrerez un élève compétent », remarqua-t-il. "As tu fini? Si c'est le cas, nous irons fumer une cigarette dans ma chambre avant de commencer à travailler avec Grumps.

« Le médecin autorise-t-il à fumer ? » J'ai demandé.

« À vrai dire, Morton, nous ne lui avons jamais demandé. Ce que l'œil ne voit pas, le cœur ne s'en afflige pas, vous savez. Nous partons de ce principe et fumons dans nos chambres avec les portes fermées et les fenêtres ouvertes. Venez!"

CHAPITRE XXIX.
UN DÎNER-FÊTE SUB ROSA.

En moins d'une semaine, j'étais maître de la situation à la Tour Borden. Le Dr Randall, avec les meilleures intentions possibles, était le pire homme possible qui aurait pu être choisi pour la tutelle de deux élèves tels que Lord Silchester et Leonard de Cartienne. C'était un érudit et un pédant, totalement ignorant et ignorant des voies du monde, lui-même si véridique et honorable qu'il aurait à peine pu imaginer la tromperie possible chez les autres, et certainement pas dans ses propres pupilles. Parmi les serviteurs, Jacques et sa femme étaient les seuls à détenir l'autorité et ils étaient les outils de de Cartienne.

Ce dernier, je ne pouvais pas bien le comprendre. La seule chose parfaitement claire à son sujet était qu'il était tout simplement le pire compagnon possible pour Silchester. Pour le reste, il était si intelligent que sa présence ici en tant qu'élève semblait inutile. Il semblait riche et il s'intéressait profondément à Cecil. Il s'agissait apparemment d'un intérêt amical, mais je n'en étais pas sûr. Quoi qu'il en soit, c'était une association préjudiciable pour Cecil, et j'étais déterminé à faire tout ce qui était en mon pouvoir pour y remédier.

Frapper tout de suite, tenter de lui montrer la folie des voies dans lesquelles on l'entraînait, je le voyais, serait vain. Je dois avoir du temps et des opportunités. Dans un tel cas, toute mesure violente serait pire qu'inutile. Ma seule solution, aussi odieuse soit-elle, était de les rejoindre dans leurs poursuites et d'essayer d'acquérir une sorte d'influence sur Cecil, tout en l'empêchant autant que possible de sombrer dans de nouveaux méfaits.

En conséquence, le premier soir après mon arrivée à Borden Tower, je fus initié aux mystères du poker et de la banque prussienne, et les occasions suivantes, soit je les rejoignis, soit j'y assistai. Le résultat dans l'ensemble était à peu près conforme à mes attentes. de Cartienne gagnait toujours quand les enjeux étaient très gros, et Lord Silchester quand ils n'en valaient guère la peine.

Le début de la journée était de loin le plus agréable pour moi. Le matin, nous avons travaillé avec le Dr Randall ; l'après-midi, nous allions toujours à pied ou à cheval - dans les deux cas, une visite à la Rose et à la Couronne faisait invariablement partie du programme - et le soir, après le dîner, nous étions censés lire jusqu'à dix heures, bien que la manière dont nous passions réellement cette partie de la journée était bien moins rentable.

J'avais l'intention de rendre une visite spéciale à Miss Milly Hart pour mon propre compte ; mais soit par accident, soit à dessein — à l'époque je ne savais pas trop lequel — de Cartienne semblait toujours contrecarrer mes plans. Même pour moi-même, je n'avouerais pas que j'avais d'autres motifs que la pure curiosité ; mais j'étais toujours déterminé, d'une manière ou d'une autre, à voir une photographie de M. Hart disparu. L'étrange disparition de celui du salon de l'auberge — on ne l'avait jamais retrouvé — m'intriguait, et chaque fois que je me surprenais à penser à cet incident, c'était toujours en rapport avec Léonard de Cartienne. Cela me semblait très absurde, quand j'y réfléchissais calmement, mais néanmoins je ne pouvais pas y échapper. Cela me hantait, comme le font parfois les idées.

Un après-midi, environ deux mois après mon arrivée à Borden Towers, Cecil et moi lisions ensemble dans le bureau — ou plutôt, je m'efforçais d'encourager l'un de ses rares accès d'industrie en l'aidant à lire une page raide de Livy — quand la porte s'ouvrit brusquement et de Cartienne entra avec un télégramme ouvert à la main. En me voyant, il s'arrêta net et fronça les sourcils.

« Bonjour, Len ! Quoi de neuf?" s'exclama Cécile. "Qu'as-tu la? Un télégramme ?

de Cartienne hocha la tête et, après un moment d'hésitation, le lui remit.

« Cela vient de Fothergill », expliqua-t-il. – Il vient ce soir et veut que nous dînions avec lui.

« J'aurais vraiment aimé le faire, » dit Cecil, « mais je ne vois pas comment nous pourrions le faire. Bien sûr, Old Grumps ne nous laisserait pas partir, et je ne vois pas comment nous pourrions gérer cela sans qu'il le sache.

« N'est-ce pas ? Eh bien, oui, » remarqua sèchement de Cartienne. « Grumps se rend ce soir à Belscombe pour y occuper la présidence de la société littéraire. Il devra dîner à six heures et partir à sept heures moins le quart. Je le sais, parce que je l'ai entendu donner ses ordres. Cela nous laissera tout le temps d'arriver en ville vers huit heures ; et nous serons bien sûr en mesure de revenir, bien sûr.

"C'est capital!" » déclara Cecil en fermant bruyamment sa Tite-Live. « Nous aurons notre revanche sur le vieux Fothergill ce soir. Exactement ce que j'attendais avec impatience.

de Cartienne haussa les épaules.

"Eh bien, je ne sais pas," dit-il lentement. «J'ai envie. Fothergill est un peu trop beau pour nous. Je ne serai pas très amateur de cartes ce soir, je peux vous le dire. J'ai perdu plus d'argent que je ne m'en souciais la dernière fois qu'il était ici.

Cecil rit négligemment.

« Vous n'avez pas perdu autant que moi », remarqua-t-il. « Mais c'est Fothergill qui a eu toute la chance. Je ne me souviens jamais d'une telle série d'atouts comme celui qu'il avait lors de ce dernier accord ; et vous avez joué un rôle méchant, vous savez, vous lui avez donné une infinité de tours.

Le moindre soupçon d'un sourire, un mauvais sourire, trembla sur les lèvres de de Cartienne, et il se tourna vers la fenêtre comme pour le cacher.

"Je n'étais pas en très bonne forme ce soir-là", a-t-il reconnu. « Je dois me rattraper ce soir, si nous pouvons convaincre Fothergill de nous venger.

Cecil tambourinait sur la table avec ses doigts et haussait légèrement les sourcils.

« Il ne peut pas très bien refuser si nous le lui demandons, n'est-ce pas ?

"Je suppose que non", répondit de Cartienne en se prélassant à travers la pièce vers la porte. "Je vais aller voir James et lui faire savoir que nous aurons besoin de la clé."

"D'accord. Et je dis, Len, poursuivit Cecil, nous devons bien sûr emmener Morton avec nous.

de Cartienne se retourna avec un froncement de colère sur son visage sombre.

« Je ne vois pas comment cela serait possible », dit-il avec raideur. « Je pense que ce serait plutôt prendre une liberté avec Fothergill. Il ne nous en demande que deux.

En d'autres circonstances, j'aurais promptement refusé d'être de la partie, d'autant plus que l'invitation semblait émaner d'un ami de Cartienne. Mais l'ombre plus sombre que j'avais vue passer sur le visage de Cartienne réveilla tous mes soupçons à son égard et je résolus aussitôt que, d'une manière ou d'une autre, j'irais. Sa réticence évidente à m'inviter n'a fait que renforcer mon intention, aussi, bien qu'il me regardait comme s'il s'attendait à m'entendre exprimer mon indifférence quant à savoir si j'y allais ou non, je me suis délibérément abstenu de faire quoi que ce soit de ce genre.

"Oh, c'est de la pourriture !" Cécile protesta. "Nous ne pouvons pas partir et laisser Morton enfermé ici tout seul."

"Je ne pense pas que Morton s'en soucierait beaucoup", dit de Cartienne d'un ton maussade.

« Au contraire, j'en jouirais vraiment beaucoup, » interrompis-je ; "même si, bien sûr, je ne souhaite pas y aller si vous pensez que votre ami s'y opposerait", ajoutai-je doucement. "C'est plutôt ennuyeux ici tout seul."

« Bien sûr que oui ! Morton, mon vieux, tu viendras avec nous, n'aie crainte ! » Déclara vigoureusement Cecil. « Dis-toi quoi, Len, si tu ne veux pas faire ce qui est agréable et arranger les choses avec Fothergill – comme tu peux, si tu veux, bien sûr – je n'irai pas, alors là ! Que faut-il faire : les deux ou ni l'un ni l'autre ?

« Les deux, bien sûr », répondit de Cartienne du plus bon ton possible. « Je n'aurais pas dû penser que Morton s'en soucierait, c'est tout. Soyez prêts à sept heures et demie à l'heure, messieurs.

"D'accord!" s'exclama Cecil, ravi de pouvoir faire sa propre voie pour changer. « Bon vieux Len ! Morton, jette cette bestiale Livy dans le tiroir et viens te changer. Nous allons nous amuser ce soir ! »

CHAPITRE XXX.
ECARTÉ AVEC M. FOTHERGILL.

Un peu avant huit heures, de Cartienne, Cecil et moi nous présentâmes au bar de l'hôtel « Bull » et demandâmes M. Fothergill. Un serveur nous a immédiatement conduits dans un petit salon privé, brillamment éclairé et incontestablement confortable. Sous le lustre se trouvait une petite table ronde scintillante d'assiettes et de fleurs ; et, debout sur le tapis de cheminée, l'examinant d'un œil critique, se trouvait un petit homme d'âge moyen, à l'air élégant, en tenue de soirée bien coupée, avec un camélia blanc à la boutonnière.

Ses cheveux étaient légèrement teintés de gris, mais sa moustache était toujours noir de jais et minutieusement bouclée et cirée. Son front était bas et ses lèvres rouges charnues et son nez légèrement crochu lui donnaient une apparence juive. Il lui manquait de peu d'être beau et, de même, d'être en bonne forme ; du moins, c'est ce qu'il me semblait dès ma première enquête rapide, et je n'ai pas changé d'opinion par la suite.

Dès que nous sommes entrés dans la pièce, il s'est avancé à notre rencontre, avec un sourire qui révélait une très belle dentition. Je l'ai observé attentivement alors qu'il notait l'ajout à la fête, mais il n'a trahi ni surprise ni agacement. Au contraire, lorsque Cecil m'avait présenté comme son ami et condisciple à Borden Tower, il m'avait accueilli avec une courtoisie un peu expansive. Dans l'ensemble, j'ai décidé que ses manières étaient en sa faveur.

Il y eut une conversation informelle, une explication un peu plus élaborée que ce qui me semblait nécessaire concernant sa visite éclair à Little Drayton, puis le dîner fut annoncé. Tout avait évidemment été soigneusement commandé et préparé et était du meilleur. M. Fothergill, quels que soient ses défauts, était un hôte capital ; et son discours, quoique un peu argotique et grossier par moments, était extrêmement amusant. Dans l'ensemble, le dîner a été un succès à tous égards, sauf un. Pour quatre hommes, dont deux avaient moins de vingt ans, on buvait beaucoup trop de vin.

Je pense que je l'ai à peine remarqué jusqu'à ce que le tissu soit retiré et que le dessert soit placé sur la table. Puis un curieux sentiment d'exaltation dans mon propre esprit m'a averti d'être prudent et j'ai immédiatement regardé les autres.

Cecil était assis juste en face de moi et j'ai vu d'un coup d'œil comment ça se passait avec lui. Ses cheveux, qu'il gardait toujours assez longs, mais soigneusement séparés, étaient en désordre et en désordre ; sa cravate soignée s'était froissée et avait glissé d'un côté ; ses yeux brillaient, comme d'une excitation inhabituelle, et il y avait une lueur de couleur sur ses joues, presque intense dans son intensité.

Au bout de la table, notre hôte était toujours souriant et débonnaire, comme s'il n'avait rien bu de plus fort que de l'eau ; et en face de lui, de Cartienne était adossé au dossier de sa chaise, avec une légère teinte de couleur dans ses joues olive et un éclat particulier dans ses yeux sombres qui n'était pas agréable à regarder. Dans l'ensemble, l'apparition du trio m'a fait l'effet d'une douche froide et m'a rapidement ramené à mon ancienne vigilance. J'ai senti instinctivement qu'il y avait des méfaits qui se préparaient.

"Je dis, Fothergill, jouons aux cartes!" S'exclama Cecil, brisant un moment de silence. « Tu nous dois une vengeance, tu sais ! George! tu ne nous as pas nettoyé la dernière fois que nous avons joué ! Nous vous nettoierons ce soir, pendu si nous ne le faisons pas ! Qu'est-ce que ce sera ?

M. Fothergill haussa les épaules d'un air dépréciatif.

« Des cartes… des cartes ! C'est toujours des cartes ! répondit-il légèrement. "Tu ne peux pas penser à autre chose à faire?"

"Oui; accrochez des cartes ! murmura de Cartienne.

« Très bien, je suis d'accord ! Mais qu'y a-t-il d'autre à faire dans ce trou ennuyeux ? » demanda Cecil avec mécontentement.

« Oh, discutons et prenons encore quelques verres de vin ! » suggéra M. Fothergill. « J'ai tellement de chance que je déteste jouer aux cartes. Je gagne toujours."

"Est-ce que tu?" remarqua Cecil, un peu mesquin. « Eh bien, regarde ici, Fothergill ! Je jouerai contre vous à n'importe quel jeu que vous voudrez ce soir et je vous battrai — alors voilà ! Je te met au défi! Tu me dois une vengeance. Je le veux!"

M. Fothergill avait l'air un peu ennuyé.

« Bien sûr, si vous le présentez ainsi, dit-il, vous ne me laissez aucune alternative. Mais attention, je te préviens d'avance,

Silchester, je vais forcément gagner ! Je ne veux pas gagner votre argent – j'en ai eu assez la dernière fois que j'étais ici – mais si nous jouons, je gagnerai, que cela m'intéresse ou non. Je suis dans une immense veine de chance en ce moment.

"Nous verrons cela", répondit Cecil avec obstination. " Appelons pour quelques cartes. "

— Ou plutôt, ne jouons pas du tout ici, interrompit de Cartienne. "Les gens sont terriblement démodés et exigeants et voudront peut-être se lever à onze heures."

« Par Georges ! nous irons faire un tour au « Rose et Couronne ! » s'exclama Cécil. «Je n'y suis pas allé depuis deux jours. C'est un petit endroit décent et nous pouvons y faire ce que nous voulons », a-t-il ajouté en se tournant vers M. Fothergill. "Ça ne vous dérange pas, n'est-ce pas?"

"Pas le moindre au monde!" » déclara notre hôte en se levant et en s'étirant. « N'importe quel endroit fera l'affaire pour moi. Mais le plus tôt sera le mieux, si nous y allons. Je ne veux pas être particulièrement en retard.

Nous nous sommes tous levés, avons envoyé le garçon chercher nos pardessus et sommes sortis dans l'air frais de la nuit. Après l'atmosphère brûlante de la salle dans laquelle nous avions dîné, la brise hivernale est venue comme un tonique soudain et rapide. Au coin de la rue, regardant vers la mer, Cecil et moi nous sommes arrêtés simultanément et avons découvert la tête.

« Par Georges ! comme ce serait délicieux une promenade ! s'exclama-t-il en s'éventant avec sa casquette. "Je dis, Phil, mon vieux, supposons que nous nous enfuyions et parcourions le bord de mer jusqu'à Litton Bay?"

« Une superbe idée ! » M'exclamai-je, le prenant au mot et liant son bras au mien. "Faisons-le!"

Il éclata de rire.

"Eh bien, Phil, tu sais que nous ne pouvons pas!" il a dit. "J'étais juste en train de blaguer. Pourquoi diable Fothergill penserait-il que nous lui servions un tel tour ?

"Oh, accroche Fothergill!" J'ai pleuré. « Il veut seulement gagner votre argent. Je ne jouerais pas avec ce type si j'étais toi, Cecil. Tu ne vois pas que c'est un goujat ? »

Il m'a regardé, confus.

« Eh bien, arrête tout, dit-il, comment peux-tu refuser de jouer avec un homme après avoir dîné ? D'ailleurs, ne vois-tu pas que ce n'est pas du tout lui qui veut jouer ? C'est moi qui l'ai proposé et même là, il n'était pas enthousiaste.

« Toute une ruse bestiale ! » marmonnai-je avec colère. Mais je ne pouvais pas en dire plus, car de Cartienne et M. Fothergill étaient revenus sur leurs pas pour nous chercher et Cecil s'était dirigé vers eux.

En quelques instants, nous atteignîmes la « Rose et la Couronne » et entrâmes directement dans le petit salon au fond. Miss Milly était assise seule dans la pénombre, avec un visage très inconsolable. Elle s'éclaira cependant dès notre entrée.

"Toute seule, Milly?" s'exclama Cecil en lâchant mon bras et en se plaçant à ses côtés. « En larmes aussi, je crois ! Pas de nouvelles, je suppose ?

Elle secoua tristement la tête.

"Aucun! J'ai presque perdu espoir", a-t-elle ajouté.

Puis elle jeta un regard interrogateur à M. Fothergill, et Cecil le présenta de manière informelle et lui expliqua notre visite.

« Nous sommes venus boire tout votre vin et jouer tranquillement aux cartes au lieu de rester toute la soirée au « Taureau ». Vous pouvez nous mettre dans le salon à l'écart, n'est-ce pas ?

"Oh oui!" répondit-elle avec empressement. « Comme c'est gentil de votre part d'être venu ici ! Nous avons été terriblement calmes ces derniers jours – presque personne à l'intérieur, et j'ai été tellement ennuyeux. Viens par là s'il te plait. Je suis tellement contente d'avoir allumé le feu.

Elle nous conduisit dans le petit salon, où nous étions allés chercher la photographie de M. Hart lors de ma première visite sur place. J'ai montré l'endroit où il se trouvait.

« Vous n'avez pas encore trouvé le portrait ? J'ai remarqué.

Elle secoua la tête et parut affligée.

« S'il vous plaît, n'en parlez pas », dit-elle. "On dirait que cela a dû être disparu et cela me met mal à l'aise même d'y penser."

Nous nous sommes assis autour de la table et M. Fothergill, sortant deux jeux de cartes de sa poche, a commencé à distribuer. Au bout d'une heure, Cecil avait gagné près de cinquante livres, j'étais comme j'avais commencé, et de Cartienne et M. Fothergill étaient à peu près égaux en perdants.

"J'en ai marre de ça!" J'ai déclaré. « Laissez-moi en dehors de cet accord, d'accord ? »

Ils ont accepté et j'ai traversé la pièce jusqu'à l'endroit où Milly était assise. Faisant semblant d'examiner le travail de fantaisie auquel elle était occupée, je me penchai sur elle.

"Mlle Milly, je veux vous poser une question, sans laisser les autres l'entendre," dis-je doucement. "Est-ce que tu comprends?"

Elle acquiesça. Ses grands yeux bleus, tournés vers les miens, étaient remplis d'un émerveillement innocent.

J'ai jeté un coup d'œil vers la table. Comme je m'y attendais, de Cartienne nous observait et je voyais qu'il mettait tous ses nerfs à rude épreuve pour entendre notre conversation.

"Je pense que j'en ai marre aussi!" s'écria-t-il en jetant brusquement ses cartes et en se levant ; mais Cecil lui posa la main sur l'épaule et le força à se coucher.

« C'est absurde, mec ! Vous devez en tout cas jouer votre main. Ensuite, vous pourrez arrêter dès que vous le voudrez.

de Cartienne reprit sa place avec une visible réticence. Je me suis encore penché sur Milly.

« Quelqu'un d'autre a-t-il une de ces photos de votre père ? J'ai demandé. "Y a-t-il quelqu'un à qui vous pourriez en emprunter un ?"

Elle secoua la tête et regarda vers le cadre vide.

"C'était le seul", répondit-elle.

« Où les a-t-il fait emmener ?

"Chez Lawrence, juste en face."

"Et quand?"

« Il y a environ neuf mois, je pense que c'était le cas. Pourquoi demandez-vous, M. Morton ? ajouta-t-elle anxieusement.

«Je vous le dirai une autre fois», répondis-je à voix basse.

En disant cela, je jetai un coup d'œil vers la table et j'arrivai juste à temps pour voir de Cartienne se pencher vers Cecil et lui murmurer quelque chose à l'oreille. Celui-ci nous regarda aussitôt.

"Vous semblez avoir trouvé quelque chose d'intéressant à dire," remarqua-t-il, jetant un coup d'œil vers Milly comme pour exiger une explication.

"Nous ne l'avons pas fait", répondit-elle avec un soupir.

"M. Morton me demandait juste... Oh, M. Morton, vous me marchez sur le pied !

Je retirai mon pied et essayai l'effet d'un regard d'avertissement, mais cela ne servit à rien.

"M. Morton me demandait, poursuivit-elle, si je n'avais pas une autre de ces photographies.

"Et est-ce que vous... est-ce que quelqu'un ?" interrompit de Cartienne en fixant sur elle ses yeux noirs perçants.

Elle secoua la tête.

"Non; mais je peux peut-être en obtenir. Elles ont été prises chez Lawrence et je suppose qu'il a le négatif.

Je jetai un rapide coup d'œil à de Cartienne. Il semblait profondément indifférent et essayait de construire un château de cartes avec les cartes qu'il avait jetées. Ou bien il devait être un parfait acteur, ou bien mes vagues soupçons étaient à ce moment-là très mal fondés. Je n'arrivais pas à décider lequel.

« Vous aviez assez de cartes, Cis ? » demanda-t-il brusquement.

« Pas moi. Nous allons cependant vous laisser de côté pendant un moment. Fothergill et moi allons jouer à l'écarté.

de Cartienne haussa les épaules et se jeta sur le canapé.

— Alors, je te plains, dit-il sèchement. « Vous verrez bientôt le dos de cette petite pile de gains. Fothergill est un peu trop bien pour toi.

"Eh bien, nous verrons", répondit Cecil en riant avec assurance. "Je ne suis pas mauvais moi-même en ecarté."

Ils commencèrent à jouer. Bientôt de Cartienne quitta la pièce et revint avec deux verres à la main.

«Tu as une courge citronnée, Morton ?» » demanda-t-il négligemment. "Il n'y a qu'une goutte de whisky dedans."

J'acceptai, car j'avais soif, et vidis à moitié d'un trait le gobelet qu'il me tendit. En posant le verre, j'aperçus un sourire sinistre sur le visage blême de de Cartienne. Mais ce que cela signifiait, je ne pouvais pas le dire, même si cela me mettait étrangement mal à l'aise.

J'ai regardé la pièce pendant quelques minutes et, à ma grande surprise, Cecil gagnait toujours. Puis, peu à peu, une somnolence puissante et envahissante m'envahit. J'ai essayé de l'éviter en me promenant, en parlant à Milly, en concentrant mes pensées sur la pièce. C'était inutile. J'ai senti mes yeux se fermer et les sons et les voix dans la pièce sont devenus plus faibles et moins distincts. Pendant un moment, je suis resté dans un état semi-conscient — à moitié éveillé et à moitié endormi — par la simple force de ma volonté. Mais finalement j'ai été conquis. Une brume flottait devant mes yeux et tous les sons s'éteignirent. Je me suis endormi.

CHAPITRE XXXI.
UNE DÉCOUVERTE ÉTONNANTE.

Quand je me suis réveillé, c'était avec les sens émoussés et les maux de tête qui suivent habituellement soit un sommeil drogué, soit un sommeil anormalement lourd. Je m'assis sur le canapé, me frottant les yeux et regardant autour de moi avec une surprise vide. La lumière du jour entrait par les fentes des stores tirés, mais le gaz brûlait toujours d'une lumière terne et maladive.

La table trahissait tous les signes d'une orgie nocturne. Plusieurs paquets de cartes gisaient éparpillés sur le tissu froissé et éparpillé par les cendres. Il y avait une demi-douzaine de gobelets – un presque plein, un autre brisé en morceaux – et plusieurs bouteilles d'eau gazeuse vides gisaient sur le sol.

Mais le spectacle le plus horrible de tous était le visage de Cecil. Il était assis sur une chaise rapprochée de la table, le menton posé sur ses bras croisés, les cernes sombres sous les yeux, et sans une seule trace de couleur sur son visage cendré. Il n'y avait personne d'autre dans la pièce.

Je me levai d'un bond et me précipitai à ses côtés.

« Cécile ! Cécile ! » J'ai pleuré. « Qu'est-ce qu'il y a, mon vieux ? Réveillez-vous, pour l'amour du ciel, et dites-moi ce qui s'est passé !

Il se ressaisit et se releva péniblement. Puis il a regardé autour de la pièce et finalement vers mon visage anxieux, avec un étrange petit rire, tendu et contre nature.

"J'ai presque réussi cette fois", a-t-il déclaré. « Par Georges ! Mettons les choses au clair avant que Milly ne descende. Je n'aimerais pas qu'elle sache que nous avons passé la nuit ici. Pauvre petite fille! Elle ne se pardonnerait jamais de nous laisser jouer ici.

"Où sont les autres?" J'ai demandé.

« Fothergill est retourné à son hôtel et Leonard l'a accompagné. J'ai dit que je te réveillerais et que nous te suivrions directement, mais je pense que je devais somnoler.

« Il faut partir tout de suite, dis-je, sinon nous ne reviendrons jamais avant que le médecin ne descende. Viens, Cécile ! Ne me dis rien pour l'instant.

J'ai lié mon bras au sien et je l'ai fait sortir de la pièce. Nous avons rampé doucement dans le couloir et sommes sortis par la porte arrière. J'avais peur de lui poser des questions et il ne semblait pas pressé de révéler ce qui s'était passé, alors nous nous sommes dépêchés en silence, Cecil découvrant la tête face à la forte brise marine qui soufflait dans nos dents lorsque nous avions laissé la ville derrière nous et avait tout l'effet d'un tonique fort et revigorant.

À chaque pas, je sentais ma tête s'éclaircir et, en jetant un coup d'œil à Cecil, je voyais la couleur remonter sur ses joues à chaque inspiration qu'il prenait de l'air salin qui balayait la campagne sablonneuse et aride entre nous et la mer.

Lorsque nous atteignîmes enfin notre destination et que nous nous dirigeâmes prudemment vers l'entrée arrière, il hésita. En face de nous se trouvait la plantation de pins qui descendait vers la mer, et entre les troncs noirs et épais une lumière curieuse brillait et scintillait. J'avais vécu toute ma vie à la campagne et je savais bien ce que c'était, mais Cecil se retourna et regarda cela avec étonnement.

"Ecoute, Phil!" Il murmura. « Quelle est cette lumière ? On dirait que la plantation est en feu !

"C'est le lever du soleil", répondis-je. « Allons-nous le voir ? »

Il hocha la tête et nous traversâmes la pelouse, franchissâmes le portillon et suivions le sentier étroit et sinueux, parsemé de feuilles séchées et de pommes de pin, jusqu'au rivage. Nous étions juste à temps pour voir l'effet final. Un bord du soleil était déjà apparu, projetant des reflets brillants et scintillants sur les vagues dansantes, et le ciel oriental était teinté de l'arc du ciel jusqu'à l'horizon de stries de nuages aux couleurs brillantes et aux formes fantastiques, éparpillés sur un fond du bleu transparent le plus clair.

Au loin, les voiles de quelques chaloupes de pêche brillaient comme des ailes arachnéennes sur un océan féerique ; et plus loin encore, là où les bancs de nuages orange et azur semblaient s'enfoncer dans une mer flamboyante de verre poli, l'entonnoir blanc d'un paquebot qui passait brillait comme une colonne de feu.

C'était un spectacle si nouveau pour Cecil qu'il resta fasciné, avec un air de crainte émerveillée sur son visage pâle. Et ce n'est que lorsque nous eussâmes le regard en entier et rebroussons chemin en silence à travers la plantation que je pris envie de parler des événements de la nuit.

« Philip, » dit-il solennellement, lorsque j'évoquai le sujet, « il n'y a personne d'autre à blâmer pour le travail de cette nuit, à part moi. Pour rendre justice à Leonard et à son collègue Fothergill, ils m'ont tous deux continuellement exhorté à arrêter de jouer, mais je ne l'ai pas fait. Il semblait que la chance devait changer à chaque transaction et j'ai donc continué, et ainsi de suite. Quel imbécile j'étais ! »

"Et le résultat ?" Ai-je demandé avec anxiété.

"Je dois à Fothergill entre six et sept cents livres et je n'ai pas autant de shillings."

Je m'arrêtai net et le regardai avec horreur.

« Sept cents livres ! Pourquoi, Cis, comment diable es-tu parvenu à jouer à la hauteur de ce personnage et avec un homme que tu connais si peu ?

"Oh, cet homme va bien, du moins, il n'est pas plus intelligent, si tu veux dire ça !" Cecil répondit avec obstination. «C'était entièrement de ma faute. C'est un meilleur joueur que moi et, bien sûr, il a gagné.

«Mais il n'aurait pas dû continuer», protestai-je. « Je ne sais pas grand-chose sur ces questions, mais je suis sûr qu'un gentleman ne s'assoirait pas et ne gagnerait pas sept cents livres auprès d'un garçon de votre âge. Tu n'as pas encore dix-huit ans, tu sais, Cis.

« Je ne vois pas vraiment ce que l'âge a à voir là-dedans », répondit-il sombrement. « En ce qui concerne Fothergill, je ne me sens pas particulièrement gentil avec lui pour le moment, comme vous pouvez l'imaginer ; mais ce n'était pas du tout sa faute. Je l'ai fait continuer, et, vous savez, le gagnant est en grande partie entre les mains du perdant dans une affaire de ce genre. Il voulait toujours y aller et il y est finalement allé. J'aurais dû continuer à jouer jusqu'à présent, je pense, s'il ne l'avait pas fait.

« Quand espère-t-il que vous vous installiez ? » J'ai demandé.

« Je dois le voir cet après-midi. Dis-je, tu descendras avec moi, mon vieux, n'est-ce pas ? il a plaidé. "Bien sûr, je devrai demander un peu de temps."

"Oui, je viendrai avec toi", promis-je. « Comment allez-vous essayer de réunir l'argent ? »

« Je n'en ai pas la moindre idée », reconnut-il sombrement. «J'ai déjà épuisé mon allocation de plusieurs centaines. Le mater est pauvre comme une souris d'église et je n'ose tout simplement pas demander à mon oncle Ravenor, bien qu'il soit aussi riche que Crésus. Il pourrait me déshériter.

Nous avons atteint la maison et avons grimpé doucement les escaliers arrière jusqu'à nos chambres. Cecil se jeta, habillé comme il l'était, sur le lit. Mais je n'étais pas d'humeur à dormir, et après un bain froid, je m'habillai et descendis à temps pour le petit déjeuner. À ma grande surprise, de Cartienne était dans la salle du matin, soigneusement habillé comme d'habitude et sans aucun signe dans son apparence ni dans sa manière d'être sorti toute la nuit. Il discutait légèrement avec le Dr Randall d'une question insignifiante liée à la réunion à laquelle ce dernier avait assisté la veille au soir.

« Cecil est encore en retard », remarqua le médecin en fronçant les sourcils, alors que nous commencions le petit-déjeuner. "James, va dans la chambre de Lord Silchester et demande-lui combien de temps il va rester."

James se retira et réapparut au bout de quelques minutes avec un visage grave.

« Lord Silchester désire que je vous prie de l'excuser ce matin », fut le message qu'il rapporta. "Il a un très mauvais mal de tête et n'a pas dormi."

Le Dr Randall, qui était l'un des hommes les plus généreux, avait l'air compatissant.

"Cher moi!" il a dit. « Je suis vraiment désolé d'entendre ça ! Nous l'excuserons certainement. Aura-t-il quelque chose à envoyer ?

« Une tasse de thé, monsieur, seulement. Je l'ai commandé dans la cuisine.

"Pauvre gars! C'est étrange comme il souffre de ces attaques ! Je crains qu'il ne soit pas très fort, remarqua distraitement le docteur en se beurrant un morceau de pain grillé.

de Cartienne et moi échangâmes un regard, mais nous ne parlâmes rien.

Immédiatement après le petit-déjeuner, le médecin nous a emmenés dans le bureau et nous avons commencé les travaux de la matinée. Il se trouve que, pour résoudre une série de questions algébriques, de Cartienne et moi avons utilisé beaucoup de papier, et lorsque le médecin cherchait un morceau pour expliquer le fonctionnement d'une quadratique assez raide, le casier était vide.

« L'un de vous a-t-il un vieux papier dans ses poches ? » Il a demandé. « Le dos d'une enveloppe, ou n'importe quoi, fera l'affaire. Je vois que c'est l'heure du déjeuner, ce n'est donc pas la peine d'en envoyer chercher.

J'ai fouillé toutes mes poches, mais elles étaient vides. de Cartienne tira de sa poche une enveloppe et la remit au docteur. Mais dès qu'il s'en est séparé, je l'ai vu sursauter et il semblait sur le point de faire un effort pour en reprendre possession. Mais il était trop tard, car le médecin était déjà en train de couvrir le sujet de chiffres.

de Cartienne quitta son siège et regarda par-dessus son épaule, espérant probablement que je ferais de même. Mais je restais là où j'étais, prenant soin de manifester mon intérêt pour le problème en posant fréquemment des questions. Dès que le médecin eut terminé sa calcul rapide et résolu l'équation, j'ai tendu la main avec impatience.

"Puis-je le voir, monsieur?" J'ai supplié. "J'imagine que vous avez fait une erreur dans les valeurs."

Il le tendit immédiatement à travers la table, avec un sourire discret.

"Je ne pense pas, Morton", dit-il. "Examinez-le par vous-même."

de Cartienne se tourna à côté de moi, les lèvres nerveusement crispées et une vilaine lueur dans les yeux.

"Un instant, Morton," dit-il. "Je ne le garderai pas plus longtemps."

Je posai une main dessus et le repoussai de l'autre.

« Mon tour en premier, s'il vous plaît. N'est-ce pas vrai, docteur Randall ?

Il hocha cordialement la tête, ne remarquant pas l'excitation contenue dans les manières de Cartienne.

"Certainement. Je suis heureux de vous trouver tous les deux si intéressés. Faites-moi part de cette erreur à l'heure du déjeuner, Morton, ajouta-t-il en souriant. « Je vais maintenant me promener dans le jardin et je vous conseille de faire de même. Nous avons eu une matinée de travail serrée.

Il se leva et quitta la pièce. de Cartienne regarda la porte se fermer puis se tourna vers moi.

« Morton, » dit-il rapidement, « je veux cette enveloppe. Il y a au verso quelques notes qui concernent mes affaires privées. Je n'ai pas besoin d'en dire plus, je suppose.

« Gardez vos mains pour vous, de Cartienne ! Répondis-je en le secouant. "Je ne vous donnerai pas l'enveloppe avant de l'avoir examinée."

"Espèce de cad!" » siffla-t-il, sa voix tremblante de fureur. « Comment oses-tu tenter de fouiller dans mes affaires privées ? Donnez-moi l'enveloppe, ou je... »

"Tu feras quoi ?" Répondis-je en me levant, en mettant l'enveloppe dans ma poche et en lui faisant face. « Écoutez, de Cartienne, je ne vais pas tenter de vous justifier ma conduite. À première vue, cela peut sembler prendre un avantage négligeable, mais cela ne m'intéresse pas du tout. J'ai décidé quoi faire, et toutes les fanfaronnades du monde ne me feront pas y changer. Je vais regarder le verso de cette enveloppe. Toi--"

Je m'arrêtai et avec raison, car, dans un brusque bond de panthère, il s'était jeté sur moi, et ses doigts fins et blancs m'agrippaient la gorge. Ce fut une lutte brève, mais désespérée, car il s'accrochait à moi avec une force qui semblait tout à fait disproportionnée par rapport à son corps mince et à ses bras longs et maigres.

Mais je n'étais pas d'humeur à plaisanter, et, déployant soudain toutes mes forces, je le saisis par le milieu et l'envoyai à reculons, avec un fracas de meubles tombés, dans un coin de la pièce. Avant qu'il ait pu se remettre, j'ai sorti l'enveloppe de ma poche et je l'ai regardée.

Il n'y avait rien au verso sauf l'adresse et le cachet de la poste. Mais ils me suffisaient amplement. Le cachet de la poste était celui de Mellborough et l'écriture était celle de M. Marx, particulière et exiguë.

CHAPITRE XXXII.
PRÉVU.

Pendant une minute entière, aucun de nous n'a bougé. Alors de Cartienne se leva lentement et se dirigea vers la porte.

"Tiens prends ça!" Dis-je en lui tendant l'enveloppe. "Les notes privées qui s'y rapportent pourraient vous être utiles."

Il l'a arraché de mes doigts et l'a déchiré en atomes. Puis il s'éloigna tranquillement, avec un air mauvais sur le visage.

Au déjeuner, Cecil apparut, blanc comme un fantôme, l'air anxieux et perturbé, comme il se doit. Le Dr Randall était très inquiet de son apparition et a immédiatement acquiescé lorsque j'ai demandé la permission de l'emmener faire un tour en voiture dans l'après-midi. de Cartienne resta silencieux pendant tout le repas, à l'exception de quelques phrases de sympathie adressées à Cecil, et quitta la salle à la première occasion.

À trois heures, ma charrette à chiens a été amenée et Cecil et moi sommes partis. Nous avons à peine parlé jusqu'à ce que nous soyons dans les rues de Drayton, puis, me réveillant, je lui ai demandé de lui remonter le moral et lui ai vaguement assuré que je l'aiderais à s'en sortir d'une manière ou d'une autre. Il m'a remercié, mais semblait très découragé.

Nous sommes allés au « Bull » et avons demandé M. Fothergill. Il était dans le café, nous dit-on, et c'est là que nous le trouvâmes en train de déjeuner.

"C'est gentil de votre part d'être venu me chercher !" s'exclama-t-il en nous accueillant cordialement. « Garçon, une bouteille de Pommery. Ne secouez pas la tête maintenant, Lord Silchester. Ça te fera du bien. Je vois que tu es un peu minable ce matin.

Cecil sourit faiblement.

« Je ne suis pas tout à fait à la hauteur », a-t-il admis. « Juste un petit mal de tête, c'est tout. Je dis, M. Fothergill, poursuivit-il en plongeant aussitôt *dans les médias* , je suis terriblement désolé, mais je ne pourrai pas m'entendre avec vous aujourd'hui.

"Installez-vous avec moi!" répéta M. Fothergill en posant son verre sans y goûter et en paraissant surpris. "Je ne te comprends pas. Régler quoi ?

"Eh bien, l'argent que j'ai perdu la nuit dernière", a expliqué Cecil.

M. Fothergill se pencha en arrière sur sa chaise et regarda le visage blanc et anxieux de Cecil avec un étonnement qui, s'il était simulé, était certainement admirablement réalisé. Puis il éclata d'un petit rire.

« Mon cher Lord Silchester, dit-il énergiquement, vous ne pouvez pas supposer un seul instant que je m'attendais à quelque chose de pareil. Eh bien, je n'ai guère pris notre pièce au sérieux, et je préférerais de loin que nous n'en parlions pas davantage. Je vous en prie, ne soyez pas offensé, ajouta-t-il précipitamment, car la couleur sensible était apparue sur les joues de Cecil. « Je vais vous dire comment nous allons organiser cela. Vous me donnerez vos IO U et les paierez comme bon vous semble. N'importe quand au cours des cinq ou six prochaines années fera l'affaire. Mais quant à prendre une telle somme à ab, un homme qui n'est pas majeur, eh bien, c'est absurde ! J'ai un peu honte d'avoir eu autant de chance.

Une expression de soulagement intense s'était glissée sur le visage de Cecil, mais la réaction fut un peu trop soudaine. Il nous a quitté brusquement et est resté à regarder par la fenêtre pendant une minute ou deux. Puis il revint en souriant et tendit la main à M. Fothergill.

"M. Fothergill, tu es une brique ! » a-t-il déclaré avec insistance.

"Pas un autre mot, s'il te plaît!" M. Fothergill a répondu en souriant. "Maintenant, regardez ici, Lord Silchester", a-t-il ajouté. "Bois ce verre de vin."

Cecil lui obéit promptement.

"Et maintenant, vous aurez la gentillesse de déjeuner avec moi", a poursuivi M. Fothergill. « Je me fiche de ce que tu dis. Je ne crois pas que vous ayez mangé quoi que ce soit aujourd'hui. Garçon, apportez-moi les autres côtelettes que j'ai commandées et la tourte au gibier, et… oui, je pense que nous pourrions nous aventurer sur une autre bouteille de vin.

"M. Morton, tu dois nous rejoindre. Votre animal intelligent, celui-là dehors, poursuivit-il légèrement ; « mais je la ferais sortir pendant une heure, si j'étais toi. Il fait trop froid pour qu'elle reste debout. Dois-je sonner la cloche du palefrenier et lui dire ? Et puis, si vous le voulez bien, vous pourriez me conduire à la gare, quand vous serez prêt à partir. Mon train part un peu avant cinq heures.

Quelle qu'ait été mon ancienne opinion de M. Fothergill, je me sentais obligé de la changer maintenant. Il faisait preuve de tact, de bonne humeur et d'un esprit résolument gentleman. En vérité, j'avais très peu déjeuné à Borden Tower et Cecil n'en avait pas du tout ; et nous avons procédé à réparer l'omission.

Quand, une heure ou deux plus tard, nous avons laissé M. Fothergill à la gare, nous étions tous deux d'accord à son sujet, et nous avions tous deux promis d'accepter son invitation cordiale de courir en ville et de le voir d'ici peu.

Sur le chemin du retour, Cecil s'est arrêté au « Rose and Crown » et est entré pour faire la paix avec Milly. J'ai promis de l'appeler et je suis allé chez le photographe au bout de la rue. M. Lawrence apparut aussitôt d'une arrière-salle, qui, je suppose, était le studio, s'essuyant les mains avec une serviette pas particulièrement propre.

Je lui ai payé d'avance une douzaine de photos, en lui promettant de venir les faire prendre la prochaine fois que j'irais en ville. Puis j'expliquai quel était réellement le but de ma visite : avait-il conservé le négatif de la photographie qu'il avait prise de M. Hart ?

Certainement, m'a-t-il assuré. Je lui ai parlé du rendez-vous et sa tête et ses épaules ont disparu dans un placard. Au bout de quelques minutes, il les retira et appela brusquement son assistant.

« Fenton », s'est-il exclamé avec colère, « vous étiez dans ce placard ! »

Fenton, qui était un garçon grand et disgracieux, d'apparence des plus peu engageantes, secoua la tête.

"Je n'en ai pas approché, monsieur!" a-t-il déclaré.

M. Lawrence avait l'air incrédule.

« Il manque un point négatif ! » » dit-il brusquement ; « Personne d'autre n'aurait pu s'en mêler ! »

«Je n'en sais rien», répondit obstinément le garçon. "Peut-être que c'est à l'étage."

M. Lawrence a abandonné ses recherches.

« Si vous voulez bien m'excuser un instant, monsieur, dit-il, je vais jeter un œil parmi les anciens. »

J'ai hoché la tête et il a fermé la porte et a disparu. Fenton serait parti aussi, mais je l'ai arrêté.

"Regarde ici!" Dis-je rapidement; "regarde ça?"

J'ai tendu un billet de cinq livres.

Il ouvrit grand les yeux et le regarda avec envie.

« Eh bien, c'est à vous si vous me dites ce que vous avez fait du négatif de la photographie de M. Hart. Rapide!"

Il hésita.

« Devriez-vous vous séparer du gouverneur ? » Il a demandé.

"Non."

« Eh bien, je l'ai vendu pour un souverain à un jeune gentilhomme qui l'a demandé il y a quelques minutes. C'est un type mince et brun. Je ne connais pas son nom, mais je l'ai vu conduire avec toi.

Je lui ai jeté le mot et j'ai quitté les lieux. Je n'avais plus aucun doute à ce sujet. de Cartienne avait volé la photographie de M. Hart à la Rose et à la Couronne et avait acheté le négatif. Pourquoi?

CHAPITRE XXXIII.
UNE ÉCLAT DE LUMIÈRE.

Après avoir quitté la boutique du photographe, j'ai traversé lentement la petite place du marché et descendu la rue étroite vers la « Rose et la Couronne ». Ma récente découverte m'avait donné matière à réflexion, ou plutôt, m'avait donné matière à une variété de conjectures folles, mais je ne pouvais suivre aucune d'entre elles jusqu'à une conclusion très satisfaisante. J'étais comme un homme qui tâtonnait dans le noir. J'étais tombé sur plusieurs faits très extraordinaires et inexplicables ; mais quel lien, s'il y en avait, ils avaient les uns avec les autres, ni comment les relier entre eux, je ne pouvais le dire.

J'ai toujours été quelque peu distrait et, avec mon cerveau dans un tel tourbillon, ce n'était pas une chose très remarquable que j'aie pris un mauvais chemin. Dès que je l'ai découvert, je me suis arrêté net et j'ai regardé autour de moi. J'étais dans une petite rue qui passait devant l'entrée arrière du « Rose and Crown ». Ce n'était guère une voie publique.

J'avais déjà tourné les talons pour revenir sur mes pas, lorsque j'aperçus deux silhouettes debout qui discutaient à la porte arrière de l'auberge. Celle que j'ai su d'un coup d'œil était Milly Hart. Son compagnon me tournait le dos, un cache-nez autour du cou et sa casquette rabattue sur les yeux. Dans l'obscurité du crépuscule qui tombait rapidement, je ne le reconnus pas d'abord ; mais quand il se retourna en sursaut au bruit de mes pas qui approchaient et retira d'un mouvement brusque son bras autour de la taille de son compagnon, quelque chose dans le mouvement et la silhouette me parut familier.

Mon approche ne parut pas peu les perturber. Milly recula aussitôt dans l'embrasure de la porte et disparut ; sa compagne, sans attendre de lui faire ses adieux, se retourna et s'éloigna vivement. Alors qu'il traversait la rue pour emprunter la seule issue, un passage étroit qui mène à une cour, je le voyais mieux. Il me tournait le dos autant que possible et semblait faire tout son possible pour échapper à toute reconnaissance. Mais même si je ne pouvais pas en être tout à fait sûr, j'étais presque sûr qu'il s'agissait de Léonard de Cartienne — de Cartienne, qui ne manquait jamais une occasion de se moquer des yeux bleus innocents et du visage de bébé de Milly.

Je me suis retourné et me suis précipité vers l'entrée principale du « Rose and Crown ». Dans le salon, j'ai trouvé Cecil et Milly assis très près l'un de l'autre sur un canapé.

"Bonjour, mon vieux, tu n'as pas été longtemps !" remarqua Cecil en se levant à contrecœur.

"J'aurais dû être ici avant", répondis-je en regardant fixement Milly, "mais j'ai pris un mauvais chemin et j'ai contourné cet endroit d'une manière ou d'une autre. Je vous ai vue, n'est-ce pas, Miss Milly ? J'ai remarqué.

Elle haussa les sourcils et me regarda avec étonnement de ses yeux bleus placides.

"Moi? Oh non! Je viens juste de descendre, n'est-ce pas, Cecil ? Ce devait être l'une des servantes.

Milly et moi avons échangé un regard constant, ses yeux rencontrant les miens sans se baisser et ses manières ne trahissant qu'une légère surprise. Ce fut pour moi une révélation, une leçon que je n'ai pas facilement oubliée.

"Oh, je vous demande pardon, j'en suis sûr," dis-je en me détournant. « Il faisait plutôt sombre et je me suis sans doute trompé. Étrange aussi ; Je pensais que c'était de Cartienne avec qui vous parliez.

Cecil rit négligemment.

« Mon cher, vous avez dû rêver, dit-il ; " De Cartienne n'est pas du tout venu ici. "

« Prêt, Cécil ? » Ai-je demandé en abandonnant le sujet. "Je pense que nous avons fait attendre Bess assez longtemps."

«Je viendrai», répondit-il en enfilant ses gants. « Mais j'ai à peine passé un moment avec toi, Milly, n'est-ce pas ? Pas de nouvelles?"

Elle secoua tristement la tête et de grosses larmes lui montèrent aux yeux. Il n'y avait plus aucun doute sur son sérieux maintenant.

« Rien à propos de mon père. Mon oncle et ma tante viennent rester ici. Je les attends ce soir.

"C'est une nuisance horrible!" remarqua Cecil, *à voix basse* . « Peu importe, tu ne seras pas si seule, petite femme, n'est-ce pas ? Et vous n'aurez pas grand chose à vous occuper. Je dois vous

emmener faire un tour dès que nous aurons un beau temps clair ;
cela apportera de la couleur à vos joues. Au revoir!"

Elle est venue à la porte et nous a regardés partir. Cecil prit les
rênes et je grimpai à ses côtés et, croisant les bras, restai assis un
moment dans un silence sombre. Puis soudain, une lueur de
lumière, ou ce que j'espérais pouvoir se révéler, m'éclaira et je
posai la main sur le bras de Cecil.

« Arrêtez-vous, mon vieux, vite ! M'écriai-je.

Il l'a fait et m'a regardé avec étonnement.

« Faites demi-tour et repartez aussi vite que vous le pouvez », dis-
je, la voix tremblant un peu d'excitation ; "Je veux poser une
question à Milly Hart."

CHAPITRE XXXIV.
DR. L'AVIS DE SCHOFIELD.

Dix minutes plus tard, nous étions de nouveau dans les rues de Little Drayton, et Cecil avait arrêté la charrette à chiens devant le « Rose and Crown ». Il serait venu avec moi, mais je l'ai supplié de ne pas le faire. J'ai sauté et suis entré directement dans le petit salon. Milly était assise seule, regardant distraitement le feu. Elle leva les yeux avec surprise devant mon entrée soudaine et se leva à moitié.

"Milly, je veux te poser une question", dis-je en m'approchant d'elle. "Il s'agit de la disparition de votre père."

"Oui!" s'exclama-t-elle avec impatience. "Qu'est-ce que c'est? Oh, dis-le-moi vite !

« Ce n'est qu'une idée. M. Hart a-t-il déjà souffert d'un trouble cérébral à un moment donné ? C'est tout ce que je veux savoir. Son esprit a-t-il toujours été assez fort ?

Elle ne répondit pas un instant et mon cœur battait à tout rompre. En la regardant attentivement, je pouvais voir que la couleur était rouge sur ses joues et qu'il y avait une lumière troublée dans ses yeux.

« Il a eu une ou deux maladies graves », a-t-elle admis lentement ; « une fois une fièvre cérébrale ; et j'ai peur qu'il boive trop de temps en temps. Le médecin lui a dit qu'il devait faire très attention à ne pas s'exciter.

« Qui était le médecin et où habite-t-il ? Ai-je demandé rapidement.

« Dr. Schofield. Il habite sur Lincoln Road, à environ un kilomètre et demi de là. Pourquoi m'as-tu demandé ça ? ajouta-t-elle anxieusement.

J'ai éludé une réponse directe.

"Peu importe maintenant," dis-je. "S'il en résulte quelque chose, je vous le ferai savoir."

Elle a essayé de me retenir avec d'autres questions, mais je me suis dépêché et elle ne m'a pas suivi hors de la porte.

« Cis, » dis-je en me précipitant à ses côtés, « je veux que tu rentres chez toi sur Lincoln Road et que tu appelles chez le Dr Schofield. Ce n'est pas loin.

Il acquiesca.

"D'accord. Vous n'avez rien découvert sur le vieux Hart, n'est-ce pas ? Quelle est la question que vous avez posée à Milly ? »

« Seulement à propos de la santé de son père. Non; Je n'ai rien découvert. C'est seulement une de mes idées que je veux clarifier.

Cecil avait l'air de penser que j'aurais pu lui dire quelle était l'idée, mais il n'a rien dit. Quelques minutes plus tard, il s'arrêta devant une jolie maison en briques rouges qui, comme l'indiquait une plaque de cuivre brillante, était la demeure du Dr Schofield.

Le médecin était entré et s'est désengagé. Il entra aussitôt dans la salle d'attente où l'on m'avait montré un médecin de famille respectable, au visage intelligent et aux manières courtoises.

J'ai expliqué ma position en tant que connaissance de Miss Hart, intéressée par la mystérieuse disparition de son père. Il m'était venu à l'esprit de me renseigner sur son état de santé, ou plutôt sur sa constitution, ajoutai-je. Peut-être que son absence prolongée était due à une maladie soudaine et dangereuse. Le Dr Schofield pourrait-il me donner des informations ?

Son attitude était encourageante. Il m'a demandé de m'asseoir et a abordé la question sérieusement.

« À vrai dire, dit-il, je suis plutôt surpris qu'on ne m'ait pas fait appel auparavant. Dans un cas ordinaire, je me sentirais tenu de garder un strict secret à l'égard des maladies de mes patients, mais c'est différent. Puisque vous m'avez posé cette question, je me sens obligé de vous dire ce que je ne divulguerais pas autrement. M. Hart a été mon patient à deux reprises au cours des deux dernières années pour un delirium tremens, et une fois, si je me souviens bien, il a eu une touche distincte de fièvre cérébrale.

« Son esprit ne serait donc pas très fort ? J'ai remarqué.

Le Dr Schofield hésita.

« Il avait une constitution merveilleuse, dit-il lentement, une constitution de fer. Dans des circonstances ordinaires, je ne peux pas me résoudre à penser qu'il ait pu soudainement et complètement perdre la raison. Mais en supposant qu'il ait reçu un choc grave, comme un accident de chemin de fer, ou quelque chose de ce genre, il serait alors possible, et même probable, qu'il devienne un fou furieux en un instant.

« Et sa folie serait-elle incurable ?

"S'il est correctement traité, avec la connaissance de sa maladie passée, non", répondit le Dr Schofield ; « Mais s'il était traité comme un fou ordinaire dans un asile de fous pauvres, il ne s'en remettrait probablement jamais. Il deviendrait de pire en pire et finirait par devenir incurable. Je vois deux objections à accepter une théorie de ce genre pour expliquer sa disparition, poursuivit le médecin après une courte pause. « Il faudrait d'abord que le choc soit violent et inattendu, ce qui paraît improbable ; sinon, il aurait sûrement eu sur lui une lettre ou quelque chose qui aurait permis de l'identifier ! »

"Si le choc était le résultat d'un acte criminel, ceux-ci seraient détruits", suggérai-je.

"Indubitablement; mais d'où vient ce jeu déloyal ? On sait que Hart n'avait que quelques kilos avec lui lorsqu'il est parti.

«Peut-être avait-il en sa possession quelque chose de plus précieux que l'argent», remarquai-je.

"Quoi?"

"Un secret."

"Avez-vous des raisons pour une telle croyance?" » demanda curieusement le médecin.

J'ai hésité. Dans mon esprit, je croyais que oui; mais pour le moment, en tout cas, il valait mieux garder cela pour moi. J'ai cependant répondu très honnêtement.

« J'ai fait quelques recherches ici et là, dis-je, et j'ai entendu dire qu'il avait un moyen secret de reconstituer sa bourse. On l'a vu plus d'une fois partir d'ici avec seulement quelques souverains en poche et revenir avec ses souverains transformés en billets de banque.»

«Je me souviens avoir entendu une telle histoire», remarqua le médecin. "J'ai bien peur que tout cela soit plutôt vague."

«Je vous suis très reconnaissant, docteur Schofield», lui ai-je assuré en me levant pour prendre congé.

Il m'a suivi jusqu'à la porte puis est revenu à son dîner interrompu. Je suis monté dans la charrette à chiens et nous avons rapidement roulé dans l'obscurité en direction de la tour Borden.

« Obtenir quelque chose au vieux type ? » » a demandé Cécile.

"Pas beaucoup. Je suis juste un peu plus sage qu'avant, c'est tout. Je suis vraiment désolé de vous faire attendre si longtemps ! »

« Oh, tout va bien ! Mais je dis, Phil, ajouta-t-il, quelle est votre idée ? Tu peux me le dire, n'est-ce pas ?

"S'il s'agit de quelque chose, je le ferai", lui ai-je assuré. « Mais à l'heure actuelle, c'est tout à fait trop vague et vous ne feriez qu'en rire. Ne m'en demandez pas encore davantage, c'est un brave garçon.

"Tu es très proche, tout d'un coup," grommela-t-il. "Pourquoi tu ne peux pas me le dire?"

"Parce que j'ai peur que vous le révéliez à quelqu'un dont je ne veux rien savoir", répondis-je.

Il rit.

"Ah, eh bien, peut-être que tu as raison!" il a dit. "Je ne pouvais rien cacher à Milly."

J'ai fait écho à son rire, mais j'ai gardé le silence. Ce n'était pas seulement Milly pour qui je souhaitais que mon idée actuelle reste secrète. En fait, je n'avais pas du tout pensé à Milly. Je désirais seulement que de Cartienne restât complètement dans l'ignorance de mon indice ; et pour une raison remarquablement bonne.

CHAPITRE XXXV.
UNE INVITATION.

Nous sommes entrés directement dans la cour, sans palefrenier avec nous, et sommes entrés dans la maison par l'arrière. Alors que nous passions devant la petite pièce du rez-de-chaussée réservée à notre seul usage comme dépôt pour les filets de cricket, le matériel de pêche, les fusils, les harnais de rechange et autres appareils similaires, j'ouvris la porte, avec l'intention d'accrocher mon fouet. À ma grande surprise, de Cartienne était là, en vieux manteau, les manches retroussées, en train de nettoyer un fusil. Il leva les yeux et nous salua à notre entrée.

« Quelle époque avez-vous vécu, les hommes ! Qu'as-tu fait à Little Drayton ?

"Oh, nous avons déjeuné avec votre ami Fothergill et avons discuté", répondit Cecil. "Dites-vous quoi, Len, c'est un gars très honnête."

de Cartienne examinait avec beaucoup d'attention la platine de son fusil, et dans le crépuscule je ne parvenais pas à saisir son expression.

"Oh, Fothergill va bien!" il a répondu. "Vous ne l'avez pas trouvé très affamé de ses gains, n'est-ce pas ?"

"Je ne pense pas", répondit Cecil avec enthousiasme. «Eh bien, je crois qu'il était en fait ennuyé contre lui-même d'avoir gagné. Je lui ai donné mes IO U.

« Il va très probablement les déchirer », remarqua de Cartienne. "Il est extrêmement riche et il ne peut pas vouloir d'argent."

"Où es-tu tombé sur lui, Len?" demanda Cecil en s'asseyant sur un coffre et en allumant une cigarette.

« C'est un ami de mon gouverneur. Je le connais depuis que je suis enfant, répondit lentement de Cartienne. « Là, je pense que ça fera l'affaire ! regardant d'un œil critique le museau brillant qu'il tenait à la main.

"Pourquoi cette soudaine crise de l'industrie ?" demanda Cecil en bâillant. « Tu vas faire un tournage ? »

de Cartienne hocha la tête et commença délibérément à mettre le pistolet en pièces.

"Oui; J'ai passé une longue journée à l'intérieur aujourd'hui et j'ai l'intention de me rattraper en empotant du canard sauvage demain. Hilliers m'a dit qu'il avait entendu parler d'une épreuve sportive très équitable organisée par Rushey Ponds la semaine dernière. Tu ferais mieux de venir avec moi.

"Merci, je vais voir," répondit Cecil. "Je n'aime pas beaucoup l'empotage des canards sauvages."

– Alors, tu n'es pas sorti toute la journée, de Cartienne ? J'ai demandé : « même pas à Drayton ?

"Pas à l'extérieur de la maison", répondit-il. "Est-ce que je lui ressemble?"

Il montra ses pantoufles, ses vieux vêtements, et leva ses mains noires d'huile et de graisse. J'observai les détails de son apparence, un peu déconcerté. Il semblait à peine possible qu'il ait pu être à Little Drayton il y a une heure.

La cloche du pansement sonna et nous nous précipitâmes vers nos chambres, car le Dr Randall, assez facile à vivre dans certaines choses, était la rigueur même en ce qui concerne notre ponctualité à l'heure du dîner. Mais à peine avais-je vu de Cartienne en sécurité dans sa chambre que je redescendais doucement et traversais la cour jusqu'aux écuries.

C'était comme je m'y attendais. La stalle dans laquelle de Cartienne gardait sa jument était soigneusement fermée, mais par les fentes je voyais qu'une lampe brûlait à l'intérieur.

J'ai essayé d'ouvrir doucement la porte, mais elle était verrouillée. Puis j'ai frappé. Il n'y avait pas de réponse. En me détournant, j'entrai dans la cabine suivante et, montant un escabeau, je regardai par-dessus la cloison.

Je vis bien ce que j'attendais : la jument pur-sang de de Cartienne, éclaboussée de boue et encore tremblante de fatigue nerveuse, et à ses côtés Dick, le palefrenier, tenant à la main une éponge mouillée et me regardant. avec une expression effrayée et inconsolable.

"Oh, c'est vous, que ce soit, Muster Morton ?" s'exclama-t-il plutôt maussade.

J'ai regardé Diana.

« Comment se fait-elle qu'elle soit dans cet état d'épuisement ? »
J'ai demandé. « Et pourquoi as-tu verrouillé la porte ?

Dick a hésité et je lui ai lancé une demi-couronne.

"La vérité maintenant, Dick," dis-je. "Et je ne dirai pas à M. de
Cartienne que je l'ai vue."

Il s'éclaira aussitôt et empoche la demi-couronne.

"C'est gentil, monsieur!" s'exclama-t-il, visiblement très soulagé. «
Tout ce que je sais, monsieur, c'est que Muster de Cartienne est
arrivé comme un fou le long de Drayton Road il y a une heure, et
il m'a dit : « Dick, prends Diana, enferme-la dans l'écurie et enfile-
la. Je ne laisserai personne savoir qu'elle est sortie. Occupez-vous-
en vous-même et frottez-la soigneusement, car j'ai été obligé de
rouler vite. Et sur ce, il m'a guidé et hop, il est entré dans la
maison.

"Merci, Dick," dis-je en descendant de l'échelle, "c'est tout ce que
je voulais savoir." Et j'ai traversé de nouveau la cour jusqu'à la
maison et je me suis dépêché de monter à l'étage pour changer
mes affaires.

Nous avons reçu deux livraisons de lettres à la tour Borden, et ce
soir-là, juste au moment où nous quittions la table du dîner, le
courrier tardif est arrivé. Il y avait une lettre pour moi, un
événement quelque peu inhabituel, et un seul coup d'œil sur les
armes et l'écriture audacieuse et caractéristique m'a donné envie
de l'ouvrir, car elle venait de M. Ravenor. Dès que le tissu fut
nettoyé, je le fis.

« Mon cher Philippe, commença-t-il, je pense voyager pendant
plusieurs années, peut-être plus longtemps, et j'aimerais vous voir
avant de partir. Venez rester ici quelques jours. J'écris au Dr
Randall ainsi qu'à Cecil, qui vous accompagnera. Vous quitterez
Borden Tower demain et j'enverrai à Mellborough pour
rencontrer le 5.18. Apportez des vêtements, car il y aura du
monde qui s'arrêtera ici.—Le vôtre,

« BERNARD RAVENOR ».

J'ai levé les yeux de la lettre avec un grand sentiment de
soulagement et j'ai rencontré le regard ravi de Cecil.

« Hourra, mon vieux ! s'exclama-t-il, à moitié essoufflé. "N'aurons-nous pas un vieux moment rare?"

"Grotte!" murmurai-je, car le médecin regardait dans notre direction.

« Encore des vacances », remarqua-t-il d'un ton grincheux, compensé cependant par un sourire bon enfant. « Ma parole, je ne sais pas comment M. Ravenor imagine que vous allez un jour apprendre quoi que ce soit ! Cependant, je suppose que vous devez y aller.

de Cartienne leva la tête d'un air interrogateur.

"Nous allons rester au château de Ravenor pendant une semaine", expliqua Cecil. "Nous partons demain."

Je me penchai en avant et observai attentivement le visage de de Cartienne. Il y avait là une expression que je ne pouvais pas analyser. Cela aurait pu être du plaisir, de l'appréhension ou de l'indifférence. Même si je l'observais attentivement, je n'arrivais pas à décider s'il était plus consterné ou plus satisfait à la perspective de notre visite.

CHAPITRE XXXVI.
UNE MÉTAMORPHOSE.

Il semblait presque qu'une métamorphose magique s'était produite à l'intérieur des murs du château de Ravenor. Dès que nous l'avons aperçu, nous avons eu la première indication de son aspect modifié. Au lieu d'une ou deux lumières solitaires qui brillaient au-dessus des bois sombres, cela semblait être une véritable flamme d'éclairage, et lorsque nous nous arrêtâmes devant la grande porte d'entrée, le changement n'était encore qu'apparent. Des domestiques en livrée et aux cheveux poudrés circulaient dans la salle. Des portes ouvertes parvenaient des rires, et même l'attitude de M. Ravenor, lorsqu'il sortait à notre rencontre, semblait modifiée.

"Entrez et prenez du thé ici", dit-il en ouvrant la voie à l'une des plus petites pièces. "Ta mère est là, Cecil."

Nous l'avons suivi dans l'appartement préféré de Lady Silchester. Plusieurs dames et un ou deux hommes se prélassaient sur des divans et des fauteuils autour d'un feu bien allumé. Lady Silchester, qui présidait un service de thé de Sèvres vert et or, nous accueillit toutes deux avec un sourire langoureux.

« Ma chère Cis, comme tu as grandi ! dit-elle en se penchant en arrière sur sa chaise et en sirotant tranquillement son thé. « Je déclare que je ne savais pas que j'avais un fils de votre taille, monsieur ! Vraiment, Lord Penraven ?

Lord Penraven, qui était allongé à côté d'elle, le coude sur la cheminée, caressa vigoureusement une longue et blonde moustache et répondit avec emphase :

« 'Ma foi, je n'en avais pas la moindre idée. Cela semble presque impossible ! »

« Laissez-moi vous offrir du thé, les garçons ! » » dit Lady Silchester de son ton le plus doux.

"Aucun pour moi, merci, maman", répondit Cecil. "Pourquoi, Ag... Miss Hamilton, est-ce vraiment vous dans le coin ?" s'exclama-t-il en se levant et en traversant la pièce. "Comme c'est terriblement joyeux!"

Lady Silchester haussa les épaules et se tourna vers moi.

"M. Morton ?

Je pris la tasse qu'elle avait remplie et la conversation que notre entrée avait interrompue reprit. Bientôt, M. Ravenor, qui se tenait debout sur le foyer et discutait avec une dame majestueuse aux cheveux gris qui occupait le siège d'honneur (un fauteuil en chêne noir placé près du feu), s'approcha de moi et se laissa tomber dans un fauteuil. siège vacant entre Lady Silchester et moi.

"Eh bien, Philip," dit-il doucement, "vous semblez perdu dans vos pensées. Vous vous demandez si la baguette d'un magicien a touché le château de Ravenor ?

"Tout semble très différent", répondis-je.

"Bien sûr. Rien de tel que le changement, tu sais. Ce n'est que par comparaison que l'on peut apprécier. La stagnation aiguise l'appétit de gaieté, et il faut passer par une période de surmenage avant de pouvoir goûter toute la douceur d'une vie oisive à la campagne.

Puis M. Ravenor resta silencieux pendant une minute, s'appuyant en arrière sur sa chaise et regardant fixement le feu, et à la lumière dansante et intermittente des flammes, je pus voir que l'ancienne lassitude et la profonde tristesse indéfinissable s'étaient glissées dans son visage pâle et yeux sombres. Ce n'était qu'un changement passager. Le son des rires autour de lui sembla soudain le galvaniser et lui faire prendre conscience du *rôle* qu'il jouait et l'expression s'effaça. Quelqu'un lui a posé une question et il y a répondu par une légère plaisanterie. Il était encore une fois l'hôte courtois et souriant, dont la seule préoccupation semblait être le divertissement de ses invités. Mais je savais qu'il y avait un arrière-plan.

La cloche du pansement sonna et l'assemblée des commérages se sépara. M. Ravenor, debout, la porte ouverte à la main, échangea de petits discours joyeux avec la plupart des dames tandis qu'elles sortaient. Quand ils furent tous partis, il se tourna vers Cecil et moi et nous regarda d'un œil critique, avec un léger sourire aux lèvres.

"Eh bien, es-tu prêt pour ton baccalauréat, Cecil ?" Il a demandé.

Cecil fit une grimace.

"Ce sera bientôt, mon oncle!" » déclara-t-il avec espoir : « Je m'en sors maintenant de première classe. Morton ici me fait travailler comme un cheval de Troie.

"C'est exact! Et toi, Philippe ? J'espère que mon neveu paresseux ne vous retiendra pas.

« Oh, Morton va bien pour son baccalauréat. chaque fois qu'il aime s'y lancer ! » » interrompit Cecil.

M. Ravenor hocha la tête.

"Bien! Vous feriez mieux d'aller vous habiller maintenant, tous les deux ; Richards attend de vous montrer vos chambres.

Nous montâmes le grand escalier en chêne et, dans le premier couloir, nous nous trouvâmes nez à nez avec une petite silhouette élancée en robe blanche, marchant modestement à côté de sa servante, avec ses cheveux roux et dorés éparpillés sur son visage ovale et son visage ovale. une lumière dans l'attente dans ses yeux bleus dansants.

Dès qu'elle nous a vu, elle s'est envolée dans les bras de Cecil.

« Oh, Cis, Cis, Cis, comme c'est délicieux ! Comme je suis heureux que tu sois venu ! Ils viennent juste de me le dire ! Et comment allez-vous, M. Morton ?

Elle tendit une très petite paume et me regarda avec un sourire radieux.

"Je vais très bien, merci, Lady Beatrice", répondis-je en regardant avec un vif plaisir son doux visage enfantin et en réprimant un fort désir de la prendre dans mes bras, comme Cecil l'avait fait, et de lui donner un bisou.

« Tu te souviens de moi, alors ? »

"Oh oui!" elle a répondu; « Je me souviens très bien de toi ! Vous vous appelez Philippe, n'est-ce pas ? Tu m'as dit que je pourrais t'appeler par là.

"Eh bien, nous devons y aller maintenant, chérie," dit Cecil en lui caressant les cheveux. "Nous devons nous habiller pour le dîner, vous savez."

"Oh!" L'exclamation se prolongea et le petit visage tomba. Soudain, il s'éclaira.

« Cécile, qu'en penses-tu ? J'ai un poney, un vrai poney à moi. Veux-tu faire un tour avec moi demain ? S'il vous plaît, s'il vous plaît, faites-le !

"D'accord!" promit-il négligemment.

Elle a tapé dans ses mains et m'a regardé.

« Veux-tu venir aussi, Philippe ? elle a demandé.

«Je le voudrais vraiment beaucoup», répondis-je sans hésitation.

"Oh, c'est délicieux!" s'exclama-t-elle joyeusement. « Nous ferons une si belle balade ! Vous verrez Queenie galoper ; elle va si vite ! Au revoir maintenant!"

Elle trébucha à côté de sa servante, se retournant plus d'une fois pour nous faire un signe de la main. Puis nous nous hâtâmes vers nos chambres, qui se trouvaient au bout du large couloir aux piliers de marbre et ouvraient l'une sur l'autre. Nos valises avaient été prêtes, donc s'habiller n'était pas une tâche fastidieuse. J'avais terminé premier et je m'étais allongé dans un fauteuil, regardant Cecil se débattre avec une cravate blanche réfractaire.

« Comme ta sœur est jolie, Cis ! J'ai remarqué.

"Je le pense? C'est une petite chose plutôt bizarre, » déclara son frère, se regardant enfin distraitement avec satisfaction dans la longue trumière. « Je ne savais pas que tu l'avais déjà vue auparavant. Je dis (avec une accentuation soudaine) qu'Aggie Hamilton n'est-elle pas une jolie et jolie fille ?

« Je ne l'ai presque pas encore vue », lui ai-je rappelé. "Plutôt bavarde, n'est-ce pas ?"

"Bavard? Pas elle ! Cecil protesta avec indignation. "Pourquoi--"

Le grondement d'un gong nous parvenait d'en bas. Cecil s'est arrêté net dans son discours et m'a précipité hors de la pièce.

« Viens, vif ! » il s'est excalmé. « Cela signifie que le dîner est dans dix minutes, et j'ai promis de descendre d'abord au salon et de vous présenter Aggie. Allez!"

Nous descendîmes dans le hall et un grand valet de pied ouvrit la porte de la longue suite de salons et d'antichambres dans laquelle les invités du château se rassemblaient rapidement. Pour moi, qui n'avais rien vu de tel auparavant, c'était un spectacle brillant.

Quatre pièces, toutes de dimensions majestueuses et toutes drapées de satin ambré de la même teinte, étaient réunies en une seule par le soulèvement de lourds rideaux collants, et chacune semblait remplie de groupes de femmes joliment vêtues et de petits groupes d'hommes. Un bourdonnement sourd et incessant de conversation flottait dans l'air, chargé de parfums exotiques et de parfums délicats. La lumière était brillante, mais douce, car les figures de marbre autour des murs tendaient des lampes argentées recouvertes d'abat-jour vaporeux de couleur rose.

Nous traversâmes deux des pièces avant de trouver la jeune femme que Cécil cherchait. Puis nous la retrouvâmes tout à coup, assise toute seule et feuilletant paresseusement les pages d'un livre de gravures. Cecil m'a donné un coup de coude excité d'une manière qui ailleurs lui aurait valu des anathèmes et peut-être des représailles. Mais dans l'état actuel des choses, j'ai dû supporter la douleur comme un Spartiate.

"Je dis, n'est-elle pas magnifique?" Il murmura.

J'ai répondu par l'affirmative, en me retirant soigneusement de la portée de son coude. Puis nous nous approchâmes d'elle, et elle ferma le livre de gravures d'un air comique de soulagement et nous fit place à côté d'elle.

Elle était encore plus jolie que ce à quoi je m'attendais, avec des cheveux et des yeux foncés, un teint éblouissant, une silhouette parfaite de *petite* taille et des dents impeccables, qu'elle n'hésitait nullement à montrer. Elle portait une robe en dentelle noire, avec beaucoup d'écarlate et une rose rouge foncé sur sa poitrine. Dans l'ensemble, je n'ai guère été surpris par la captivation de Cecil.

Si elle n'était pas vraiment bavarde, elle possédait certainement l'art de dire des bêtises avec beaucoup de volubilité et de les faire dire aux autres. Avant que le dîner ne soit annoncé par un fonctionnaire à l'air digne, nous avions eu une quantité étonnante de conversations. C'était à Cecil qu'il appartenait d'accueillir son inamorata, tandis que j'étais loin derrière avec la femme d'un certain âge d'un ecclésiastique de campagne. Elle était cependant très agréable et je me contentais de parler peu pendant tout le long banquet, car tout cela était nouveau et intéressant pour moi.

La vaste salle à manger — c'était en réalité une galerie de tableaux —, les nombreux domestiques en riches livrées, l'assiette blasonnée, les verres scintillants et les bribes de conversation brillantes qui flottaient autour de moi, tout était une révélation. Très vite, l'effet s'est estompé et j'ai pu choisir mes vins et sélectionner mes plats, et j'étais libre de participer si je le voulais à la conférence. Mais pour cette première soirée, je me suis contenté de rester silencieux et, autant que possible, inaperçu.

Le dîner, qui me paraissait de plus en plus interminable, toucha enfin à sa fin. Lady Silchester, à la tête d'une longue file de femmes majestueuses, balaya le sol ciré, et le cortège partit avec un grand bruissement de robes. Certaines chaises vacantes furent occupées par des hommes, et déjà de délicats nuages de fumée bleue s'enroulaient vers le plafond voûté. C'était la courte période la plus chère au cœur de l'homme que n'importe quelle autre période de la journée. Chacun étendait ses membres raides, remplissait son verre et prenait son attitude préférée. Des voix se sont élevées et un changement soudain de ton s'est glissé dans la conversation. Seuls M. Ravenor et quelques-uns des invités les plus âgés semblaient encore plongés dans la discussion d'une controverse scientifique abstruse qui faisait alors rage dans les revues. Tous les autres semblaient parler à la légère du sport de la journée, des arrangements pour le lendemain, de ses propres chevaux et de ceux des autres.

Cela devenait un peu lent pour moi. Cecil avait trouvé des amis, et le son de son rire chaleureux de garçon me revenait souvent de l'autre bout de la table. Mes voisins immédiats étaient un évêque, qui était en pleine discussion avec un chanoine mineur au sujet des événements d'une récente conférence diocésaine, au cours de laquelle les choses semblaient avoir été plus animées qu'harmonieuses ; et de mon autre côté, Lord Penraven se disputait avec le seigneur lieutenant du comté au sujet du pedigree d'un cheval de course. Les deux disputes ne m'intéressaient absolument pas, et ce ne fut pas un mince soulagement lorsque, alors que je croisais le regard de M. Ravenor, il me fit signe de m'asseoir sur une chaise libre à ses côtés.

La conversation, un moment interrompue, reprit bientôt. Je restais silencieux, écoutant avec une admiration toujours croissante le jeu de mots, les arguments subtils et l'éclat épigrammatique de l'expression qui brillaient de l'un à l'autre des quatre adversaires. Si j'avais connu un peu la vie sociale ou littéraire de Londres, j'aurais peut-être été moins étonné, car M.

Ravenor et deux de ses antagonistes, le juge Haselton et le professeur Clumbers, étaient comptés parmi les meilleurs causeurs de leur époque.

Finalement, M. Ravenor, à mon grand regret, mit brusquement fin à la conversation en proposant un exode vers les salons. Quelques-uns des plus jeunes semblaient impatients de partir, mais la plupart se levaient et s'étiraient avec des visages tristes de martyrs avant de se former en petits groupes et de quitter la salle. M. Ravenor est resté jusqu'au bout et m'a fait signe de rester avec lui.

« Eh bien, Philip, » dit-il, quand tout le monde fut parti, « comment ça va chez le Dr Randall ? Est-ce que tu aimes être là ?

« Beaucoup pour certaines choses », répondis-je.

Il m'a regardé attentivement.

"Il y a quelque chose que tu dois me dire", dit-il. "Qu'est-ce que c'est?"

J'ai regardé autour de moi la petite armée de domestiques qui circulait sans bruit de tous côtés.

« Il y a quelque chose », reconnus-je, « mais je préfère vous le dire quand nous serons tout à fait seuls. En plus, c'est plutôt une longue histoire. Cela a surtout à voir avec M. Marx.»

La sérénité calme et majestueuse du visage de M. Ravenor subit un changement soudain. Ses sourcils sombres se rencontraient presque dans ses yeux, que je ne pouvais pas lire. Ce changement renforça l'impression qui s'était développée en moi ces derniers temps. Il y avait un profond mystère lié à la personnalité de M. Marx, dans lequel M. Ravenor était d'une manière ou d'une autre concerné.

« Et M. Marx ? Que peux-tu me dire sur lui ? » demanda-t-il froidement.

"Plus que ce que je devrais dire ici," répondis-je en regardant autour de moi. "C'est un peu long..."

"Viens me voir à la bibliothèque pour la dernière fois ce soir", dit-il rapidement. « Je dois savoir quelle est cette histoire que vous avez mise en main. Nous allons maintenant aller au salon.

En quelques instants, le nuage avait disparu de son visage et il était
redevenu l'hôte raffiné. Et, malgré mes protestations, j'ai été attiré
dans un coin par Miss Agnes Hamilton et j'ai reçu ma première
leçon sur l'art à la mode du flirt.

CHAPITRE XXXVII.
M. MARX EST RECHERCHÉ.

Il était minuit passé depuis longtemps lorsque les derniers petits groupes d'invités se souhaitèrent bonne nuit, et même alors, Lord Penraven et quelques compagnons choisis ne se rendirent que dans un plus petit fumoir situé à l'arrière du château. Je savais cependant que M. Ravenor n'était pas avec eux, car je l'avais vu, après avoir survécu à tous, à l'exception de cette poignée de ses invités, traverser le hall et entrer dans la bibliothèque. Au bout d'une demi-heure environ, je l'ai suivi.

Je m'attendais à le trouver au repos après la grande tension que la multitude et l'importance de ses invités avaient dû lui imposer pendant la journée. Mais je l'ai trouvé très différemment employé. Il était penché sur sa table à écrire, une tasse de thé à ses côtés, et déjà plusieurs feuilles de papier cartonné à l'écriture serrée étaient éparpillées sur la table. Au bruit de mon entrée, il leva aussitôt les yeux et posa sa plume.

"Asseyez-vous là", dit-il en désignant un fauteuil en face de lui. «Je veux voir ton visage pendant que tu parles. Maintenant, quelle est cette histoire que tu as à me raconter ?

Son attitude était loin d'être encourageante et son visage arborait une expression sévère. Dans l'ensemble, je me sentais un peu nerveux. Mais il fallait le faire, alors j'ai commencé.

Je lui ai d'abord raconté tout ce qui concernait Léonard de Cartienne, sa mauvaise influence sur Cécil et sa correspondance avec M. Marx. Il écoutait sans remarque. Puis je me suis arrêté pour reprendre mon souffle.

"Je ne sais pas ce que vous direz du reste de mon histoire", continuai-je. « Je ne sais pas trop quoi en penser moi-même. Mais voilà. Il y a une auberge à Little Drayton tenue par un homme nommé Hart, et Cecil et de Cartienne s'y rendent parfois. Environ un mois avant que je me rende à la tour Borden, l'homme Hart a disparu. Il a quitté la maison pour un voyage dont il a caché la nature même à sa fille, et n'est jamais revenu ni dont on a entendu parler. Tout ce que sa fille peut nous dire, c'est qu'il a déjà quitté la maison pour une course similaire et qu'il est invariablement revenu avec de l'argent au bout de trois ou quatre jours.

Je m'arrêtai et jetai un coup d'œil à M. Ravenor. Il avait l'air un peu perplexe, mais pas particulièrement intéressé.

« Environ un mois avant mon départ pour Borden Tower, poursuivis-je, j'ai rencontré M. Marx à Torcher et je suis rentré chez moi avec lui tard dans la nuit. Sur la lande, nous avons été furieusement attaqués par un homme qui semblait fou et M. Marx a été légèrement blessé. Deux jours plus tard, M. Marx a été agressé par le même homme dans le parc, et si je n'étais pas apparu, il aurait probablement été tué. Cet homme était fou à tous égards, sauf un. Il a reconnu M. Marx comme son ennemi et a délibérément attenté à sa vie.

M. Ravenor abaissa doucement l'abat-jour vert du côté le plus proche de lui et, dans la lumière tamisée, je pouvais à peine voir son visage, mais je sentais que son intérêt pour mon histoire grandissait.

« Eh bien, bien sûr, lorsque Cecil a commencé à parler de la disparition de cet homme Hart, continuai-je, et que j'en ai beaucoup entendu parler à Little Drayton, j'ai commencé à penser à ce fou dont personne ne savait rien. J'ai noté les dates exactes et j'ai découvert que Hart avait dû quitter Little Drayton environ une semaine avant la première attaque contre M. Marx par le fou inconnu. Bien sûr, cela ne valait pas la peine d'y penser en soi, mais le plus étrange est à venir. Plus par curiosité qu'autre chose, j'ai demandé à voir une photo de M. Hart. Sa fille nous a emmenés dans le salon pour en regarder un et, à sa grande surprise, il n'a plus été trouvé. Toutes les recherches furent vaines. Quelqu'un l'avait emporté. Eh bien, j'ai découvert où il avait été pris et je suis allé en commander une copie. C'était inutile. Le négatif avait été vendu à la même personne qui seule aurait pu entrer dans le salon de Miss Hart et en extraire la photographie. Cette personne était Léonard de Cartienne, et il était en communication avec M. Marx, l'homme que ce fou a tenté d'assassiner. Pouvez-vous en tirer quelque chose, monsieur ?

Apparemment, M. Ravenor en avait fait quelque chose. Il était un peu penché en avant sur sa chaise et à la vue de son visage une grande peur m'envahit.

Un changement épouvantable s'y était glissé. Ses yeux brûlaient d'un feu sec et féroce, et la pâleur s'étendait jusqu'à ses lèvres.

Il s'assit en avant, avec ses longs doigts décharnés, étendus convulsivement devant son visage, comme un homme qui voit une vision hideuse passer devant ses yeux et reste pourtant fasciné, impuissant à parler, ou à bouger, ou à se détacher de ce spectacle répugnant.

Des gouttes de sueur maladives perlaient sur son front moite et ses lèvres sèches remuaient, même si aucun son n'en sortait.

Je l'ai regardé avec une horreur sans voix, et tandis que je regardais, la pièce et tout son contenu semblaient nager autour de moi. Qu'est-ce que M. Ravenor aurait pu trouver de si horrible dans l'histoire que j'avais racontée et en quoi cela pouvait-il le concerner ?

Soudain, il se leva de son siège et se plaça au-dessus de moi. J'étais plus que jamais alarmé par son expression étrange.

"Il y a un troisième lien", dit-il d'une voix rauque. « Vous souvenez-vous qu'un homme m'a appelé, que j'ai refusé de laisser entrer, le soir de votre première visite ici ? Quand j'ai changé d'avis, il avait disparu.

J'ai poussé un petit cri et j'ai senti mon sang se glacer.

"M. Marx a quelque chose à voir avec ça », ai-je balbutié. «Je l'ai rencontré sous les arbres de l'avenue et il avait horriblement peur de me voir. J'avais entendu un cri. J'écoutais.

M. Ravenor tendit la main vers la cloche et la sonna violemment. Nous étions assis en silence, redoutant presque de nous regarder jusqu'à ce qu'on nous réponde.

« Allez dans la chambre de M. Marx et demandez-lui de venir ici immédiatement », ordonna M. Ravenor.

L'homme s'inclina et se retira. Lorsqu'il reparut, il portait à la main une lettre.

"M. Marx a laissé ceci sur son bureau pour vous, monsieur », dit-il.

« Laissez-le ! Où est-il? N'est-il pas au Château ? » interrogea brusquement M. Ravenor.

"Non monsieur. Il avait une charrette à chiens vers quatre heures et demie pour prendre le London Express à Mellborough.

M. Ravenor a déchiré le message et me l'a ensuite lancé. Il n'y avait que quelques mots :

« Cher M. Ravenor, veuillez m'excuser pendant un jour ou deux. Des affaires importantes, de nature privée, m'appellent en toute hâte à Londres. Si vous m'écrivez, mon adresse sera à l' *Hôtel Métropole* . M."

Il y eut un silence entre nous. Puis j'ai regardé le visage incolore de M. Ravenor.

"Nous devons trouver ce fou", murmurai-je.

M. Ravenor s'est détourné de moi avec un frisson.

"Nous ne devons rien faire de tel."

CHAPITRE XXXVIII.
J'ACCEPTE UNE MISSION.

Il y eut un silence qui menaça de durer éternellement.

Enfin, M. Ravenor tourna légèrement la tête et regarda vers moi. L'empressement qu'il voyait sur mon visage semblait éveiller en lui une sorte d'humour sombre, car ses lèvres s'entrouvrirent en un sourire morne et éphémère.

« Vous attendez-vous à entendre des aveux ? » » a-t-il demandé alors qu'il mourrait.

Un aveu de sa part ! Dieu pardonne! De celui qui m'avait toujours semblé si au-dessus des autres hommes, qu'aucun autre n'était digne d'être classé avec lui ! Tout le vieux feu de mon culte de héros enfantin s'est allumé à cette seule pensée. Un aveu de sa part ! L'idée simple était sacrilège.

Il lut sa réponse dans la protestation muette et étonnée de mes regards, et n'attendit pas les mots qui tremblaient sur mes lèvres.

« Cela ne vous servirait à rien de vous raconter tout ce que votre histoire m'a suggéré », dit-il doucement. « Un jour, tu sauras tout ; mais pas encore… pas encore.

Il s'arrêta et marcha lentement de long en large dans la pièce, les mains derrière lui et les yeux fixés sur le sol. Soudain, il s'arrêta et leva les yeux.

« Marx doit revenir immédiatement », dit-il avec un peu de sa fermeté d'autrefois. "Je lui enverrai demain un télégramme pour qu'il revienne immédiatement."

« Et s'il ne vient pas ?

« Je dois aller vers lui. Cette question doit être éclaircie autant que possible et immédiatement.

«Vos invités», lui ai-je rappelé. « Comment peux-tu les quitter ? »

« Je les ai oubliés », s'est-il exclamé avec impatience. « Philippe, tu veux y aller ? » » demanda-t-il soudain.

"Oui", répondis-je doucement, même si mon cœur battait vite. "Oui j'irai. Ce serait peut-être mieux.

Il posa un moment sa main sur mon épaule et, même s'il ne le dit pas, je savais qu'il était content. Puis il jeta un coup d'œil à l'horloge.

"Deux heures!" il s'est excalmé. "Philip, tu dois me quitter maintenant."

Je regardai vers son bureau, où il était déjà assis, et j'hésitai.

"Tu ne vas pas écrire maintenant?" J'ai osé protester.

"Pourquoi pas?"

J'ai montré l'horloge; mais il a seulement souri.

« Je ne suis pas esclave des horaires réguliers », dit-il doucement. "Une heure ou deux de sommeil me suffisent à la fois."

Alors je l'ai quitté.

CHAPITRE XXXIX.
MON CHEMIN.

Il était neuf heures et quelques minutes lorsque je descendis dans la longue galerie en chêne où était servi le petit-déjeuner, et à la tête de la table principale était assis M. Ravenor en costume de chasse. Tous ceux qui étaient à terre étaient évidemment destinés à la rencontre. Les hommes étaient presque tous en habit écarlate, et les femmes en tenue de cheval et en petits chapeaux garnis, leurs voiles repoussés. Il y avait un grand bruit de couteaux et de fourchettes, et beaucoup de sculptures se déroulaient sur le long buffet poli, et par-dessus tout, un fort bourdonnement de conversations joyeuses ; dans l'ensemble, c'était un repas très agréable qui se déroulait.

Je me dirigeais vers un espace vide dans la table à l'extrémité inférieure lorsque j'ai entendu mon nom appelé et j'ai regardé le visage piquant et tourné vers le haut de Miss Hamilton.

"Viens t'asseoir à côté de moi", s'exclama-t-elle en bougeant ses jupes pour faire de la place. "Voir. J'ai caché une chaise ici… pour quelqu'un.

Je l'ai pris en riant.

« Eh bien, comme quelqu'un est si paresseux ce matin, dis-je, il ne mérite pas de l'avoir ; donc je vais. Puis-je vous offrir quelque chose?"

Elle secoua la tête.

"Non merci. Prenez soin de vous, faites-le, car il va falloir commencer tout de suite. Et maintenant, dis-moi, comment savais-tu pour qui je réservais cette chaise ?

"Eh bien, je suppose que c'était pour Cis", remarquai-je en lançant une vigoureuse attaque sur un jambon adjacent.

"En effet! Et si je disais que ce n'était pas le cas… que c'était pour quelqu'un d'autre ?

"Pauvre Cis!" Dis-je avec un soupir. "Ne me dites pas qui était quelqu'un d'autre, Miss Hamilton, s'il vous plaît."

"Pourquoi pas?"

"Parce que je le détesterai."

« Pour l'amour de Lord Silchester ?

"Non; pour moi meme."

"M. Morton, tu dis des bêtises.

"Eh bien, tu n'as pas entrepris de m'apprendre comment hier soir ?"

"Vous enseigner! Oh ! » – un peu ironiquement – « vous êtes un élève très compétent, M. Morton. »

Je la regardai avec une remontrance muette.

« Avec un tel précepteur, Miss Hamilton… »

Elle m'a arrêté en riant.

« Oh, tu es un garçon épouvantable ! Laisse-moi te donner du thé pour que tu te taises.

J'ai poussé un long soupir et j'ai attaqué vigoureusement mon petit-déjeuner. Bientôt, elle recommença.

« Connaissez-vous Nanpantan, M. Morton, où a lieu le rendez-vous de ce matin ?

"Très bien", répondis-je en me coupant encore un peu de jambon. « Cela vous dérangerait-il de me donner une autre tasse de thé, Miss Hamilton ? C'était trop bien!"

Elle hocha la tête et ôta de nouveau son épais gant en peau de chien.

« Espèce de mortel assoiffé ! » remarqua-t-elle. "J'ai bien peur que tu aies trop fumé la nuit dernière."

"Une cigarette", lui ai-je assuré. "Pas plus, sur mon honneur."

"Vraiment! Alors tu ne recevras plus de thé de ma part pour ébranler tes nerfs. Maintenant, dites-moi, M. Morton, connaissez-vous ce pays ?

« Chaque centimètre carré. Personne de mieux.

"Oh que c'est sympa! Et vous me donnerez une piste aujourd'hui, n'est-ce pas ? Je veux tellement bien faire.

«Je serais ravi», répondis-je; "Mais malheureusement, je ne vais pas chasser."

« Je ne vais pas chasser ! Alors qu'est-ce que tu vas faire, je t'en prie ?

«Je fais un tour avec une jeune femme», répondis-je.

"Oh, en effet!" - avec un hochement de tête.

Il y eut un court silence. Puis la curiosité eut raison de l'accès d'indignation que Miss Hamilton avait cru bon d'assumer.

« Puis-je demander le nom de l'heureuse jeune femme ?

"Vous pouvez," répondis-je calmement, en m'aidant à porter un toast. "C'est la petite Lady Beatrice."

Elle éclata de rire, mais s'arrêta brusquement.

"Quelle absurdité! Allez-vous donc prendre la place du palefrenier et tenir les rênes ?

"Si elle monte avec un, très probablement", répondis-je.

Il y eut un court silence. Puis Miss Hamilton revint à la charge.

"Quel âge a ton inamorata?" elle a demandé. "Sept ou huit?"

« Douze prochain anniversaire », répondis-je promptement.

"C'est vraiment trop ridicule !" » déclara-t-elle en secouant la tête. «Je voulais vraiment que tu viennes avec moi ce matin, parce que tu connais le pays», ajouta-t-elle avec un regard en coin de ses yeux sombres.

« Rien ne m'aurait procuré un plus grand plaisir », déclarai-je ; "Mais une promesse est une promesse, vous savez, et nous avons fait celle-ci avant de savoir quoi que ce soit à propos de la compétition."

"Nous! Qui sommes nous?" » demanda-t-elle rapidement.

"Cis et moi."

"Cecil ne partira pas si je lui demande de m'accompagner", dit-elle avec assurance.

J'ai haussé les épaules.

"Peut-être pas. Raison de plus pour que je le fasse.

Elle s'est détournée de moi, à moitié amusée, à moitié vexée. À ce moment-là, Cecil apparut et elle l'appela avec empressement à ses côtés.

"Cecil, M. Morton me dit que vous avez promis de monter avec Béatrice ce matin", dit-elle.

"C'est ce que nous avons fait", s'est-il exclamé. "Je suis terriblement désolé de la décevoir, mais, bien sûr, je ne savais rien de la rencontre."

"Oh, je suis heureuse que tu ne m'abandonnes pas, alors", dit-elle en riant. "M. Morton déclare qu'il va tenir ses fiançailles.

"Très bien de sa part, s'il l'est", remarqua Cecil en remuant son thé avec une grande gaieté.

« Ne me plains pas, » dis-je en me levant. « Je suis sûr que je vais l'apprécier. *Au revoir*, Miss Hamilton.

Et j'ai apprécié. Bien des fois après, je pensais à cette petite silhouette mince en longue tenue de cheval, ses cheveux dorés flottant dans la brise, et son visage délicat et rougeoyant, illuminé d'excitation et de plaisir, et au bavardage agréable que sa petite dame me faisait. des oreilles bien disposées. Je me souvenais aussi de ses manières pittoresques et naïves, et de la manière grave avec laquelle elle me remerciait d'avoir pris soin d'elle – de petites manières qui cédèrent bientôt à la familiarité et disparurent complètement. Et, aussi étrange que cela puisse paraître, j'ai toujours trouvé plus de satisfaction à me remémorer ces choses que le regard ailé et les discours joyeux de Miss Agnes Hamilton.

CHAPITRE XL.
MA MISSION.

Pour la première fois de ma vie, j'étais à Londres et seul. Il n'y avait eu aucune réponse de M. Marx aux télégrammes ordonnant son retour immédiat, et ainsi, le troisième matin après mon arrivée au château de Ravenor, je le quittai de nouveau pour aller à sa recherche. Même s'il était habitué à cacher ses sentiments, et même s'il réussissait admirablement à le faire en présence de ses invités, je pouvais voir que M. Ravenor était profondément désireux de voir dissipés ou confirmés les soupçons que mon histoire avait éveillés. En fait, même si leur contenu n'était guère aussi clair pour moi, je ne l'étais pas moins.

Je suppose que personne, surtout s'il n'a jamais été dans une grande ville, ne pourrait traverser Londres pour la première fois sans une certaine émotion d'émerveillement. Pour moi, c'était comme entrer dans un monde inconnu. La foule immense, le vacarme incessant de la circulation et les immenses bâtiments m'ont rempli d'un étonnement qui, à mesure que nous traversions le Strand jusqu'à Northumberland Avenue, s'est transformé en perplexité. Seul le souvenir de ma mission et sa grave portée me rappelèrent à moi tandis que le fiacre s'arrêtait devant l'hôtel Métropole.

Mon sac fut aussitôt pris possession par l'un des concierges du hall et j'occupai une chambre. Ensuite, je me suis renseigné sur M. Marx.

L'employé feuilleta deux ou trois pages du grand livre et secoua la tête. Personne de ce nom ne s'arrêtait dans l'hôtel, m'informa-t-il.

« Pouvez-vous me dire si quelqu'un de ce nom a séjourné ici la semaine dernière ? » J'ai demandé.

Il poursuivit sa recherche et secoua la tête.

« Nous n'avons pas du tout eu le nom de Marx dans nos livres, monsieur, d'après mes souvenirs », a-t-il déclaré. « C'est aussi un nom assez rare ; J'aurais certainement dû m'en souvenir.

« Il y a eu des lettres qui lui ont été adressées ici sous ce nom, » dis-je ; "Peux-tu me dire ce qu'ils sont devenus ?"

Il secoua la tête.

« Ce ne serait pas dans mon département, monsieur ; vous vous en assurerez en vous informant auprès du bureau du chef des portiers du coin.

Je l'ai remercié et j'ai traversé la salle de réception. La réponse à ma question a été donnée immédiatement.

« Il y a des lettres pour un M. Marx presque tous les matins, monsieur, et des télégrammes », dit le fonctionnaire ; « mais je ne pense pas que M. Marx lui-même s'arrête à l'hôtel ; un autre monsieur postule toujours pour eux et les envoie.

"Et est-ce que l'autre monsieur reste ici?" J'ai demandé.

"Oui Monsieur; N° 110. »

« A-t-il une quelconque autorité pour les recevoir de M. Marx ? J'ai demandé.

"Je le crois. Il nous a montré une note de M. Marx, lui demandant de les recevoir et de les transmettre, et il doit également signer pour chacune d'entre elles. C'est une règle chez nous que quiconque reçoit des lettres qui ne lui sont pas adressées doit le faire, qu'il en ait autorité ou non.

"Pouvez-vous me dire son nom?" J'ai demandé. "Je suis désolé de vous causer tant de problèmes, mais je souhaite particulièrement savoir où se trouve M. Marx, et ce monsieur le sait."

"Bien sûr Monsieur. John, quel est le nom du numéro 110 ? » il a demandé à un assistant.

« Le comte de Cartienne », fut la prompte réponse.

CHAPITRE XLI.
LE COMTE DE CARTIENNE.

Ma surprise face à cette dernière information ne pouvait passer inaperçue. Le portier et son assistant étaient de toute évidence des serviteurs bien entraînés, mais ils me regardèrent avec curiosité puis échangèrent de rapides regards. Je me reprenais cependant en un instant.

« Ce comte de Cartienne, demandai-je, est-il jeune ? Je pense que je le connais. Plutôt sombre, mince et court ? Est-ce lui ?

L'homme secoua la tête.

"Non monsieur. Le comte de Cartienne est un grand gentleman d'apparence aristocratique, d'âge moyen. Vous êtes certain de le voir à propos de l'hôtel. Il entre et sort beaucoup.

Je le remerciai et m'éloignai, car les gens commençaient à affluer pour demander leurs clés. Comme c'était presque l'heure du dîner, j'ai suivi leur exemple et suis allé dans ma chambre changer mes vêtements de voyage pour une tenue plus conventionnelle.

L'ascenseur était presque plein lorsque j'y suis entré ; mais comme nous étions sur le point de partir, une dame, suivie d'un monsieur âgé, entra. Je me levai aussitôt, étant le plus près de la porte, pour offrir ma place, mais les paroles que j'avais l'intention de prononcer s'éteignirent dans mon esprit. lèvres.

Quelque chose dans sa silhouette gracieuse, ses yeux doux et doux et ses traits délicatement dessinés semblaient me rappeler ma mère. C'était peut-être une légère ressemblance – à peine plus qu'une suggestion – mais c'était quand même suffisant pour faire battre mon cœur plus vite et pour arrêter un instant ma mémoire de l'endroit où je me trouvais. Puis soudain, je me suis rappelé que j'avais un comportement pour le moins étrange et je me suis détourné brusquement.

Au troisième étage, je suis sorti et j'ai traversé le couloir jusqu'à ma chambre sans jeter un seul coup d'œil derrière moi. Mais il me fallut un certain temps avant de déballer mon porte-manteau ou même de penser à m'habiller. Puis je me suis rappelé que s'ils dînaient à l'hôtel, je les reverrais, et, déshabillant aussitôt, je m'habillais avec une hâte fébrile. Pour le moment, j'avais tout oublié du comte de Cartienne, j'avais oublié jusqu'au but même de ma visite à Londres. Un seul visage, lié à un souvenir, habitait mon esprit et usurpait toutes mes pensées. Je sentais une étrange excitabilité envahir mon corps, et les doigts qui cherchaient à attacher ma cravate tremblaient au point qu'ils manquaient à leur devoir. Il me semblait être entré dans un autre état d'être.

Quand je descendis dans la salle à manger, elle était déjà presque pleine et il y avait très peu de tables vides. Pendant une minute ou deux, je suis resté derrière le grillage d'entrée, regardant autour de moi. Nulle part je ne voyais le moindre signe de la dame dont le visage m'avait tant intéressé. Soit elle dînait à l'extérieur de l'hôtel, soit elle n'était pas encore apparue. Espérant sincèrement que ce serait le cas, je pris possession d'une petite table dressée pour trois personnes face à la porte et commandai mon dîner.

J'avais à peine fini ma soupe qu'une conscience instinctive que j'étais observé me fit lever rapidement la tête. Debout juste à l'intérieur de la salle, observant calmement les invités rassemblés, et moi-même en particulier, se tenait un homme grand et distingué, parfaitement rasé de près, plutôt blond qu'autrement, avec un seul verre planté dans l'œil, à travers lequel il m'examinait froidement. Il portait une cape d'Inverness et un chapeau d'opéra, et ses vêtements de soirée, qui lui allaient parfaitement, étaient du meilleur goût possible, jusqu'au clou doré uni sur le devant de sa chemise. Son âge pouvait être compris entre trente et cinquante ans, car son port était parfaitement droit et ses cheveux à peine striés de gris. Dans l'ensemble, son apparence était celle d'un homme bien élevé et bien élevé, et tandis que je détournais le regard, j'éprouvais une légère curiosité de savoir qui il était.

Il fit quelques pas plus loin dans la pièce et, après un moment d'hésitation, passa devant une table plus grande prévue pour six personnes et prit la place libre à côté de la mienne. Il me souhaita bonsoir d'une voix claire et agréable, avec un léger accent étranger, confia son manteau et son chapeau à un garçon plus que d'habitude attentif, et tirant délibérément une carte de sa poche se mit délibérément à inscrire ses plats sur le menu. Puis il ferma son crayon et, s'appuyant sur le dossier de sa chaise, jeta un nouveau coup d'œil autour de lui vers la salle pleine de monde. Ayant apparemment satisfait sa curiosité, il bâilla et se tournant vers moi, il commença à parler.

Bientôt, je commençai à me sentir tout à fait à l'aise avec lui et à savourer mon dîner avec un zeste grandement ajouté. En effet, en écoutant certains de ses récits pittoresques d'aventures dans des hôtels étrangers, j'ai presque oublié d'attendre l'arrivée de la dame et du monsieur que j'attendais avec tant d'impatience quelques minutes auparavant.

Cependant, je les vis entrer, et mon attention se détourna aussitôt de l'histoire que me racontait mon compagnon.

Quelque chose dans la fragilité de son apparence et le poids avec lequel elle s'appuyait sur le bras de son mari semblait la marquer comme une invalide, et cette expression était dans une certaine mesure rehaussée par sa robe de dentelle noire qui, combinée au teint trop parfait de son mari. et sa silhouette légère, donnait à son visage une expression presque éthérée. Alors que je regardais dans les yeux d'un bleu profond, il me semblait à nouveau être capable de retracer cette vague ressemblance avec ma mère, et j'ai senti mon cœur battre plus vite à mesure que cette impression grandissait en moi. Ce n'est que lorsque mon nouvel ami s'arrêta brusquement dans son anecdote et me regarda d'un air interrogateur que je pus détourner mes yeux d'elle.

« Est-ce que ce sont des amis à vous qui viennent d'arriver ? » demanda-t-il sans se retourner.

"Non; Je ne les ai jamais vus de ma vie avant cet après-midi. Je me demande si vous pourriez me dire qui ils sont ?

Il bougea un peu sa chaise, pour pouvoir le faire sans impolitesse, et regarda autour de lui. Je le regardais par hasard et je vis tout de suite qu'il les reconnaissait.

Chose étrange, cette reconnaissance semblait lui apporter tout sauf du plaisir ; un changement passa sur son visage comme un éclair, et même si je l'avais à peine remarqué, cela me mit pour le moment décidément mal à l'aise. Pendant que cela durait, le visage n'avait pas été agréable à regarder. Mais ce n'était pas cela seul qui me troublait. Au moment où son expression s'était transformée, cela m'avait donné un sentiment étrange et désagréable de familiarité.

Il était redevenu lui-même presque immédiatement – si tôt que je pouvais à peine croire au changement – et plus d'une fois par la suite, j'ai eu envie de considérer ce regard mauvais et ce sourcil baissé comme un tour de mon imagination. Cependant, même lorsque j'avais décidé de le faire, je me suis surpris à me demander plus d'une fois à qui ils m'avaient rappelé.

Il déplaça de nouveau sa chaise et continua son dîner en silence.

« Vous les avez reconnus ? J'ai osé remarquer,

"Oui," répondit-il sèchement.

« Pourriez-vous me dire qui ils sont, alors ? » J'ai persisté. «Je me sens intéressé par eux.»

Il leva les yeux avec curiosité et garda les yeux fixés sur moi pendant qu'il répondait à ma question.

"Cet homme est Lord Langerdale, un pair irlandais, et la dame qui l'accompagne est sa femme."

"Merci. Le visage de la dame m'a rappelé quelqu'un que j'ai connu autrefois.

Il ôta les yeux et son ton devint plus clair.

"En effet! Un type de visage plutôt rare également. C'est toujours une femme charmante, même si elle a l'air délicate.

J'acquiesçai silencieusement. D'une manière ou d'une autre, je n'avais pas envie d'en discuter avec cet inconnu.

« Peut-être avez-vous remarqué, reprit-il après une courte pause, que c'était un peu un choc pour moi de les voir ici ?

"Oui, je l'ai remarqué", ai-je admis.

Il soupira et parut grave pendant un moment. Puis il se versa une coupe de champagne et la but délibérément.

«C'était purement une question d'association», dit-il à voix basse. « Un incident quelque peu douloureux de ma vie était lié à cette famille, bien qu'aucun membre n'en soit présent. Passez la bouteille et changeons de sujet.

Nous parlions d'autre chose, et pendant un certain temps tout mon ancien intérêt pour ses anecdotes piquantes et ses remarques tranchantes se renouvela. Mais tandis qu'il examinait gravement avec un garçon les mérites relatifs de deux marques de bordeaux, je trouvai mes yeux errants vers la table de droite, à la recherche de la femme dont le visage m'avait tant attiré. Cette fois, mes yeux rencontrèrent les siens.

Puis une chose étrange s'est produite. Au lieu de détourner le regard immédiatement, elle garda les yeux fixés sur moi et fit soudain un sursaut distinct. J'ai vu la couleur monter sur son visage et la repartir presque aussi rapidement ; ses lèvres minces étaient légèrement entrouvertes et toute son expression était pleine de grande agitation. J'ai essayé de détourner le regard, mais je n'ai pas pu ; Je me sentais en quelque sorte obligé de lui rendre son regard fixe. Mais lorsqu'elle se tourna vers son mari et lui toucha le bras, évidemment pour attirer son attention sur moi, le charme fut rompu et je déplaçai légèrement ma chaise, faisant à mon compagnon une remarque désinvolte qui suffisait à mettre le feu à la conversation. rouler à nouveau. Mais un coup d'œil volé quelques instants plus tard me montra que mari et femme me regardaient attentivement, et plusieurs fois après, alors que je regardais vers leur table, je rencontrai les yeux de Lady Langerdale, pleins d'une expression triste, mélancolique et à la fois perplexe. que je n'ai pas pu lire.

Alors que le dîner touchait à sa fin, il me vint à l'esprit que mon *vis-à-vis* avait soigneusement évité de se tourner une fois vers nos voisins. S'il désirait cependant échapper à toute reconnaissance, il n'y parvint pas, car au moment où nous commencions à songer à quitter nos places, Lord Langerdale quitta son siège pour parler à quelques connaissances à l'autre bout de la pièce et, sur le chemin du retour, il j'ai regardé droit dans les yeux de mon compagnon. Il sursauta légèrement, hésita, puis s'approcha lentement de notre table.

"Eugène!" il s'est excalmé. « Par tout ce qui est merveilleux, est-ce vraiment toi ? Eh bien, nous avons appris que vous étiez devenu un Oriental et que vous aviez renoncé aux voies et aux repaires de la civilisation.

Il parlait légèrement, mais il était facile de voir que la réunion était très embarrassante pour eux deux.

« Je ne suis pas en Angleterre depuis longtemps », fut la réponse discrète. "Lady Langerdale, je suis heureux de voir, va bien."

« Elle va plutôt bien. Comme c'est étrange que nous nous rencontrions ici ! Eh bien, cela doit faire vingt ans que je ne vous ai pas vu.

«J'ai passé peu de temps en Angleterre.»

"Je suppose que non", répondit lentement Lord Langerdale. « Nous avons entendu parler de vous de temps en temps. Veux-tu venir parler à ma femme ?

"Je ne pense pas", fut la réponse calme. « Cela ne peut être que très douloureux pour nous deux. Si Lady Langerdale le désire – à moins que – je vous rende visite dans vos appartements. Mais franchement, je préférerais ne pas le faire.

Lord Langerdale ne parut nullement offensé, plutôt un peu soulagé, et répondit tristement :

« C'est à vous de choisir. Si vous pouviez lui dire que le passé a perdu un peu de son amertume pour vous, et… et… »

Il hésita et ne parut pas savoir comment s'exprimer. Mon *vis-à-vis* sourit – un sourire d'une amertume particulière – et l'interrompit cyniquement :

« Et que je suis un personnage réformé, diriez-vous, je suppose, et que je suis devenu un membre respectable de la société ! Non, non, Lord Langerdale, je ne suis pas un hypocrite et je ne lui dirai jamais cela. Un vagabond sur la surface de la terre que j'ai été pendant les meilleures années de ma vie, et un vagabond que je serai toujours – un aventurier, ont dit certains. Eh bien, qu'il en soit ainsi ; ce qui importe?"

Lord Langerdale secoua la tête, dubitatif.

– Je suis fâché de vous entendre parler ainsi, Eugène ; mais vous pouvez toujours être sûr d'une chose : Elsie et moi ne serons jamais vos juges. Si vous sentez que cela va rouvrir de vieilles blessures, arrêtez-vous ; mais sinon, eh bien, viens nous voir. Vous avez un jeune ami avec vous, ajouta-t-il en se tournant légèrement vers moi et en parlant un peu plus sérieusement que la situation ne semblait l'exiger.

Celui qu'il appelait Eugène secoua la tête.

"Je n'ai pas cette chance", dit-il avec raideur. « Je ne peux prétendre à rien de plus que ce que nous appelons sur le continent une « connaissance à table » avec ce jeune gentleman.

C'était peut-être mon imagination, mais il me semblait que Lord Langerdale avait l'air nettement déçu. Il me salua courtoisement, serra la main de son ami et rejoignit sa femme. Ma nouvelle connaissance reprit son ancienne position et, avec elle, son ancienne attitude nonchalante.

« Votre pardon, » dit-il légèrement, « pour cette longue digression. Et maintenant dis-moi, *mon ami* , on passe la soirée ensemble ? Vous êtes un étranger à Londres, dites-vous ; Je ne le suis pas », a-t-il ajouté sèchement. "Viens, dois-je être ton cicerone?"

Je n'avais vraiment rien d'autre à faire, alors j'ai immédiatement accepté.

"Bien! Terminons la bouteille par une agréable soirée. Mais, ah ! J'ai oublié. Il faut nous présenter. La coutume anglaise l'exige, même si nous nous présentons. Ton nom est?"

«Morton», répondis-je, «Philip Morton. Je n'ai pas de carte.

"Bien! Alors, M. Philip Morton, permettez-moi l'honneur de vous présenter moi-même. Je m'appelle de Cartienne, le comte Eugène de Cartienne, mais je n'utilise pas ce titre dans ce pays.

CHAPITRE XLII.
NOUVELLES DE M. MARX.

Pendant un instant, je restai tout à fait silencieux, pour la simple raison que j'étais bien trop étonné pour faire la moindre remarque. Ma nouvelle connaissance me regardait avec des sourcils légèrement haussés et jouait négligemment avec ses lunettes ; pourtant, malgré son apparente nonchalance, j'avais en quelque sorte conscience qu'il m'observait attentivement.

«Mon nom semble vous surprendre», remarqua-t-il en gardant les yeux fixés sur mon visage. "L'avez-vous déjà entendu, puis-je demander?"

«Oui», ai-je acquiescé, «un des gars de la tour Borden…»

"Quoi, tu connais Leonard?" il l'interrompit. « Pardon ! Comme c'est étrange! Alors vous êtes l'un des élèves du Dr Randall, je suppose ?

"Oui; Mais je n'y suis que depuis très peu de temps. Et Leonard est… »

"Mon fils."

Je l'ai regardé attentivement. Maintenant que le fait lui-même m'avait été suggéré, je pouvais certainement retrouver une faible ressemblance. Mais ce qui m'a le plus intrigué, c'est qu'il semblait aussi me rappeler, quoique plus vaguement, quelqu'un d'autre, que je ne parvenais pas du tout à évoquer. Il ne semblait pas non plus particulièrement désireux que je l'aide, car, comme quelque peu ennuyé par mon examen minutieux, il se leva brusquement.

« Viens, que dis-tu des cigarettes et du café ? Nous dépassons tout le monde ici.

Je l'ai suivi en bas dans le fumoir. Nous nous assîmes sur un luxueux divan, et le comte se mit aussitôt à parler de son fils.

« Et donc tu connais Leonard ? Comme c'est étrange! Vous voyez-vous beaucoup ?

"Naturellement, étant donné que nous ne sommes que trois chez le Dr Randall", lui ai-je rappelé.

« Ah, juste comme ça ! Et votre autre camarade est le jeune Lord Silchester, n'est-ce pas ? Un chiffre plutôt gênant, trois. Est-ce que vous vous entendez plutôt bien ?

Que devais-je dire ? Je ne pouvais pas lui dire que mes relations avec son fils étaient décidément hostiles ; alors, après un moment d'hésitation, je répondis un peu évasivement :

« J'ai bien peur que nous ne soyons pas un trio très sociable. Voyez-vous, Cis et moi aimons beaucoup les divertissements en plein air, et votre fils préfère plutôt lire.

Il acquiesca.

"Oui; Je comprends bien. Lord Silchester et vous êtes profondément anglais, et cela essentiellement par vos goûts et votre amour du sport. Leonard, désormais, est à moitié étranger. Sa mère était une dame autrichienne et je suis moi-même d'origine française. À propos, monsieur Morton, puis-je vous poser une question… à titre confidentiel ? ajouta-t-il lentement.

"Certainement."

«Il s'agit de Leonard. Je ne pense pas que vous ayez aucun scrupule à me le dire, car je suis son père, vous savez, et j'ai un certain droit de tout savoir de lui.

Il me regarda gravement, comme pour confirmer ses paroles, et j'exprimai silencieusement mon assentiment. Léonard de Cartienne n'était rien pour moi ; et si son père voulait me poser la question que j'espérais, il devrait avoir une réponse directe.

«J'ai envoyé mon fils chez le Dr Randall», commença-t-il en baissant la voix dans un murmure confidentiel, «non pas parce qu'il était en retard dans ses études - car tel n'est pas le cas, je crois - mais parce qu'il a malheureusement hérité d'un goût très déplorable. Je ne l'ai découvert que par hasard et ce fut pour moi un très grand choc. Leonard aime – trop – jouer aux cartes pour gagner de l'argent. Je pensais qu'à Borden Tower il n'aurait aucune occasion de se livrer à cette lamentable faiblesse ; mais d'après ce que j'ai entendu récemment à propos du Dr Randall, il m'est venu à l'esprit qu'il est peut-être un peu trop étudiant et trop peu maître d'école. Vous me comprenez? Je veux dire qu'il est peut-être si étroitement absorbé par son travail privé, qu'après les heures qu'il donne à ses élèves pour leur instruction, ils peuvent avoir presque autant de liberté que s'ils étaient au collège.

« C'est justement cela, répondis-je ; et, monsieur de Cartienne, maintenant que vous m'en avez parlé, je vais vous dire quelque chose. Votre fils joue beaucoup avec Lord Silchester. Je sais qu'il en est ainsi, car j'ai joué moi-même de temps en temps.

« Et Lord Silchester gagne, je présume ?

Quelque chose dans le ton du comte lorsqu'il posait la question, et quelque chose dans son visage lorsque je levai les yeux, ne me plaisait pas. Les deux semblaient raconter la même histoire, les deux semblaient impliquer que la question qu'il m'avait posée était tout à fait sarcastique et qu'il savait que c'était le contraire.

C'était la première lueur de méfiance que j'éprouvais à l'égard de ma nouvelle connaissance, et elle ne dura pas, car l'expression de profonde inquiétude et d'agacement avec laquelle il entendit ma réponse semblait trop naturelle pour être supposée.

« Au contraire, ton fils gagne toujours », lui dis-je sèchement.

Ses sourcils noirs finement dessinés se rejoignirent presque en un froncement de sourcils épais, et il jeta sa cigarette avec impatience.

«Je vous suis très reconnaissant, M. Morton, d'avoir répondu à ma question», dit-il; « mais je n'ai pas besoin de vous dire que je suis vraiment désolé d'entendre ce que vous dites. Il faut faire quelque chose avec M. Leonard immédiatement.

Il alluma une autre cigarette et se rejeta dans un coin du divan. Alors je me décidai à lui parler du sujet qui me préoccupait le plus.

« Vous connaissez un M. Marx, je crois ? Je l'ai demandé au bureau de l'hôtel cet après-midi, et ils m'ont dit que vous leur transmettiez ses lettres. Pourriez-vous me donner son adresse ?

M. de Cartienne ôta sa cigarette de ses dents et parut dubitatif.

« Oui, je connais Marx ; je le connais bien », a-t-il admis ; mais votre demande me met dans une position assez embarrassante. Voyez-vous, c'est ainsi que se situe l'affaire, ajouta-t-il en se penchant en avant avec confidentialité. « Marx et moi sommes de vieux amis, et il m'a rendu de grands services plus d'une fois et n'a jamais demandé de retour. Eh bien, je l'ai rencontré – je ne dirai pas quand, mais il n'y a pas si longtemps – à Pall Mall, et il m'a salué comme l'homme qu'il avait le plus hâte de rencontrer. Nous avons déjeuné ensemble, puis il m'a dit ce qu'il voulait. Il a été à Londres pendant une courte période, a-t-il déclaré, et souhaitait rester parfaitement incognito. Il y aurait des lettres pour lui, disait-il, à la Métropole. Allais-je les chercher et les lui faire parvenir à une adresse qu'il me donnerait, à condition que je lui donne ma parole d'honneur de la garder secrète ? Je lui demandai naturellement quelle raison il avait pour se cacher ; car c'est pratiquement ce qu'il me semblait être ; mais il ne voulait pas me donner de réponse définitive. Est-ce que je lui ferais cette faveur ou pas ? Il a demandé. Et, me rappelant les nombreux services qu'il m'avait rendus, il me était impossible de refuser. C'est ma position. Je suis vraiment extrêmement désolé de ne pas pouvoir vous aider, mais vous voyez par vous-même que je ne peux pas.

Son ton était parfaitement sérieux et ses manières sérieuses. Je n'avais pas l'ombre d'un doute quant à sa sincérité.

"Alors tu ne peux pas m'aider du tout?" Dis-je, sans doute avec une certaine déception que je ressentais dans mon ton.

Il avait l'air dubitatif.

"Eh bien, je ne sais pas vraiment à ce sujet," dit-il lentement, comme s'il réfléchissait à quelque chose dans son esprit. « Écoutez, M. Morton, ajouta-t-il franchement, que voulez-vous à cet homme ? Est-ce quelque chose de désagréable ?

"Pas du tout", répondis-je. « Je ne souhaite aucun mal à M. Marx à moins qu'il ne le mérite. Je veux lui poser quelques questions, c'est tout. À moins que cet homme ne soit un parfait scélérat, il sera en mesure d'y répondre de manière satisfaisante, et le fait d'avoir découvert où il se trouve ne lui fera aucun mal. S'il ne peut pas répondre à ces questions, alors, croyez-moi sur parole, monsieur de Cartienne, c'est un véritable canaille, parfaitement indigne de votre amitié et indigne de la moindre considération de votre part. .»

M. de Cartienne hocha la tête et se pencha en avant, le bras croisé sur le divan.

« Vous avez exposé les choses très clairement, dit-il, et ce que vous dites est assez juste. Je vais vous dire jusqu'où je suis prêt à vous aider. Je ne vous dirai pas l'adresse de M. Marx, parce que j'ai promis de ne pas la divulguer ; mais si tu veux, je t'emmènerai là où tu auras de grandes chances de le voir.

« Il est donc à Londres ? »

Le Comte haussa les épaules et sourit légèrement.

"Permettez-moi de tenir ma parole dans la lettre, sinon dans l'esprit", répondit-il. « Je vais passer ma soirée de cette façon ; Je vais d'abord au théâtre pendant une heure environ ; ensuite je vais visiter quelques clubs, et ensuite je vais dans un club d'un genre quelque peu différent. Si vous aimez être mon compagnon pour la soirée, je serai charmé ; et s'il nous arrive de nous heurter à l'un de vos amis, eh bien, le monde n'est pas si grand, après tout.

"Merci. Je viendrai avec vous avec plaisir ! J'ai répondu sans hésitation.

Il s'est levé sous la douce lueur de la lumière électrique et, alors que je me tournais vers lui, quelque chose sur son visage m'a intrigué. Il avait disparu dès que mes yeux rencontraient le sien — disparu, mais pas avant d'avoir laissé une curieuse impression. C'était presque comme si une lumière triomphante avait brillé un instant dans ses yeux brillants couleur d'acier.

CHAPITRE XLIII.
À PROPOS DE LA VILLE.

Nous avons franchi les marches recouvertes de moquette menant au hall central de l'hôtel. Le comte s'arrêta un instant pour demander des lettres au bureau du portier en chef, et tandis que nous nous détournions, nous nous trouvâmes face à face avec Lord Langerdale.

Il hésita en nous voyant ensemble, mais seulement un instant. Puis il s'avança avec un sourire cordial sur son beau visage bien coupé.

« Vous êtes exactement l'homme que je voulais voir, de Cartienne », dit-il. « Je suppose que tu connais le nom de ton jeune ami à ce moment-là ? Voulez-vous nous présenter ?

Le Comte parut visiblement ennuyé, mais il obéit immédiatement.

« Lord Langerdale, dit-il froidement, voici M. Morton. M. Morton—Lord Langerdale.

Lord Langerdale me tendit franchement la main et m'attira un peu sur le côté, sans pour autant être hors de portée du comte.

"M. Morton, dit-il agréablement, je vais faire une demande quelque peu extraordinaire. Ma seule excuse est le testament d'une dame, et quand vous atteindrez mon âge, vous saurez que ce n'est en aucun cas une chose à prendre à la légère. Ma femme a été très impressionnée par ce qu'elle appelle une merveilleuse ressemblance entre vous et... et un de ses très proches parents qu'elle avait perdu de vue depuis longtemps. Elle a très hâte de faire votre connaissance. Puis-je avoir l'honneur de vous lui présenter ?

Pendant un instant, ma tête a tourné. La ressemblance de Lady Langerdale avec ma mère, et puis cette étrange fantaisie de sa part ! Et s'il s'agissait de quelque chose de plus que des coïncidences ? Cette simple pensée était déroutante. Mais comment est-ce possible ? Non; la chose était impossible. Pourtant, la demande était formulée dans des termes tels qu'il ne pouvait y avoir qu'une seule réponse.

"Je serai extrêmement heureux!" Dis-je volontiers.

"Alors viens au salon quelques minutes, veux-tu ?" » dit Lord Langerdale. « Bonne nuit, Eugène ! Inutile de vous demander de nous rejoindre, je sais.

Le comte de Cartienne tourna les talons, le front noir comme le tonnerre.

« Bonne nuit, Lord Langerdale ! » dit-il avec raideur ; « Bonne nuit, M. Morton ! »

"Mais je viens avec toi, tu sais!" m'exclamai-je, surpris de son attitude. "Tu ne pourrais pas m'attendre cinq minutes?"

"C'est impossible!" il répondit brièvement ; « nous sommes déjà en retard ! Ma voiture a dû attendre une demi-heure. Je n'avais aucune idée de l'heure.

C'était un moment plutôt embarrassant pour moi. Le comte s'attendait évidemment à ce que je respecte mes engagements avec lui, et il serait offensé si je ne le faisais pas. D'un autre côté, lord Langerdale attendait pour m'emmener chez sa femme, et, au léger froncement de sourcils avec lequel il regardait de Cartienne, je jugeai qu'il n'approuvait pas son intervention.

Mon inclination m'a fortement poussé à rejeter mes fiançailles avec le comte et à me placer sous la direction de Lord Langerdale. Mais après tout, le seul but de mon voyage à Londres était de découvrir M. Marx, et si je négligeais cette occasion, je risquais de perdre de vue le seul homme qui pourrait m'aider dans mes recherches. Il était donc évident que mon devoir était de remplir mon engagement antérieur.

« Si M. de Cartienne ne peut attendre, dis-je avec regret, je crains, lord Langerdale, que le plaisir que vous m'offrez ne doive être différé. Lady Langerdale me permettrait-elle de passer chez vous demain ?

Il était visiblement mécontent, car son attitude changea aussitôt.

«Je vais vous laisser un mot au portier du hall», dit-il. "Bonne nuit."

Je me détournai avec le comte, qui gardait un visage parfaitement impassible. Cependant, avant que nous ayons fait une demi-douzaine de pas, il fut abordé par un monsieur entrant dans l'hôtel et, se retournant, il me pria de l'excuser un instant.

Je suis parti seul, en attendant. Soudain, je sentis un léger contact sur mon bras et, regardant autour de moi, je trouvai Lord Langerdale à mes côtés.

«Je veux juste vous poser une question, M. Morton, si vous me le permettez», dit-il gentiment. « N'oubliez pas que je suis un vieil homme — assez vieux pour être votre père — et un homme du monde, et que vous êtes un très jeune. Un conseil ne vous dérangera pas ?

« Certainement pas ! » Je l'ai assuré chaleureusement.

— Eh bien, le comte de Cartienne est une toute nouvelle connaissance pour vous, n'est-ce pas ?

«Je ne l'ai jamais vu avant ce soir», ai-je admis.

« Et vous… pardonnez-moi, mais vous avez l'air très jeune et beaucoup trop frais et en bonne santé pour un citadin — vous ne connaissez pas grand-chose de la vie londonienne, n'est-ce pas ?

«Rien du tout», répondis-je. "C'est ma première visite à Londres et je ne suis arrivé que cet après-midi."

Lord Langerdale avait l'air très sérieux.

« Écoutez, M. Morton, dit-il avec sérieux, je suis sûr, d'après votre visage, que je peux vous faire confiance et que ce que je vais dire, vous le considérerez en toute confiance. Je serais le dernier à parler contre Eugène de Cartienne, car il a reçu une blessure terrible de la part d'un membre de ma famille, ou plutôt de la famille de ma femme, et je crains que cela n'ait exercé une mauvaise influence sur sa vie. Mais je ne peux tout de même pas te voir, jeune homme parfaitement inexpérimenté, commencer à passer ta première nuit en ville avec lui sans me sentir obligé de te dire que je le considère comme l'un des compagnons les plus malheureux et les plus dangereux que tu aurais pu choisir. Là! J'espère que vous n'êtes pas offensé ?

"Comment pourrais-je l'être?" J'ai répondu avec gratitude. « Mais je ne sors pas avec lui par choix ou par plaisir. Nous sommes ensemble simplement parce que, à ma connaissance, il est le seul homme capable de résoudre un mystère que je suis venu à Londres pour tenter d'éclaircir.

Lord Langerdale sursauta, et son attitude devint presque agitée.

"C'est tout à fait extraordinaire!" a-t-il déclaré. "M. Morton, il faut... ah, voici de Cartienne ! » il s'interrompit sur un ton profondément contrarié. « Déjeuner avec moi demain matin à dix heures... non, à neuf heures ! » » ajouta-t-il d'une voix plus basse. "J'ai quelque chose de très important à te dire."

J'acquiesçai et le comte nous rejoignit.

Il y avait une légère rougeur sur ses joues pâles et ses yeux brillaient brillamment alors qu'il nous regardait, proches l'un de l'autre. Cela aurait pu être le résultat de sa récente conversation, bien sûr ; mais, associé à son front froncé et à son regard rapide et méfiant, cela ressemblait beaucoup plus à un soudain accès de colère en nous voyant engagés dans ce qui ressemblait à une conversation confidentielle. Mais il n'y en avait aucune trace dans son ton lorsqu'il s'adressait à nous.

"Vraiment, vous pourriez être des conspirateurs," dit-il légèrement. "Eh bien, M. Morton, avez-vous changé d'avis, ou dois-je avoir l'honneur de votre compagnie ce soir ?"

"Je suis prêt à commencer quand tu l'es," répondis-je. "Bonne nuit encore une fois, Lord Langerdale."

Il me serra chaleureusement la main, fit un signe de tête au comte, qui lui rendit son salut avec une révérence raide et nous quitta. Nous descendîmes dans la rue, et un tout petit coupé soigné, tiré par deux belles et sombres baies, s'arrêta à l'entrée. La livrée du cocher était parfaitement simple, sauf qu'il portait une cocarde à son chapeau, et il n'y avait ni blason ni blason sur le panneau de la porte. Nous entrâmes et le comte porta un instant un tube parlant à sa bouche tout en consultant sa montre. Il n'y avait pas de valet de pied.

« Théâtre Frivolity », a-t-il mis en scène. Et nous sommes partis à un rythme intelligent dans le Strand.

Nous avons atteint notre destination en quelques instants et n'avons eu aucune difficulté à obtenir des places. C'était tout nouveau pour moi et je me sentais un peu déconcerté alors que j'essayais de suivre le spectacle. J'en ai vite eu assez. La pièce était une farce hurlante, vulgaire et stupide.

« Je ne pense pas que M. Marx soit ici », murmurai-je à de Cartienne.

«Je ne pense pas que ce soit le cas», fut la réplique. « Je l'ai bien regardé quand nous sommes entrés. En avez-vous assez de cette performance ? Si c'est le cas, nous y irons. Je pense que je sais où nous trouverons Marx.

"Alors partons immédiatement", ai-je exhorté.

Nous sommes sortis du théâtre dans la rue, le coupé nous attendait là.

« Sauter ! » dit le comte en ouvrant la porte. "Je vais dire à ce type où aller en voiture."

Je lui ai obéi et j'ai attendu près d'une minute avant qu'il me donne ses instructions et me rejoigne. Puis il s'est assis à mes côtés et nous sommes partis rapidement.

"Pourquoi n'as-tu pas utilisé le tube parlant?" Ai-je demandé paresseusement.

Il a répondu sans me regarder.

"C'est un endroit plutôt isolé", dit-il lentement, "et je ne voulais pas que cet homme se trompe."

CHAPITRE XLIV.
UNE EXCURSION DE MINUIT EN BANLIEUE.

En début de soirée, depuis que nous avions quitté l'hôtel, mon compagnon ne s'était montré aucune disposition à parler. Au contraire, son silence tenait presque de la morosité et il n'avait pas toujours répondu à mes questions. Mais aussitôt que nous fûmes partis pour cette nouvelle expédition, ses manières subirent un changement complet. Il semblait s'étendre avec un empressement fébrile à me divertir et à absorber mon attention.

« J'espère que vous n'êtes pas fatigué », dit-il soudain, à la fin d'une de ses anecdotes. "Nous avons un assez long voyage devant nous."

"Pas du tout", lui ai-je assuré. « Quel endroit allons-nous ? »

« Une sorte de club privé. En toute confiance, je vais vous dire pourquoi c'est si loin. Certains membres aiment jouer un peu haut et ont lancé un jeu de roulette. Il vaut mieux garder ce genre de choses sous silence, vous savez.

« C'est donc un club de jeu ? »

« Quelque chose de ce genre », a-t-il reconnu. « Je ne rêverais pas de vous y emmener si ce n'était pour rencontrer Marx. Vous comprenez?"

« Parfaitement, merci. Sauf pour cette raison, je ne devrais pas songer à y aller.

« Quelle nuit infernale ! » s'écria-t-il en regardant un instant hors de la voiture ; « C'est presque de quoi donner le vertige aux misérables. Venez, nous allons le fermer. Il craqua une allumette et, se retournant, alluma une lampe fixée à l'arrière de la voiture. Puis il baissa doucement les stores et commença à me raconter une histoire dont je n'entendis pas un mot. Mes pensées étaient absorbées par un autre sujet. L'action de M. de Cartienne, jointe à l'étrangeté de ses manières, ne pouvait supporter qu'une seule interprétation.

Il avait une raison quelconque de me garder autant que possible dans l'ignorance quant à l'itinéraire que nous prenions.

Pendant quelques instants, je me suis senti, pour le moins, mal à l'aise. Puis plusieurs explications possibles d'une telle conduite me vinrent à l'esprit, et mes appréhensions s'affaiblissaient. Quoi de plus naturel, après tout, que M. de Cartienne désire me cacher le lieu exact d'un établissement qui, de son propre aveu, était entretenu contrairement à la loi ? Plus j'y réfléchissais, plus une telle explication me paraissait raisonnable. Je commençais même à m'étonner qu'il ne m'ait pas demandé quelque gage de secret. Mais il y avait suffisamment de temps pour cela.

Petit à petit, le bruit des véhicules autour de nous s'estompait de moins en moins, jusqu'à ce qu'enfin toute circulation semble s'être arrêtée. Un jour, pendant une pause dans la conversation, j'ai levé un peu le store et j'ai regardé dehors. Nous avions même quitté le quartier des villas jumelées de banlieue ; et, si floue que fût la perspective à cause de la boue que les roues rapides entraînaient sans cesse dans l'air et sur les vitres, je distinguais à peine les contours sombres des haies et des champs au-delà.

J'ai regardé l'horloge de la voiture et j'ai constaté que nous avions déjà parcouru une heure et quart de route. D'après le rythme effréné auquel nous avancions, nous avons dû parcourir près de quinze milles.

«Cet endroit est loin», ai-je remarqué.

Le comte rit et alluma une cigarette. « Oh, il y a une bonne raison à cela. Mais les hommes ne viennent pas de la ville en voiture, du moins pas en hiver. Il y a une gare à seulement un kilomètre et demi.

« Nous y sommes presque maintenant, alors, je suppose ? »

Il ouvrit le store avec un ressort et regarda dehors.

«Plus proche que je ne l'imaginais», remarqua-t-il. "Nous y serons dans trois minutes."

Il était juste en train de rentrer dans sa tête lorsqu'il sursauta visiblement et se pencha par la fenêtre, le visage tourné vers la pluie battante, écoutant attentivement.

Tout à coup, il le retira et, saisissant le cordon, il le tira violemment. Je l'ai regardé avec étonnement. Son visage était horriblement pâle, mais ses lèvres fines étaient fermement serrées et ses traits rigides de détermination. C'était le visage d'un homme courageux et désespéré se préparant à affronter un terrible danger.

La voiture s'arrêta brusquement et il sauta sur la route. Il ne m'a pas parlé, alors, après une seconde d'hésitation, je l'ai suivi et me suis tenu à ses côtés. Il n'y avait aucun doute sur le bruit qui l'avait alarmé. Derrière, à peu de distance, on entendait le bruit des chevaux au galop et le grondement des roues qui tournaient doucement.

Au coin de la rue arriva un petit coupé tiré par une paire de grands chevaux pur-sang, dont le galop lourd, même à cinquante mètres de distance, semblait ébranler le sol sous nos pieds. M. de Cartienne arracha du support une des lampes de voiture et, s'avançant au milieu de la chaussée, l'agita d'avant en arrière au-dessus de sa tête. Son action a eu l'effet escompté.

Frémissant et plongeant de peur, les chevaux, baignés d'écume et de boue, s'arrêtèrent devant nous, et un homme grand et blond, avec un long manteau de fourrure jeté à la hâte sur ses vêtements de soirée, s'élança sur la route. Le comte fut à ses côtés en un instant.

Je restais bien sûr un peu à l'écart, hors de portée de voix, mais les yeux fixés sur les deux hommes.

Ils auraient à peine pu dire cent mots avant la fin de leur colloque. Le nouveau venu remonta dans sa voiture et M. de Cartienne suivit son exemple. Je l'ai regardé alors qu'il entrait, impatient de voir quel effet les nouvelles de l'autre avaient eu sur lui. Apparemment, ce n'était pas aussi grave qu'il l'avait craint, car, même s'il paraissait toujours anxieux et pâle, son visage avait perdu sa teinte horrible.

Nous avons continué dans la même direction qu'auparavant. Quand nous avons commencé, il s'est tourné vers moi.

« Savez-vous ce qu'est une descente de police ? Il a demandé.

J'ai secoué ma tête.

"Eh bien, je ne peux pas m'arrêter pour expliquer", poursuivit-il rapidement. « Sir Fred, mon ami là-bas, vient de rapporter d'étranges rumeurs au sujet des clubs de ce soir. Il semblerait que la police ait entendu parler de cet endroit et qu'elle va y rendre une visite sans y être invitée. Mais ils ne seront pas là avant une heure, alors si vous souhaitez simplement entrer et voir si Marx est là ou non, vous aurez le temps.»

Nous avions quitté la route dans une avenue nue et herbeuse, menant à une maison en briques rouges, non éclairée par une seule lumière.

Nous avons mis à peine une minute à franchir cette approche peu attrayante et à nous arrêter devant la porte sinistre et fermée. A peine la voiture s'était-elle arrêtée que le comte se présenta sur le pas de la porte et inséra dans la serrure une clé de forme curieuse. Elle céda aussitôt et nous entrâmes tous les deux, suivis de l'homme au pardessus de fourrure, dont la voiture s'était arrêtée tout près derrière la nôtre.

Nous étions dans une obscurité totale et personne ne semblait bouger dans la maison, même si le tapis sous nos pieds, relié en quelque sorte à une sonnette d'alarme électrique, annonçait de manière stridente notre arrivée. Puis nous avons entendu des pas rapides s'approcher et une grande femme aux traits durs, vêtue d'une simple robe noire et tenant une lampe au-dessus de sa tête, est apparue devant nous.

M. de Cartienne la prit par le bras et la conduisit de côté. L'autre homme, qui faisait de vains efforts pour paraître à son aise et calme, se laissa tomber sur une chaise, visiblement tremblant. De la nature réelle du danger qui était imminent, je ne pouvais me faire qu'une légère idée ; mais c'était quelque chose de très redoutable, je pouvais facilement le comprendre à son agitation et à l'attitude de de Cartienne.

Soudain, celui-ci se retourna.

« Ackland, » dit-il rapidement à l'homme assis dans le fauteuil, le regardant attentivement et avec une nuance de mépris dans le ton, « vous n'êtes pas apte à un travail sérieux, je peux le voir. Écouter! Allumez la salle du club et le fumoir, attisez les feux, sortez les cartes et les verres à vin, videz quelques cendres de tabac, rendez l'endroit habitable pour nous quand nous venons. Ferdinand veille à l'extérieur et vous préviendra de nos visiteurs. Sonnez les trois sonnettes d'alarme en même temps s'il donne le signal. Morton, je veux que tu m'attendes. Je vais vous renvoyer avant que quoi que ce soit n'arrive ; mais ne pars pas à moins de me revoir, à moins que tu n'aies peur.

Il tourna les talons et, sans attendre aucune réponse de nous deux, s'éloigna précipitamment dans le couloir. L'homme qu'il avait appelé Ackland se leva de son siège et, allumant une allumette, alluma les brûleurs à gaz tout autour de la salle et les brûleurs d'un candélabre suspendu au toit.

Mon compagnon ouvrit alors une porte et je le suivis dans une pièce luxueusement aménagée, meublée d'une suite de salons et de fauteuils correspondant à ceux du hall.

Pendant que je regardais autour de moi, il commença à déplacer les chaises en toute hâte, comme si elles avaient été récemment utilisées, attisant le feu et donnant généralement à l'endroit un aspect habité. Ceci fait, il traversa le couloir et entra dans la pièce opposée. Elle était un peu plus petite, mais aménagée et décorée de la même manière, sauf qu'une longue table, recouverte d'un drap blanc et dressée pour le dîner, se tenait au centre, et une plus petite, recouverte d'un tapis vert, à l'autre extrémité. Mon compagnon jeta sur ce dernier un jeu de cartes et quelques pions et le rapprocha du feu. Puis, après avoir placé quelques chaises autour, il retourna dans le hall et je le suivis.

Pendant que nous avancions, des bruits étranges se faisaient entendre sous nos pieds. De temps en temps, nous parvenions des bruits de pas précipités et de voix rauques, et, plus souvent encore, le grondement constant d'objets lourds qu'on déplaçait. J'ai regardé mon compagnon pour une explication, mais il ne semblait pas enclin à en proposer une.

« Que se passe-t-il en dessous ? demandai-je enfin.

"Boules!" il a répondu sèchement : « Ne parlez pas, s'il vous plaît, je veux écouter !

CHAPITRE XLV.
UNE COMMISSION MYSTÉRIEUSE.

Les bruits souterrains continuèrent pendant environ un quart d'heure, pendant lequel mon compagnon s'occupa à sortir de la salle du club divers objets : le faux dessus d'une table marqué d'une curieuse façon, plusieurs boîtes en acajou et autres artifices étranges. pour moi, mais probablement des appareils de jeu, avec lesquels il disparut par la porte par laquelle de Cartienne était sorti, pour revenir directement.

Finalement, tout redevint calme, d'un calme inquiétant ; puis la porte du hall s'ouvrit brusquement, et le comte entra, suivi de quatre ou cinq autres hommes. Ils étaient tous apparemment des gentlemen, en tenue de soirée, mais terriblement sales et en désordre. Certains étaient éclaboussés de boue de la tête aux pieds, d'autres avaient le devant de leur chemise noirci et froissé, et tous avaient les mains noires de graisse et de saleté. Tous paraissaient plus ou moins pâles et nerveux ; en fait, M. de Cartienne était le seul qui gardât parfaitement son sang-froid.

Il y avait un cabinet de toilette de l'autre côté de l'escalier, vers lequel se dirigeait toute la petite compagnie, M. de Cartienne étant le dernier. En disparaissant, il a regardé autour de lui et m'a fait signe de le suivre. Je l'ai fait et je me suis tenu à ses côtés pendant qu'il plongeait sa tête dans de l'eau froide, puis commençait à se laver les mains.

« Je suis désolé que cela ait dû arriver ce soir, Morton, dit-il. "Marx était là, mais il s'est enfui, effrayé."

« Je ne pourrais pas le rattraper ? » J'ai demandé.

de Cartienne secoua la tête.

"Non; il est dans le train à ce moment-là. Mais il vient ici tous les soirs. Je vous ramènerai peut-être demain.

"Tu reviens maintenant?" J'ai demandé.

"Non; Je dois aller jusqu'au bout. Mais vous pouvez y aller tout de suite. Ma voiture vous ramènera. Je reviendrai en train. Au fait, il y a une petite faveur que je veux vous demander.

"Certainement."

« J'ai conservé ici quelques papiers privés que je n'aurais pas voulu examiner si la perquisition avait réellement lieu. Je veux que tu les ramènes à l'hôtel pour moi. La boîte est un peu trop lourde à porter, alors je leur ai dit de la mettre dans le carrosse comme repose-pieds pour vous. Cela ne vous dérangera pas ?

"Pas du tout", répondis-je. "Quand te reverrai-je?"

« À l'hôtel demain à une heure. Venez maintenant, ajouta-t-il en enfilant son manteau.

Il m'a accompagné jusqu'à la porte d'entrée et, l'ouvrant, a écouté attentivement.

Il n'y avait aucun bruit si ce n'est le gémissement du vent dans les arbres nus qui se trouvaient à côté de la maison et le crépitement de la pluie qui tombait rapidement. Je montai dans la voiture et le comte vint vers moi à la fenêtre.

« N'oubliez pas », dit-il en désignant une longue boîte oblongue sécurisée par une solide serrure. "Tirez un peu plus le tapis sur vos genoux, alors."

Je lui ai obéi et je l'ai laissé pendre pour cacher la boîte, dont j'ai commencé à voir que c'était son objet.

« Et si vous rencontrez quelqu'un et qu'il soit assez impertinent pour vous demander où vous allez, ne lui dites pas. Donnez-leur votre carte et dites-leur d'aller au diable. Si elles sont vraiment très pressantes, vous devez mentir. Dites que vous êtes allé dîner avec Sir Sedgwick Bromley à Hatherly Hall. N'oubliez pas le nom.

"Très bien. Est-ce que tu reviens au Métropole ce soir ? J'ai demandé.

"Je pense que oui. Mais si cela ne vous dérange pas, je serais heureux que vous emmeniez la boîte dans votre chambre et que vous la gardiez pour moi. Je ne voudrais pas qu'il lui arrive quoi que ce soit.

J'ai promis, mais sans trop d'empressement. Nous nous sommes serré la main et la voiture est partie.

CHAPITRE XLVI.
UN BRUSH AVEC LA POLICE.

Nous avions à peine accompli plus d'un mille de notre voyage de retour lorsque, dans un brusque sursaut qui me fit presque jeter en avant, la voiture s'arrêta.

De l'autre côté de la route se trouvaient deux voitures, ou plutôt des mouches, de l'une desquelles un homme grand et mince était en train de descendre. Plusieurs autres hommes à cheval arrivaient par derrière. Ils étaient tous en civil, mais quelque chose dans leur *physique* et leur apparence générale évoquait sans équivoque la police.

L'homme qui descendait de la plus proche des deux voitures traversa la route et s'approcha de moi.

"Désolé de vous retenir, monsieur", dit-il en saluant à la manière militaire, "mais je dois vous demander votre nom et votre adresse et où vous étiez ce soir."

« Je ne sais pas si vous avez pensé que votre comportement est plutôt étrange, remarquai-je en le regardant fixement, pour ne pas dire impertinent ! Quel mal faites-vous en arrêtant ainsi ma voiture sur la grande route et en me posant des questions pareilles ? Qui es-tu?"

Il hésita, puis répondit avec un peu plus de respect dans ses manières.

« Je suis sergent-chef adjoint à Scotland Yard, monsieur, et voici mes hommes. Nous avons une petite affaire dans une maison non loin d'ici, et nos ordres sont de détenir et d'obtenir les noms et adresses de toutes les personnes que nous pourrions rencontrer et dont nous avions des soupçons raisonnables qu'elles avaient récemment quitté la maison en question. Vous ne vous opposerez pas à me donner votre nom, monsieur ?

"Certainement pas. Je m'appelle Philip Morton et mon adresse générale est Ravenor Castle, Leicestershire. Actuellement, je réside à l'Hôtel Métropole. Es-tu satisfait?"

"Parfaitement, monsieur", répondit-il après un autre rapide coup d'œil autour de la voiture. « Je vois que vous n'êtes pas concerné par cette affaire. Je te souhaite une bonne nuit!"

Nous partîmes rapidement et je commençai à me sentir assez mécontent de moi-même. Le comte n'avait pas le droit de m'avoir mêlé à cette affaire.

Dans ma mauvaise humeur, je donnai à la boîte, qui était cachée sous mes pieds, un coup de pied sauvage, suffisant pour l'envoyer voler à l'autre bout de la voiture. Mais une petite surprise m'était réservée. À mon grand étonnement, la boîte restait parfaitement immobile, comme si elle avait été vissée au fond du chariot.

Oubliant les injonctions sincères du comte, je rejetai le tapis et, me baissant, j'essayai de le soulever par les poignées. A cette époque, j'étais fier de mes muscles, et ce n'était pas sans raison, mais il me fallait toutes mes forces pour soulever cette petite boîte du sol et la tenir un instant dans mes bras. Que peut-il contenir ? Papiers, cartes, appareils de jeu ? Ce ne pourrait sûrement être rien de tout cela ! L'idée même était ridicule ! Le comte de Cartienne m'avait trompé. J'étais devenu la patte de chat de ces hommes pâles et anxieux qui m'avaient regardé démarrer avec tant d'impatience et m'avaient scruté de nombreux regards furtifs. De quoi étais-je chargé, je ne pouvais le dire ; mais dans cette boîte se trouvait leur secret, et mon premier mouvement d'indignation fut d'ouvrir la portière et de la jeter sur la route.

Mais les arrière-pensées ne sont-elles pas toujours meilleures ? Cette affaire ne pourrait-elle pas tourner à mon avantage ? Il n'y a plus d'obligations envers le comte de Cartienne. Il possédait des informations qui m'étaient précieuses. J'étais en possession de cette boîte qui, sans doute, lui était d'une valeur inestimable. Je proposerais un échange : il me mettrait face à face avec M. Marx et recevrait sa précieuse boîte ; ou, s'il refusait de le faire, sa destination devrait être Scotland Yard. Un arrangement très équitable !

CHAPITRE XLVII.
ENFIN LA LUMIÈRE.

Nous étions de nouveau à Londres, jouant au bowling en douceur dans de larges étendues de rues silencieuses, éclairées au gaz, vides et presque désertes maintenant, car il était plus de deux heures.

Bientôt, nous tournâmes brusquement dans Northumberland Avenue et nous arrêtâmes devant l'hôtel. L'homme sur la caisse – un valet de pied, je suppose, bien qu'il ne fût pas en livrée – m'ouvrit la portière puis prit possession de la petite malle.

"Si vous me le permettez, monsieur, je porterai cela dans votre chambre", dit-il.

"Vous n'avez pas besoin de vous embêter", répondis-je. "Je peux gérer."

Il en a conservé la possession.

« Les ordres du comte étaient, monsieur, que je ne laisserais pas les domestiques de l'hôtel s'en mêler, et que, si possible, je le ferais moi-même déposer dans votre chambre. Vous n'avez aucune objection, monsieur, j'espère ?

"Pas du tout", répondis-je en me détournant. "En fait, moins j'ai à m'en occuper, mieux c'est."

Nous sommes entrés dans l'hôtel et, traversant le hall, avons sonné l'ascenseur.

L'ascenseur s'est arrêté au troisième étage et nous sommes sortis dans le couloir. Le domestique du comte me suivit jusqu'à ma chambre, déposa le coffret sur une chaise au pied du lit et me souhaita bonne nuit.

Je me suis ensuite couché et, bien que la journée ait été pleine d'excitation pour moi, j'ai dormi profondément jusqu'au matin.

Il était neuf heures cinq minutes lorsque j'entrai dans le grand salon de l'hôtel et que je cherchai Lord Langerdale du regard.

Ma recherche n'a pas été longue. Il était assis seul à une table dressée pour trois personnes dans un des profonds renfoncements, avec devant lui une petite pile de lettres et un journal. Dès qu'il m'a vu, il les a repoussés et m'a tendu la main.

"Bonjour !" dit-il agréablement. « Je suis heureux de voir que vous êtes si ponctuel. Vous n'êtes pas pressé de prendre votre petit-déjeuner pendant quelques minutes, n'est-ce pas ?

"Pas du tout", répondis-je en prenant la chaise qu'il poussa vers moi.

"C'est exact. Ma femme descendra dans un quart d'heure, et nous l'attendrons, si cela ne vous dérange pas.

J'acquiesçai en murmurant que j'en serais ravi, ce qui était parfaitement vrai.

Lord Langerdale se tourna un peu sur sa chaise pour me faire face et commença aussitôt :

« Je suis un homme plutôt direct, M. Morton — nous, les Irlandais, le sommes généralement, vous savez — et j'aime aller droit au but. Veux-tu me dire le nom de jeune fille de ta mère ?

«Je le ferais avec plaisir si je le savais», répondis-je volontiers; "mais je ne le fais pas."

"Est-elle vivante?"

J'ai secoué ma tête.

"Elle est décédée il y a environ neuf mois."

« Et Morton est votre nom ? Puis-je vous demander qui était votre père ?

"Certainement. Il était agriculteur dans le Leicestershire.

"Un fermier?" Lord Langerdale parut surpris et je crus un peu déçu. « Était-il le premier mari de votre mère ?

J'étais sur le point de répondre par l'affirmative, mais je me suis souvenu que je n'avais aucune connaissance certaine, alors je me suis corrigé.

« Vous trouverez peut-être cela étrange, Lord Langerdale, dis-je, mais je ne sais rien des antécédents de ma mère, ni de sa famille. Depuis mes premiers souvenirs, elle n'a jamais mentionné son passé et n'a jamais permis aux autres de le faire. Il y avait là quelque mystère, j'en suis sûr ; mais ce que c'était, je n'en ai aucune idée.

« Je ne pouvais m'empêcher de constater, comme tout le monde, qu'elle était bien au-dessus de mon père au point de vue social, car elle était une dame instruite et lui n'était qu'un petit fermier. Toute sa vie, elle fut réticente et son dernier acte avant sa mort fut un paradoxe. Elle m'a confié la garde de l'homme qu'elle avait toujours semblé redouter et craindre.

"Quel est son nom?"

"M. Ravenor, du château de Ravenor. Nous étions ses locataires.

"Mon Dieu!"

Lord Langerdale avait l'air tout entier d'un homme fortement agité. Il détourna un instant la tête, et les longs doigts blancs qui la soutenaient tremblaient visiblement.

Moi aussi, j'étais ému, car il me semblait que le moment était enfin venu où quelque chose de l'histoire de ma mère me serait révélé. Mais il ne semblait pas pressé de reprendre la parole. C'était moi qui devais lui rappeler ma présence.

« Lord Langerdale », m'écriai-je d'une voix tremblante d'impatience malgré tous mes efforts, « vous savez qui était ma mère ? Pouvez-vous me raconter son histoire ?

Il se retourna lentement.

"Encore une question", dit-il. « Etes-vous sûr d'être né à Ravenor ?

«Je n'ai jamais entendu dire le contraire», lui ai-je dit. "Mais quand j'ai demandé un jour à ma mère dans quelle église j'avais été baptisé, elle n'a pas pu me le dire et m'a interdit de redemander."

Lord Langerdale parut perplexe pendant un moment, puis me demanda mon âge, ce que je lui dis.

« Vous souvenez-vous du moment où la nouvelle est arrivée de M. Ravenor, alors qu'on le croyait mort depuis si longtemps ?

"Oui. Il s'agit de mon premier souvenir distinct », répondis-je.

"Tu te souviens comment ta mère a reçu la nouvelle?"

Oui, je m'en suis souvenu. Même à ce moment-là, une vision surgit devant moi. Je l'ai vue debout sous le porche couvert de lierre de notre ferme, son beau visage horrible avec une pâleur soudaine, et ses yeux sauvages rivés sur la silhouette robuste de mon père, alors qu'il criait la nouvelle. J'ai décrit la scène à Lord Langerdale.

« Et par la suite, vous a-t-elle jamais mentionné le nom de M. Ravenor ? A-t-elle vu quelque chose de lui ? » a-t-il demandé quand j'ai eu fini.

Je lui parlai brièvement de ses avertissements, de ma rencontre avec M. Ravenor, de sa proposition de m'adopter et de la mort de ma mère, et comment à la fin elle s'était soudainement retournée et m'avait laissé sous sa tutelle. Quand j'eus fini, il posa la main sur mon bras.

«Montons dans mes chambres», dit-il gentiment. « Si ma femme venait maintenant et apprenait la vérité — et je suis mauvais pour lui cacher quoi que ce soit — j'ai peur que le choc soit trop fort pour elle. Viens avec moi et je te raconterai l'histoire de ta mère.

Alors je me levai et le suivis le cœur battant.

CHAPITRE XLVIII.
UNE PAGE D'HISTOIRE.

L'appartement de Lord Langerdale se trouvait au deuxième étage, et lorsque nous y arrivâmes, ce ne fut pas un mince soulagement pour moi de trouver la pièce dans laquelle nous nous trouvâmes vide. Je m'enfonçai machinalement dans la chaise qu'il me montrait, tandis que lui-même restait debout à quelques mètres de moi.

« D'après ce que vous m'avez dit, dit-il gravement, je n'ai aucun doute que ma femme et votre mère soient sœurs.

J'ai poussé un petit cri et j'ai commencé à me demander si tout cela n'était pas un rêve fou. Lord Langerdale resta silencieux, tandis que je me remettais dans une certaine mesure.

"Voulez-vous m'en parler?" Ai-je demandé lentement. "Je ne comprends pas."

«Je vais tout vous dire», dit gentiment Lord Langerdale. « C'est une grande surprise pour vous, bien entendu, et une tout aussi grande surprise pour moi. Voici l'histoire, ou plutôt ce que j'en sais.

Il s'éclaircit la gorge et prit une chaise à mes côtés. Tout le reste dans la pièce, à l'exception de son visage, était flou et indistinct, et sa voix semblait me venir de loin. Mais chaque mot qu'il prononçait pénétrait dans mon cœur.

« Votre grand-père était un baronnet anglais très pauvre et très fier : Sir Arthur Montavon. Ma femme Elsie et votre mère étaient ses enfants uniques et ils étaient jumeaux. Elles furent présentées ensemble à la cour, créèrent une sensation égale, et furent aussitôt admises à être les beautés de la saison. C'est à cette époque que je les ai connus pour la première fois, c'est donc ici que je commence mon histoire.

«Six mois après leur apparition dans Society, Elsie était fiancée avec moi. Mais ta mère semblait plus difficile à satisfaire. Elle a refusé plusieurs offres très intéressantes et, à la fin de sa première saison, elle était toujours libre.

« Je ne sais pas exactement comment ni où elle l'a rencontré pour la première fois », poursuivit lentement Lord Langerdale ; mais avant le printemps suivant, votre mère était fiancée au comte de

Cartienne. À cette époque, il était l'un des hommes les plus riches, les plus beaux et les plus populaires de la ville. Il semblait n'y avoir rien qu'il ne puisse faire, aucun art dans lequel il ne maîtrisait pas, et il était passionnément amoureux de votre mère. Je ne peux pas dire si elle a vraiment tenu à lui ; mais si elle l'avait fait, cela n'aurait pu être qu'un sentiment très passager.

« Le jour du mariage était fixé et constituait un sujet de conversation général. Je crois même que ta mère avait commencé à préparer son trousseau, quand il s'est passé quelque chose. Le comte de Cartienne fut démis de son poste de grand favori de la société, qu'il occupait autrefois, par un homme plus jeune et plus extraordinaire. Cet homme était... »

"M. Ravenor ! M'écriai-je.

Lord Langerdale hocha la tête.

« Je ne pense pas, poursuivit-il, que l'on puisse imaginer, à partir du M. Ravenor d'aujourd'hui, ce qu'il était lorsqu'il devint la fureur de la société londonienne. Il revenait tout juste de son premier voyage en Orient, après quelques aventures périlleuses, qui remplissaient les colonnes des journaux depuis des semaines et avaient déjà suscité une forte curiosité à son égard. Je l'ai rencontré, je crois, le premier soir où il est entré dans un salon de Londres, et je ne l'oublierai jamais.

« Il était aussi beau qu'un dieu grec, avec des membres magnifiquement développés par sa vie robuste et vigoureuse et son ascétisme rigide, avec la tête d'un Byron, les manières d'un Grandison, et le feu et l'éloquence d'un Burke, quand il choisit de ouvre la bouche.

« Les hommes et les femmes étaient fascinés, ce qui était d'autant plus remarquable qu'il ne recherchait aucune intimité parmi les premiers et évitait soigneusement de se compromettre avec aucun des seconds, bien que, Dieu sait, l'occasion ne lui manquait pas. Le seul homme avec lequel il semblait entretenir des relations amicales était de Cartienne ; et la seule femme à laquelle il accordait autre chose que l'attention la plus ordinaire était votre mère.

Lord Langerdale s'arrêta quelques instants et parut enveloppé dans un bureau brun, d'où mon impatience le tira. Il reprit aussitôt :

« Les choses se sont bien déroulées pendant un certain temps, puis des rumeurs ont commencé à circuler. Au début, il n'y avait que de légers murmures, mais bientôt les gens ont commencé à parler ouvertement. Le comte de Cartienne ferait mieux de se méfier, disaient-ils, sinon il perdrait son épouse. Au début, il traita toutes ces suggestions avec mépris, mais le moment vint où il fut obligé de les considérer sérieusement.

"M. Ravenor publia anonymement un petit volume de poèmes, parmi lesquels quelques sonnets d'amour passionnés adressés à AM. Tout le monde parlait du livre et se demandait qui était le nouveau poète, lorsque, par quelque trahison de la part de l'éditeur, le secret fut révélé et tout le monde savait alors que ces passionnantes chansons d'amour étaient adressées à Alice Montavon.

« De Cartienne alla directement chez M. Ravenor et lui demanda des explications. M. Ravenor a reconnu la paternité des poèmes et n'a pas nié que les vers en question étaient adressés à votre mère ; au reste, il ne dit rien et se contenta de lui renvoyer de Cartienne.

« Il est allé droit vers elle, le pauvre ! et il reçut une piteuse supplication pour qu'il la libère de ses fiançailles. Elle aimait M. Ravenor et ne pouvait épouser personne d'autre. Ce qui a suivi reste dans une certaine mesure un secret ; mais ce que nous savons :

« Il y a eu une scène furieuse entre de Cartienne et votre mère, qui a abouti à son refus de la livrer et à ses menaces de fusiller son rival si jamais il les revoyait ensemble. Sir Arthur Montavon, qui devait beaucoup à de Cartienne, jura que le mariage aurait lieu, et apparemment ils eurent fin, car M. Ravenor disparut subitement, et on rapporta qu'il avait quitté le pays. La veille même du mariage, cependant, la société fut témoin d'un scandale encore plus sensationnel ; ta mère a quitté secrètement sa maison et le compagnon de sa fuite était M. Ravenor !

Je ne pouvais plus rester assis, mais je me levai et marchai de long en large dans la pièce à pas rapides et instables. Lord Langerdale me regardait avec une pitié grande et croissante sur son visage honnête. Il y eut un silence entre nous pendant plusieurs minutes, pendant lesquelles, après un regard interrogateur vif et agité, je gardai mon visage détourné du sien. Puis il continua son histoire sur un ton un peu plus bas :

« Pendant deux jours, de Cartienne fut pratiquement un maniaque. Puis il sembla soudain reprendre ses esprits, et je pense que nous tous – Elsie et moi particulièrement – redoutions son calme terrible et figé plus encore que sa fureur précédente. Il n'a proféré aucune menace sauvage et n'a parlé à personne de ses intentions. Mais nous savions tous de quoi il s'agissait ; et quand il quitta Londres, secrètement et seul, nous tremblâmes, car nous savions qu'il partait à la recherche de votre mère. Il n'avait besoin d'aucune aide, car il était lui-même un détective né et possédait à un merveilleux degré l'art de se déguiser.

« Chaque jour, nous parcourions anxieusement les journaux, craignant de lire une tragédie dont nous craignions qu'elle soit inévitable. Mais nous n'avons rien entendu. Les semaines se sont transformées en mois et les mois en années et nous n'avons toujours eu aucune nouvelle, pas même de ta mère.

« Nous avons fait de la publicité, effectué toutes les formes d'enquête possibles, mais en vain. Puis vint la nouvelle du naufrage et de la mort présumée de M. Ravenor, et nous en conclûmes que votre mère avait péri avec lui. J'ai accepté une nomination à l'étranger et je ne suis rentré en Angleterre que la semaine dernière, après dix ans d'absence. J'appris aussitôt le merveilleux retour à la vie de M. Ravenor et je lui écrivis. La seule réponse que j'ai reçue était une seule phrase :

« Vous pouvez dire à votre femme que sa sœur est morte. Je n'ai plus rien à dire.

« Hier encore, à mon grand étonnement, j'ai revu de Cartienne, et avec lui, toi qui, j'en étais sûr depuis le début, devais être le fils d'Alice. Cela peut vous paraître étrange que j'en sache autant et que je n'en sache pas davantage. Mais c'est ainsi.

Je me suis retourné et lui ai fait face lentement.

« Voulez-vous donc dire qu'après sa fuite, ma mère n'a jamais communiqué une seule fois avec son père ou sa sœur ? »

"Seulement dans cette direction. Elle a laissé un message privé à ma femme, lui indiquant par qui transmettre une lettre, mais ne révélant pas où elle se trouvait. Sir Arthur Montavon intercepta le message et en profita pour écrire une lettre cruelle et sévère, lui interdisant de jamais paraître en sa présence, ni de s'adresser à lui ou à sa sœur ; et je suis désolé de dire que, sur son ordre, ma femme a également écrit dans une veine censurante, espérant se rattraper en envoyant une autre lettre quelques jours après. La première lettre que ta mère a reçue ; la seconde l'a manquée. Elle a hérité d'une grande partie de la fermeté, presque de la sévérité, de caractère de son père, et je ne doute pas que la réception de ces lettres ne l'amènerait à se couper complètement de sa famille.

"Alors vous ne savez même pas où elle et M. Ravenor se sont mariés ?" Ai-je demandé d'une voix rauque.

Lord Langerdale secoua la tête et je remarquai qu'il ne me regardait pas en face. Je me suis préparé avec un grand effort.

« Lord Langerdale », dis-je doucement, « c'est une question de vie ou de mort pour moi. Vous semblez éviter ma question. Répondez-moi à ceci : avez-vous des raisons de supposer que… qu'il n'y a pas eu de mariage ?

"Aucun du tout", répondit-il rapidement. « Mais, mon cher enfant, poursuivit-il en s'approchant de moi et en posant sa main sur mon épaule, il vaut toujours mieux se préparer au pire. Je vais vous dire ce que cela m'a semblé parfois. M. Ravenor avait des opinions très particulières concernant le mariage, quelque peu similaires à celles que Shelley avait dans sa jeunesse, et nous n'avons jamais entendu parler d'une quelconque cérémonie, ce qui semble étrange. Et puis aussi leur séparation et le mariage de votre mère avec un fermier, sa vie austère et solitaire par la suite, et le fait que votre naissance vous a été cachée… »

Il hésita et sembla recueillir des encouragements sur mon visage. Je ne pouvais pas, je ne voulais pas partager un seul instant sa peur alors que j'y pensais fermement. Je pensais à ma mère mourant, avec une paix de sainte sur le visage, dans les bras de M. Ravenor. J'ai pensé à la dignité calme et douloureuse de sa vie, et cette idée a refusé un instant de s'attarder dans mon esprit. Il devait y avoir une autre grande cause de séparation entre eux, mais pas celle-là, non celle-là !

«Je vais descendre voir Ravenor aujourd'hui», déclara Lord Langerdale avec une énergie soudaine. «Je vais lui arracher la vérité.»

J'ai secoué ma tête.

«Cette affaire n'engage que lui et moi», dis-je à voix basse. "J'irai vers lui."

La poignée de la porte fut doucement tournée et Lady Langerdale se tenait sur le seuil. Son mari s'approcha immédiatement d'elle.

« Elsie, dit-il, tu avais raison. Il y a beaucoup de choses qui restent encore dans les ténèbres ; mais voici le fils d'Alice, le fils de votre sœur.

Elle s'est approchée de moi avec les mains tendues et un regard mélancolique sur son doux visage féminin.

Mon cœur s'est arrêté un instant, puis a battu à tout rompre lorsque j'ai senti la chaude étreinte de ses mains et le contact tremblant de ses lèvres sur mon front.

Je savais que j'avais atteint une crise dans ma vie, et même si cela m'avait apporté une grande peur, cela m'avait aussi apporté une grande joie, car il semblait que les jours de ma solitude étaient terminés.

Pourrais-je en douter en regardant le visage de Lady Langerdale et en sentant la chaude poignée de main de mon oncle ? Il y avait une douceur dans une telle pensée difficile à réaliser pour un autre, et pendant un instant je m'y suis abandonné. Tandis que Lord Langerdale racontait brièvement à sa femme les quelques détails que j'avais pu lui donner sur ma mère et moi-même, je me tenais entre les deux, profondément conscient et appréciant le changement qui semblait planer sur ma vie.

Mais ensuite, je me suis souvenu de l'épreuve que je devais encore affronter et de la mission qui m'avait amené à Londres, et ils ont vu la joie disparaître lentement de mon visage.

Lord Langerdale m'a interrogé à ce sujet, puis je leur ai tout raconté : je leur ai fait part de nos soupçons à l'égard de M. Marx et de ma détermination à le découvrir et à découvrir s'il avait été coupable d'un acte criminel envers l'homme Hart.

Quand j'arrivai à mon aventure de la nuit dernière avec le comte de Cartienne, Lord Langerdale parut très grave.

« Il me semble, déclara-t-il, que c'est plus une affaire de police que de vous mêler de cela. »

J'ai secoué ma tête. Sur une chose, j'avais confiance, même si, pour tout le reste, j'étais dans un labyrinthe complet.

Même si M. Ravenor était soucieux que la vérité sur l'homme disparu soit découverte, il avait de bonnes raisons de ne pas souhaiter que la police participe aux recherches. J'en étais sûr et j'étais déterminé à agir en conséquence.

Lord Langerdale n'était pas facilement rassuré.

— Je n'aime pas l'idée que vous ayez quoi que ce soit à voir avec de Cartienne, dans toutes les circonstances, dit-il en frissonnant. « Il ne peut avoir qu'un seul sentiment pour vous, et un homme plus dangereux ne respire pas. C'est une mauvaise chance qui vous a réunis.

CHAPITRE XLIX.
J'y vais seul.

Nous nous sommes tous assis ensemble pour prendre le petit-déjeuner. Lord Langerdale partageait son attention entre son petit-déjeuner et *le Times* .

« Est-ce que tu vas faire du shopping aujourd'hui, Elsie ? » demanda-t-il en levant les yeux de son journal.

Elle lui lança un regard interrogateur.

"Je pense que oui. Pourquoi?"

« Faites donc très attention à votre monnaie. Il n'y a jamais eu autant de mauvaise monnaie qu'aujourd'hui. Les journaux regorgent de rumeurs les plus effrayantes. Le monnayage doit se dérouler quelque part à Londres sur une échelle énorme, et la police est... Pourquoi, Philip, qu'as-tu ?

Je me reprenais promptement et posais la tasse que j'avais failli renverser.

"Le café était un peu chaud," dis-je lentement. "C'était très stupide de ma part."

Il a continué à lire et Lady Langerdale a commencé à me parler. Mais mon attention était vagabondée. C'était une idée étrange qui m'était venue à l'esprit, peut-être ridicule. Pourtant, il exerçait une certaine fascination.

Au milieu du petit-déjeuner, un serveur m'a apporté un mot. La permission de Lady Langerdale m'a été donnée sans demande et je l'ai déchirée. C'était de Cartienne, et le contenu, bien que bref, était pertinent :

« MON CHER MORTON, j'ai vu l'homme que vous cherchez et je sais avec certitude où il sera demain soir. Ma voiture vous appellera à dix heures du soir, demain, pensez-y ; pas ce soir, et si vous voulez venir, je vous amènerai chez lui. Au fait, autant apporter avec vous la boîte dont vous avez bien voulu vous occuper : la vôtre,

« E. DE C. »

Je l'ai remis à Lord Langerdale, qui a ajusté ses lunettes et l'a lu attentivement.

«Je n'aime pas ça», remarqua-t-il après avoir fini; « Je n'aime pas ça du tout. Suivez mon conseil, Philippe ; envoie-lui sa boîte, ou quoi que ce soit, et n'y va pas.

J'ai secoué ma tête.

« Je dois me renseigner sur M. Marx, répondis-je, et je ne connais aucun autre moyen. Ce sera demain soir, vous savez. Aujourd'hui-
-"

"Oui, qu'allons-nous faire aujourd'hui?" Lord Langerdale l'interrompit.

Je lui ai répondu sans hésitation :

"Je descends au château de Ravenor."

Il avait l'air surpris, un peu agité.

«J'irai avec vous», déclara soudain Lord Langerdale. "Alice était ma belle-sœur, et si Ravenor l'a abandonnée ou l'a maltraitée, j'ai le droit de lui demander des comptes."

"Et moi, je suis meilleur", lui rappelai-je doucement. « Accordez-moi cette faveur s'il vous plaît. Je dois aller seul le voir… seul.

Il regarda sa femme et elle inclina la tête vers moi.

"Le garçon a raison", dit-elle doucement. « C'est son affaire, pas la nôtre. Il vaudrait mieux qu'il y aille seul.

CHAPITRE L.
JE RENCONTRE MON PÈRE.

Après un voyage fatiguant, je me trouvai enfin devant les grandes portes du château, la cloche à mes pieds annonçant de manière stridente ma présence. Le logeur sortit précipitamment et m'accueillit.

J'ai gravi rapidement la montée sinueuse, traversé directement la cour dallée et suis entré dans le château par une porte latérale. Puis, sans me soucier des regards surpris des domestiques, je me dirigeai vers la bibliothèque et, frappant doucement à la porte de la pièce intérieure, j'entrai.

Au début, il me sembla qu'il n'était pas là, car la chambre était dans la pénombre. La lampe à abat-jour épais qui se trouvait sur la table à écrire était baissée si bas qu'elle ne produisait aucune lumière, et la lueur intermittente de la lueur du feu laissait la plus grande partie de la pièce dans l'ombre. Mais alors que je me tenais sur le seuil, un charbon brûlant tomba sur le foyer, et à sa flamme je le vis appuyé en arrière sur une haute chaise en chêne, à quelques pas de là.

Doucement, je traversai la pièce vers lui et puis je vis qu'il dormait.

Je n'ai fait aucun mouvement, mais d'une manière ou d'une autre, il a semblé prendre conscience de ma présence et a ouvert les yeux. Ils tombèrent sur moi, debout sur le tapis devant lui, et il se redressa en sursaut.

"Philippe!" il a crié, "tu es là ? Vous revenez? Vous l'avez donc trouvé ?

Au son de sa voix, je tremblai, mais je lui répondis aussitôt :

"Pas encore. Demain soir, je le verrai. Jusque-là, je ne pouvais rien faire et je suis venu ici. Il regarda mes bottes éclaboussées de boue et mes cheveux battus par le vent.

« Vous êtes venu à pied de Mellborough ? » Il a demandé. Puis quelque chose sur mon visage parut le frapper et, se penchant en avant, il posa ses mains sur mes épaules et se tourna vers la lueur du feu.

« Vous êtes venu avec un but ! » dit-il lentement. « Dis-moi : tu as entendu quelque chose à Londres ? »

J'ai baissé la tête en silence.

« Une histoire du passé – mon passé ?

"Oui."

"Mon Dieu !"

Puis il y eut un silence entre nous. Je l'ai supporté jusqu'à ce que je ne puisse plus le supporter.

« Pouvez-vous vous demander si je suis venu ? m'écriai-je, la voix tremblante d'une passion que je ne savais plus retenir. « Oh, parle-moi ! Dis-moi si cette chose est vraie ?

"C'est vrai."

Il s'était un peu reculé ; il avait hésité. J'ai attrapé ses mains et je l'ai attiré vers moi.

« Mon père, m'écriai-je avec passion, parle-moi ! Pourquoi t'éloignes-tu ? Est-ce parce que... parce que... oh, parle-moi seulement, appelle-moi ton fils, et s'il y a quelque chose à pardonner, je le pardonnerai.

Il parut soudainement abandonner une lutte contre nature et me saisit les mains et les serra. Pendant un instant, son visage était radieux.

« Philippe, mon fils, mon cher fils ! il pleure. « Dieu merci, ce n'est pas ça ! Dieu merci, mon nom est le vôtre ! Tu es bien mon fils.

Après un long silence, mon père me raconta comment il avait rencontré Marx à l'étranger. Il lui avait rendu quelques services et ils étaient devenus amis. Il l'engagea dernièrement comme secrétaire.

Puis il me raconta comment Marx l'avait rencontré à son retour après une longue absence et l'avait emmené voir sa femme, qui le croyait mort.

Il m'a ensuite raconté comment il l'avait retrouvée mariée au fermier Morton et l'a implorée de revenir vers lui. Elle refusa et lui, dans une fureur aveugle, se précipita vers l'endroit où il avait laissé Marx.

Il a été attaqué par Morton ; une lutte s'ensuivit au bord de l'ardoise. Au bout d'un moment, mon père a réussi à chasser Morton et s'est enfui.

Cette nuit-là, Marx vint le voir et lui dit qu'il avait jeté Morton dans la carrière et qu'un homme nommé Hart, *alias* Francis, avait été témoin de l'acte. Mon père voulait avouer, mais Marx l'a persuadé de garder le silence et a payé François pour qu'il porte le crime.

« Maintenant, tu sais pourquoi j'ai hésité à t'appeler mon fils, sachant que lorsque le moment sera venu pour toi d'être informé de ta filiation, je devrai aussi te dire que ton père était un meurtrier ! »

"C'est faux !" m'écriai-je en me levant et en lui saisissant les deux mains. "C'était un accident. Personne ne pourrait appeler cela un meurtre. Oh, mon père, mon père, que tu aies souffert ainsi pour une si légère cause !

Une lumière jaillit sur son visage et, pendant un instant, ses traits décharnés et ses yeux enfoncés brillèrent d'un grand bonheur inattendu. Il m'attira doucement vers lui et posa ses mains sur mes épaules.

« Dieu merci pour cela, Philippe ! » dit-il d'une voix tremblante. "C'est une plus grande consolation que je n'aurais jamais osé espérer dans ce monde."

CHAPITRE LI.
AUBE.

Le lendemain, alors que nous partions ensemble, mon père et moi, montant comme d'un commun accord vers les collines brunes et nues, je me rappelai qu'il y avait beaucoup de choses que je voulais lui dire.

«Je veux vous poser des questions sur M. Marx, père», ai-je commencé. « Tout le concernant est si mystérieux, surtout son départ si soudain. Outre la crainte qu'il ait utilisé une sorte de jeu déloyal envers Hart – ou Francis – je ne peux m'empêcher de penser qu'il y a autre chose qui ne va pas chez lui. Vous lui faites entièrement confiance, je suppose ? J'ai ajouté avec hésitation.

«Je l'ai toujours fait», répondit doucement mon père.

"Aimez-vous l'homme lui-même?" J'ai demandé.

Mon père haussa les épaules avec indifférence.

"Je ne peux pas dire qu'il ait jamais éveillé mes sentiments d'une manière ou d'une autre", a-t-il répondu. « Il avait du travail à faire pour moi et il l'a fait bien et en silence. Je l'ai considéré en quelque sorte comme un automate, bien que précieux. Et pourtant... » ajouta-t-il d'un ton pensif.

"Et pourtant?" Je l'ai interrompu.

« Eh bien, parfois, j'ai à moitié cru qu'il jouait un rôle, que son intérêt pour notre travail était un peu tendu. Il m'a donné l'idée d'un homme travaillant sans relâche vers un objectif fixé, et je n'ai jamais semblé capable de concilier cet objectif avec l'accomplissement de notre tâche. Ses absences soudaines aussi, car ce n'est pas la première, sont étranges.

«Je devrais le penser», ai-je acquiescé. « Est-ce qu'il a emporté quelque chose avec lui cette fois ? Ai-je demandé sans détour.

Un air très grave apparut sur le visage de mon père et il ne me répondit pas tout de suite. Ce faisant, son ton était bas et anxieux.

"Oui il a. Il y a environ quinze jours, nous sommes arrivés pratiquement au terme de notre longue tâche. Il ne lui restait qu'une petite révision qu'il devait me laisser. La nuit où il a disparu, le manuscrit a également disparu. De toute évidence, il l'a emporté avec lui.

«Peut-être qu'il l'a apporté aux éditeurs», ai-je suggéré. Mon père secoua la tête, dubitatif.

"Ce matin seulement, j'ai eu de leurs nouvelles, me suppliant de les transmettre sans délai", a-t-il déclaré.

J'étais silencieux. Même s'il avait pris le manuscrit, quel usage pourrait-il en faire ? En quoi cela pourrait-il lui profiter ?

Soudain, je me suis arrêté sur le chemin. Mon cœur fit un grand bond et un cri sortit de mes lèvres. Pour la première fois, une idée, le vague fantôme d'une idée, m'envahit, emportant tout devant elle et jetant une lumière brillante et sinistre sur tout ce qui semblait si sombre et mystérieux.

« Cet homme, Marx », m'écriai-je en saisissant le bras de mon père. « Dis-moi vite. Vous a-t-il déjà rappelé quelqu'un ?

Mon père me regardait avec étonnement.

"C'est étrange que vous demandiez cela", a-t-il déclaré. « Parfois, surtout lorsque je l'ai rencontré seul ou que je l'ai vu excité, son ton et ses petites manières m'ont semblé vaguement familiers. Et pourtant, ajouta-t-il pensivement, je n'ai jamais pu me rappeler à qui ils me faisaient penser.

J'ouvris mes lèvres tremblantes pour parler, mais une vague de doute froid m'envahit. Cela ne pourrait sûrement pas être le cas ! Je dois être fou pour laisser cette idée s'attarder un instant dans mon esprit. Et encore--

A ce moment d'hésitation, la main de mon père s'abattit lourdement sur mon bras. Il désigna l'avenue sombre d'un doigt tremblant. Dans la pénombre du crépuscule, nous pouvions voir la grande silhouette décharnée d'un homme vêtu de haillons, se dirigeant vers le château.

« Ce n'est pas un de mes hommes, Philip, » dit-il d'une voix rauque. "Qui est-ce?"

J'ai secoué ma tête.

"C'est un étranger."

Mon père quitta brusquement l'avenue et se dirigea vers un trottoir.

« Suivez-moi, dit-il ; nous entrerons par le chemin privé.

Nous avons traversé le gazon, franchi une petite grille en fer que mon père a ouverte et sommes entrés dans l'allée d'arbustes.

Une fois, j'ai regardé autour de moi par une ouverture dans les feuilles de laurier. L'étranger s'appuyait avec lassitude contre la grille autour de la loge, attendant d'être admis.

CHAPITRE LII.
OÙ EST M. MARX?

Ce n'est que lorsque nous eûmes atteint le château et que nous fussions dans la bibliothèque que mon père me parla. Alors ses paroles étaient assez graves.

« Nous avons fait du mal à M. Marx, Philip », dit-il lentement.

"Comment?" J'ai demandé.

"Écoutez et vous saurez."

Il est allé au téléphone et a fait signe. La réponse vint aussitôt.

"Quelqu'un m'a demandé à la porte", a-t-il déclaré. "Qui est-ce?"

"Un étranger, monsieur, pour vous voir."

"Quel nom?"

"Hart, monsieur."

"Est-ce qu'il attend?"

"Oui Monsieur. Je lui ai dit que cela ne servirait à rien, mais il refuse de partir.

« Vous pouvez le dépasser. Envoyez-le ici immédiatement.

Mon père s'est détourné et m'a regardé avec toute la vieille lassitude sur le visage, mais avec peu d'agitation. Des deux, j'étais le plus nerveux. Je traversai la pièce et posai doucement ma main sur son épaule.

« Dieu merci, je suis ici avec vous ! Que lui direz-vous, père ? Que veut-il, pensez-vous ? Argent?"

Mon père secoua tristement la tête.

« Il enverrait si c'était tout. Il a ce qu'il veut et ce n'est pas grand-chose. Je crains qu'il veuille autre chose.

"Quoi?"

«Sa réputation a été effacée.»

«Il a accepté la culpabilité de bon gré», ai-je pleuré. « Il doit le supporter maintenant. Il ne peut pas y échapper.

«Il le peut», répondit mon père. "Il peut dire la vérité."

« Personne ne le croirait. Ce serait sa parole contre la vôtre. Quelle chance aurait-il ?

Mon père me tourna un visage sévère et sombre.

« Alors tu penses que je jurerais de mentir, Philip ? Non! Il y avait toujours ce risque. J'ai senti que si jamais il exigeait d'être remis en ordre avec le monde, il devait le faire.

"Cela doit être fait."

Nous avons commencé, car les mots venaient de l'autre côté de la pièce. Debout dans l'ombre profonde, juste à l'intérieur de la porte, se tenait un homme grand et décharné, avec une longue barbe ébouriffée et un visage pâle et horrible. Ses vêtements étaient en lambeaux et tachés par les intempéries et ses bottes étaient couvertes de boue. Je regardai vers lui, fasciné. C'était le visage du fou qui avait attenté à la vie de M. Marx à deux reprises. C'était Hart, *alias* Francis, l'homme qui tenait entre ses mains une vie plus chère que la mienne.

"Est-ce vraiment toi, Francis?" » a demandé mon père, d'un ton choqué. « Vous êtes modifié. Vous avez été malade. Asseyez-vous."

Il n'y prêta aucune attention. Pendant que mon père parlait, ses yeux erraient sans cesse dans la pièce.

"Où est-il?" » demanda-t-il d'une voix rauque.

"Voulez-vous dire M. Marx?" J'ai dit.

"Oui."

"Il est à Londres."

"Ah!"

Il y avait sur son visage une expression en partie de déception, en partie de soulagement. Il inspira longuement et resta silencieux, comme s'il attendait d'être interrogé.

"Veux tu de l'argent?" a demandé mon père.

"Non."

« Voulez-vous révéler votre secret et faire connaître la vérité au monde ? »

"Oui."

Un cri jaillit de mes lèvres, mais mon père m'arrêta.

"C'est bien", dit-il. "Asseyez-vous. Vous n'avez pas à craindre ; Je vais l'avouer.

« Vous n'avez rien à avouer. C'est moi qui dois faire ça.

"Que veux-tu dire?" » demanda mon père en regardant dans l'obscurité, car aucune lampe n'était allumée dans la pièce. « Approchez-vous ; Je ne peux pas voir ton visage."

Avec des doigts tremblants, j'ai tiré le store de la fenêtre haute. La lune, qui venait de sortir d'un banc de nuages noirs et volants, projetait un long flux de lumière à travers la pièce.

Francis avança à pas lents et réticents. Puis, avec un cri soudain et sauvage, il se jeta à genoux devant mon père.

« Comme Dieu du Ciel pardonne, jure que tu me pardonneras ! » s'écria-t-il avec passion.

"Pardonner! Je n'ai rien à pardonner », répondit doucement mon père. « Vous souhaitez déposer votre fardeau. Bien! Je suis prêt à le relever.

Il se pencha en avant sur sa chaise et tendit la main vers l'homme pour l'aider à se relever. Dans sa position modifiée, le clair de lune semblait projeter une sorte de halo autour de son visage, et il me semblait que celui-ci était celui d'un ange.

« Ne me touchez pas, » cria l'homme ; "ne le faites pas. Je ne peux pas le supporter ! Laissez-moi vous dire la vérité, ou je mourrai. Vous pensez avoir tué le fermier Morton. C'est faux! M. Marx l'a tué.

"Quoi!"

Mon père s'était levé d'un bond. D'une manière ou d'une autre, je me suis retrouvé à ses côtés. Francis rampait toujours sur le sol.

« Lève-toi, homme, et dis-moi toute la vérité », cria mon père d'une voix de tonnerre ; "Lève-toi et parle comme un homme."

Il obéit aussitôt, tremblant de tous ses membres. Puis il a balbutié son histoire :

«J'étais dans le bois cette nuit-là. Il faisait sombre; J'ai perdu mon chemin. Soudain, j'ai entendu des voix, la vôtre et celle de Morton. Tu te débattais à quelques mètres de moi. Avant que je puisse intervenir, vous l'aviez jeté à terre et vous vous êtes enfui. Je l'ai entendu respirer fort et j'ai vu M. Marx se faufiler derrière un arbre et se faufiler vers lui. Morton entendit aussi et se releva d'un bond. Ils ont lutté ensemble ; peut-être que dans l'obscurité, Morton l'a pris pour vous. Je me suis souvenu de la carrière et je me suis précipité dehors. J'étais trop tard.

« Il y a eu un éclair effrayant et j'ai vu Marx déployer toutes ses forces et jeter l'autre dans la fosse aux ardoises. Il s'est retourné et m'a vu.

« Il m'aurait renversé aussi s'il l'avait osé, mais j'étais fort et il était épuisé. Alors il m'a proposé de l'argent pour partir. J'ai accepté, sans jamais penser qu'ils me reprocheraient le crime. Marx avait tout pensé avec une ruse diabolique. Il m'a fourni des déguisements et m'a indiqué où aller et comment y arriver. Quand j'étais en sécurité et que j'ai lu les journaux, j'ai immédiatement vu à quel point j'avais été piégé. J'avais plaidé coupable du meurtre.

« Le temps passait et je devenais de plus en plus malheureux chaque jour. Marx m'a envoyé beaucoup d'argent, trop. J'ai commencé à boire. J'étais malade. Une fois rétabli, je lui ai écrit pour lui dire que je n'en pouvais plus et que je venais le voir. Je lui ai dit que j'avais l'intention d'aller voir un magistrat après lui avoir laissé le temps de quitter le pays. Il m'a mis au défi de venir au château. Pourtant, je suis venu. C'était le crépuscule quand je suis arrivé ici. Il m'a rencontré dans l'avenue. Il m'a proposé de grosses sommes d'argent pour partir, mais j'étais déterminé et j'ai tout refusé. C'est alors à quelque chose qu'il laissait tomber dans sa colère que j'ai compris à quel point il vous avait trompé. Alors je n'ai plus voulu l'écouter et je lui ai dit de s'écarter. Il m'a laissé passer et m'a ensuite frappé à l'arrière de la tête avec une arme lourde.

"Mon Dieu!" J'ai pleuré. «J'étais proche de toi. Je vous ai entendu pleurer et j'ai rencontré M. Marx immédiatement après. Il a dû vous jeter dans la gravière.

«C'est là que je me suis retrouvé lorsque j'ai repris mes esprits», a poursuivi Francis. « Dès que je me suis assis et que j'ai essayé de réfléchir à ce qui s'était passé, j'ai commencé à sentir ma tête tourner. Après cela, tout est flou et sombre dans mon esprit. Je me suis enfui. La deuxième fois, vous, M. Morton, m'avez sauvé la vie, alors que mes doigts se refermaient sur sa gorge.

« Ils m'ont mis dans un asile. Ensuite, M. Marx s'est fait passer pour mon frère et m'a fait emménager dans une maison privée. Les commissaires sont venus et j'ai comparu devant eux. J'étais sain d'esprit. Ils m'ont laissé partir. Où est M. Marx ? Où est M. Marx ?

Il y eut un profond silence. Puis j'ai tendu la main à mon père et il l'a serrée.

"Dieu merci!" m'écriai-je, la voix tremblante d'un grand sanglot : « Dieu merci !

«Amen», répéta doucement mon père.

Encore cette question, sur le même ton sec et dur.

« Où est M. Marx ?

Nous l'avons regardé, ses mains qui tremblaient nerveusement et ses yeux brûlants. La folie était de nouveau sur lui. Nous ne devons pas le laisser partir. Mon père m'a tiré d'un côté.

«J'irai à Londres avec vous ce soir», dit-il. « Que ferons-nous de cet homme ?

«Il doit rester ici», répondis-je. "Laisse le moi."

Je m'approchai de lui et posai la main sur son épaule.

"Écoute, Francis," dis-je. « Il y a deux endroits où M. Marx est susceptible de se trouver cette semaine. L'un est à Londres, l'autre ici. Est-ce que tu comprends?"

«Oui», répondit-il; "Je comprends."

« Maintenant, M. Ravenor et moi savons mieux où le trouver à Londres, mais nous ne pouvons pas partir à moins de savoir qu'il y a aussi quelqu'un qui surveille ici. Si nous allons à Londres, resterez-vous ici et le surveillerez-vous ?

Les yeux de l'homme brillaient.

"Oui," répondit-il rapidement. « C'est la pièce où il écrit, n'est-ce pas ? Il viendra ici. Oui, j'attendrai ; Je vais regarder ici, dans cette pièce.

Mon père sonna et commanda une voiture pour nous conduire à la gare. Puis il donna des ordres spéciaux concernant François. Il devait être autorisé à rester dans la bibliothèque, à utiliser le propre appartement de couchage de M. Ravenor et à se faire apporter régulièrement des repas.

Une heure plus tard, nous quittions le château pour Torchester. Alors que nous traversions la cour, nous pouvions apercevoir une silhouette pâle et décharnée debout à la fenêtre de la bibliothèque, silencieuse et rigide. C'était Francis qui attendait.

CHAPITRE LIII.
MM. HIGGENSON ET CIE.

À dix heures, nous arrivâmes à Saint-Pancras, en train rapide depuis Torchester, et une demi-heure plus tard, une voiture de compagnie nous déposa à l'hôtel Métropole. Immédiatement devant l'entrée, le petit coupé du comte de Cartienne attendait, et comme nous descendions du fiacre, son domestique s'avança et me remit un billet. Je l'ai déchiré et je l'ai lu sous le bec de gaz.

« Venez me voir tout de suite et vous trouverez M. M.... Apportez la boîte avec vous.—C———.”

J'ai transmis le mot à mon père et je l'ai dessiné un peu sur le côté. A la vue de l'écriture, il sursauta.

« Philippe, à qui appartient cette écriture ? » » demanda-t-il rapidement.

"L'écriture de l'homme qui seul sait où est Marx", répondis-je. "C'est lui qui réclame ses lettres et les fait suivre."

"Son nom? J'insiste pour connaître son nom.

"de Cartienne."

Le visage de mon père est devenu plus pâle et ses sourcils se sont contractés.

« Vous m'avez caché cela, Philip. Vous ne vous approcherez pas de cet homme. Je l'interdis. Mon Dieu! Marx et de Cartienne amis !

Il s'est arrêté net sur le trottoir et m'a regardé avec un regard nouveau. Il commença à comprendre.

« Marx et de Cartienne », répétait-il lentement. « Philippe, tu ne vois pas ce que cela signifie ? Marx a été l'instrument de Cartienne et j'ai été sa victime. Où est de Cartienne? Philippe, tu me le diras ! Entendez-vous?"

Mon père m'a saisi le bras et l'a tenu fermement. Je me suis retourné et lui ai fait face.

"Père, tu dois me laisser faire ça," dis-je fermement. « J'ai tout réfléchi dans le train et mes plans sont faits. Tu me feras confiance ?

"Dites-moi ce que c'est", dit-il.

« J'ai en ma possession une boîte appartenant à de Cartienne, qui contient un secret. Jusqu'à ce que je lui remette cette boîte, je suis en sécurité, puisqu'il ne peut l'obtenir que de moi. Vous voyez qu'il me dit dans ce billet de l'apporter avec moi.

"Oui. Continue."

«Eh bien, je pars sans la boîte, et s'il ignore vraiment qui je suis et veut me donner des informations sur Marx, pourquoi, alors je peux facilement revenir la chercher, et quoi qu'elle contienne, il doit l'avoir fermé.

« Si, au contraire, je tombe dans un piège quelconque et qu'il me fasse le faire venir, alors, dès réception de mon message, quelle que soit la manière dont il est rédigé, vous devrez forcer l'ouverture de la boîte, et si elle contient quoi que ce soit de suspect, venez directement à mon secours auprès de la police. Le messager qui vient chercher la boîte doit être soudoyé ou effrayé pour vous amener.

«Je n'aime pas ça, Philippe. Tout cela est trop détourné. Si de Cartienne sait qui vous êtes, vous courez un risque.

«Je ne pense pas», répondis-je. "Jusqu'à ce qu'il prenne possession de cette boîte, il se sentira, dans une certaine mesure, entre mes mains et ne risquera pas de me faire du mal."

"Que pensez-vous que contient la boîte?"

J'ai hésité et j'ai regardé autour de moi. le domestique de Cartienne était à quelque distance et personne ne l'entendait.

"Avez-vous lu les journaux récemment?" J'ai demandé.

Mon père secoua la tête.

"Seulement les journaux littéraires."

J'ai acheté une édition spéciale qu'un vendeur de journaux nous brandissait au visage et, refusant l'éditorial, je l'ai transmise à mon père. Il y jeta un coup d'œil puis me regarda avec un étonnement vide.

« Philippe, tu ne peux pas dire ça ! » il s'est excalmé.

"Pourquoi pas?" J'ai répondu. « Oui, en effet ; mais s'il y a quelque chose dedans ou non, nous le saurons bientôt. Je dois y aller maintenant. Vous comprenez quoi faire si j'envoie chercher la boîte.

« Je n'aime pas du tout votre expédition », dit-il d'un air dubitatif. "Avez-vous une idée de l'endroit où vous allez?"

J'ai secoué ma tête.

"Aucun; mais je ne subirai aucun mal. Mon étoile est ascendante maintenant. Si cela me met en danger, cela m'en sortira sain et sauf. *Au revoir!* »

Puis je sautai dans la voiture et fus chassé rapidement.

Notre voyage se termina brusquement, et si j'étais surpris du lieu où il m'avait conduit, je le fus encore davantage de sa fin. La voiture s'était arrêtée devant un entrepôt d'aspect sombre, dont l'arrière, orné de plusieurs grues, dominait la rivière. Toute la façade semblait plongée dans l'obscurité, mais, d'une lampe à gaz placée de l'autre côté du passage étroit, je pouvais lire l'enseigne en cuivre placée sur le côté de la porte :

HIGGENSON AND CO.
MARCHANDS ET EXPORTATEURS.

La portière de la voiture s'ouvrit en grand et on s'attendait évidemment à ce que je descende. Je l'ai fait après un moment d'hésitation.

"Etes-vous sûr de m'avoir amené au bon endroit?" J'ai demandé à l'homme qui tenait la porte ouverte. « Cela semble être un entrepôt. Je pense qu'il doit y avoir une erreur.

L'homme ferma silencieusement la portière de la voiture et s'approcha de son siège à côté du conducteur.

"Il n'y a pas d'erreur", dit-il sèchement. – Vous y trouverez le comte de Cartienne.

Il m'a montré la porte de l'entrepôt et j'ai vu qu'elle était désormais ouverte et qu'un homme se tenait sur le seuil. Je me tournai vers lui, dubitatif.

« Viendrez-vous par ici, M. Morton ? il a dit. « Le comte de Cartienne est désolé de devoir vous amener ici, mais nous sommes occupés, très occupés, et il n'a pas eu le temps de rentrer à l'hôtel. La voiture attendra pour vous ramener.

Les manières et le ton de cet homme n'étaient certainement pas ceux d'un domestique, mais de la position dans laquelle il se tenait, je ne pouvais rien voir sauf les contours de sa silhouette. J'ai traversé le trottoir vers lui.

Nous avons quitté la pièce et il m'a conduit dans un passage et dans une petite pièce. Ici, mon compagnon s'arrêta et alluma une lampe posée sur une table au milieu de la pièce.

« Le comte de Cartienne sera avec vous dans un instant, dit-il en se dirigeant vers la porte. "Veuillez m'excuser."

J'ai tourné la lampe un peu plus haut et j'ai regardé autour de moi. La pièce était assez petite et sobrement meublée comme une salle d'attente.

Pour la première fois, je commençai à réaliser pleinement ce que j'avais fait en venant ici à une telle heure. Des pensées folles d'une retraite tardive me vinrent à l'esprit, et j'essayai la poignée de la porte par laquelle nous étions entrés. Elle tourna mais la porte resta fermée. Je me suis penché et je l'ai examiné. Le résultat fut tel que je l'avais craint : un verrou à ressort l'avait fixé. J'essayai l'autre porte par laquelle mon guide était sorti. Le résultat était le même. J'étais prisonnier.

J'eus à peine le temps de prendre conscience de ma position qu'il devint nécessaire d'agir. La porte s'ouvrit brusquement et le comte de Cartienne se tenait devant moi, les yeux brillants de colère et sa silhouette haute et souple frémissant de rage.

"Pourquoi n'as-tu pas apporté cette boîte?" s'exclama-t-il d'un ton bas et féroce.

Je me levai face à lui, dos à la table, m'efforçant de garder mon calme car la situation était critique. Le changement complet dans son apparence et ses manières à mon égard était un avertissement suffisant.

"La boîte est suffisamment sûre", répondis-je. « Vous pouvez l'avoir dans une heure. Mais--"

"Mais quoi?" l'interrompit-il sauvagement. « Pourquoi ne l'avez-vous pas apporté, comme je vous l'ai demandé dans mon billet ? Pourquoi n'est-il pas ici ? Nous le voulons tout de suite !

« Vous oubliez qu'il y a une *contrepartie* que j'attends de vous. Il me semble, comte de Cartienne, que vous faites de moi un instrument, et...

« Qu'est-ce que tu veux : voir cet homme Marx ?

"Oui."

"Eh bien, il n'est pas là."

J'ai vérifié la réplique qui, si je l'avais prononcée, m'aurait probablement coûté la vie.

« Où est-il alors ? J'ai demandé.

"Je vous dirai quand vous aurez écrit pour cette boîte", dit-il en ouvrant un tiroir et en plaçant un stylo et du papier sur la table.

J'ai secoué ma tête. « Je n'ai pas besoin d'écrire. Cela ne sert à rien de rester si M. Marx n'est pas là. Renvoyez votre serviteur avec moi et je le lui donnerai.

« Non, je te garderai en otage pour la boîte. En plus, j'ai quelques mots à te dire, mon garçon," ajouta-t-il sombrement. "Écrire."

J'ai hésité, mais seulement un instant.

« Dois-je comprendre que vous me retenez ici contre ma volonté ? Dis-je lentement.

"Comprenez tout ce qu'il vous plaira, mais écrivez."

J'ai pris la plume sans ajouter un mot. Quand j'eus terminé la note, il me la prit et la lut entièrement. Puis il jeta un coup d'œil à l'adresse et commença.

"M. Ravenor ! Oh, M. Ravenor est à Londres, n'est-ce pas ? remarqua-t-il lentement.

"Oui."

Il détourna le regard avec l'ombre d'un sourire diabolique sur les lèvres.

« Ravenor à Londres ! Comme c'est étrange. Lui et moi sommes de vieilles connaissances. Je dois faire appel à lui », a-t-il ajouté moqueur.

Il resta immobile un moment puis quitta brusquement la pièce avec le mot à la main. J'ai essayé de le suivre, mais la porte s'est fermée trop vite. Si j'avais pu voir un moyen de m'échapper, j'aurais dû m'en servir, car j'avais acquis la connaissance que j'étais venu chercher, et je savais que j'étais en danger. Il n'y avait que cette seule fenêtre donnant sur la rivière et la porte fermée. Si cet homme voulait faire du mal, j'étais en toute sécurité en son pouvoir.

CHAPITRE LIV.
Un RAID.

Quelques minutes plus tard, le comte de Cartienne revint :

Il me lança soudain un regard vif.

"Je me demande si vous avez une idée du contenu de cette boîte", dit-il en gardant les yeux fixés sur moi avec curiosité.

En regardant en arrière maintenant, je vois clairement que j'ai été coupable de la plus grossière folie en répondant ainsi. Mais j'étais jeune, impétueux, conscient d'une grande force physique, et avec tout ce mépris du danger qu'une telle conscience comporte. Alors, sans hésiter, je sortis de ma poche le journal du soir que j'avais acheté dans Northumberland Avenue, et posai le doigt sur la chronique que j'avais montrée à mon père.

«Cela a peut-être quelque chose à voir avec ça», ai-je remarqué.

Son visage devint plus pâle à mesure qu'il le parcourait. Puis il l'a plié et me l'a rendu d'un geste poli.

"Alors c'est ton idée, n'est-ce pas?" remarqua-t-il. "Pourquoi n'êtes-vous pas allé à Scotland Yard pour leur faire part de vos soupçons ?"

Je sentais qu'il m'observait attentivement et je faisais un grand effort pour rester calme, même si mon pouls battait vite et que je sentais ma couleur monter.

"Cela ne me regardait pas", répondis-je. "En outre, si je l'avais fait, j'aurais perdu toute chance de découvrir quoi que ce soit sur M. Marx grâce à vous."

"Votre raisonnement vous fait un honneur infini", répondit-il avec un léger ricanement. « Vous êtes un véritable Machiavel. Viens; Je veux vous montrer mon… entrepôt.

Je le suivis à contrecœur, car j'aimais de moins en moins ses manières ; mais je n'avais guère d'alternative.

Nous avons emprunté un passage étroit et traversé plusieurs pièces remplies jusqu'au plafond d'énormes ballots ; puis nous descendîmes un escalier de fer sinueux et, lorsque nous atteignîmes le bas, je commençai à entendre un léger bourdonnement de voix et des sons étranges et étouffés.

Il ouvrit une petite porte cachée devant nous et nous nous trouvâmes sur le seuil d'une grande cave faiblement éclairée.

Un rapide coup d'œil autour de moi me montra la vérité de mes vagues soupçons et m'avertit également de mon péril. C'était un spectacle étrange. Au fond de la place, un petit fourneau brûlait, jetant une vive lueur sur les visages blancs et effrayés des hommes groupés autour. L'un tenait à la main une grande louche de liquide sifflant, et un autre, à genoux, tenait fermement le moule qui devait le recevoir. Mais même s'ils maintenaient leurs positions inchangées, ils ne pensaient plus à leurs tâches. L'attention de tous était concentrée sur moi avec un étonnement horrifié.

Le premier à se remettre suffisamment pour être capable de formuler une phrase articulée fut celui qui tenait la louche.

«Es-tu fou, de Cartienne?» siffla-t-il. "Pourquoi as-tu amené ce jeune ourson ici ?"

« Je l'ai amené ici », répondit-il avec une nuance de mépris dans son ton face à l'alarme qu'ils manifestaient tous, « parce qu'il est plus en sécurité ici que partout ailleurs – pour le moment.

« D'une manière ou d'une autre – probablement en regardant à l'intérieur de cette malheureuse boîte – ce jeune ourson, comme vous l'appelez, connaît notre secret. Le laisser partir serait bien sûr absurde, c'est pourquoi je l'ai amené ici pour qu'il soit jugé pour son impardonnable curiosité. Que ferons-nous de lui ? Je propose que nous le jetions à la rivière.

Je reculai un peu plus vers la porte, écoutant avec les oreilles tendues et retenant mon souffle, car j'avais l'impression d'entendre un faible bruit de voix et de pas au-dessus. Apparemment, les autres l'avaient entendu aussi, car il y eut un silence de mort pendant quelques instants. Alors le comte parla.

« Ce doit être Drummond avec la boîte. Veux-tu aller voir, Ferrier ?

Il y eut un piétinement de nombreux pieds à l'extérieur, puis un torrent soudain et rapide de coups sur la porte fermée.

En un instant, tout fut une confusion sauvage. Le comte de Cartienne était le seul à ne pas être pris de panique.

« Le jeu est terminé », s'écria-t-il avec férocité, « et voici le traître. »

Comme un éclair, il s'est penché et j'ai vu quelque chose dans sa main clignoter devant mes yeux. Il y a eu une étrange douleur brûlante, puis tout s'est évanoui sous mes yeux. J'entendis la porte défoncée et le bruit de mes sauveteurs qui entraient. Puis tout le bruit se concentra en un rugissement confus, qui palpita un instant dans mes oreilles puis s'éteignit. L'inconscience s'est glissée en moi.

Quand j'ai rouvert les yeux, je me suis retrouvé allongé sur un lit dans une pièce inconnue. À mes côtés se trouvait mon père, adossé au dossier dans un fauteuil bas et confortable.

"Où suis-je?" J'ai demandé. « Depuis combien de temps suis-je ici ! Dis-moi tout à propos de cela."

Mon père se leva avec une petite exclamation de soulagement.

« Mieux, Philippe ? C'est bien. Vous êtes dans l'hôtel décent le plus proche que nous ayons pu trouver hier soir, ou plutôt ce matin.

« Raconte-moi tout ça », m'écriai-je.

« Tout le monde a été pris sauf de Cartienne. Il s'est battu comme un tigre et s'en est sorti. Mais ce n'est que pour un temps. Il sera attrapé. Sa description… »

"Sa description ne sera d'aucune utilité", l'interrompis-je, essoufflé. "A-t-on entendu parler de M. Marx ?"

Mon père a pris un télégramme ouvert sur la table à ses côtés.

"M. Marx est retourné à Ravenor. Ce télégramme vient du chef de gare de Mellborough.

J'ai bondi du lit et j'ai plongé ma tête encore douloureuse dans une bassine d'eau.

« Qu'y a-t-il, Philippe ? Tu seras à nouveau malade si tu t'excites », dit mon père en se demandant.

«Je vais bien», répondis-je. « Quelle heure est-il ?

"Quatre heures."

« Vite, alors, et nous prendrons le train de cinq heures pour Mellborough », insistai-je.

« À Mellborough ! Mais qu'en est-il de Cartienne ?

« de Cartienne ! Il n'existe plus ! C'est Marx que nous voulons.

Alors la vérité éclata sur mon père, et il se leva d'un bond en poussant un cri sourd.

« Philippe, pourquoi ne me l'as-tu pas dit avant ? »

«Je ne le savais qu'hier soir avec certitude. Dieu merci, je l'ai gardé pour moi. Il se croit en sécurité en tant que M. Marx – plus en sécurité que de fuir le pays en tant que Comte de Cartienne – le méchant !

Soudain, mon père s'arrêta net alors qu'il se dirigeait vers la porte.

« Philip, » dit-il d'une voix rauque, « vous souvenez-vous de qui nous avons laissé à Ravenor en attendant M. Marx ?

Pour le moment je l'avais oublié. Nous nous sommes regardés et la vision d'un homme maigre et désespéré, au visage blanc et aux yeux brûlants remplis d'un indicible désir diabolique, s'est glissée dans mon esprit. La même pensée nous remplissait tous les deux. Si M. Marx utilisait ses clés privées et se rendait directement à la bibliothèque du château, qu'en résulterait-il ?

Je posai la main sur le bras de mon père.

« Après tout, il y a de la justice dans le monde », dis-je d'une voix rauque. "Cet homme va le tuer."

Puis nous sommes sortis ensemble sans ajouter un mot.

CHAPITRE LV.
LE MYSTÈRE DE M. MARX.

Il était huit heures moins vingt lorsque nous arrivâmes à Mellborough, et comme nous n'avions pas prévenu, il n'y avait aucune voiture pour nous accueillir, ni, par hasard, aucun véhicule de rechange. Après un bref mot ou deux avec le chef de gare, nous avons décidé de descendre en ville et de commander une mouche.

Lorsque nous arrivâmes à la maison, le majordome s'avança, son visage rougeaud pâli et sa voix tremblante.

« Dieu merci, vous êtes venu, monsieur ! L'homme que vous avez laissé ici est devenu un fou furieux, il s'est enfermé là-bas, il a sorti vos revolvers et jure que personne n'entrera dans la pièce avant votre arrivée.

« Il y a quelqu'un avec lui », dit rapidement mon père.

Le visage de l'homme semblait littéralement rétréci par l'horreur.

« C'est affreux, monsieur ; J'ai été proche une fois, et je ne m'en remettrai jamais tant que je vivrai. Il a un pauvre diable là-bas, qui le tue à petits pas, le torture comme un chat fait une souris. Cela fait des heures qu'il crie à l'aide et nous ne pouvons rien faire. La pauvre créature doit être presque morte maintenant. Ah, le revoilà, monsieur ! Quatre de nos hommes ont été abattus en essayant de l'atteindre. Écouter! Oh, pourquoi ne meurt-il pas ! »

Un cri sourd et faible, plein d'une angoisse des plus déchirantes, flotta par la fenêtre de la bibliothèque. C'était le son le plus horrible que j'aie jamais entendu de ma vie. Le suivant de près, noyant son faible écho, retentit le grand rire moqueur du bourreau, résonnant dur et sans joie dans un contraste hideux.

Un frisson profond et audible parcourut le petit groupe de spectateurs. Puis mon père, sans un mot, s'est avancé à travers la pelouse en direction de la fenêtre et je l'ai suivi de près. Il me semblait que tout le monde devait retenir son souffle, tant le silence était intense. Le vent était tombé un instant, et la lune brillait faiblement à travers un nuage de brume sur les visages blancs et impatients, remplis maintenant d'une nouvelle anxiété.

Quelques pas rapides nous conduisirent à la fenêtre. Une lampe brûlait sur le bureau et l'intérieur de la pièce était clairement visible. Sur le sol, à peu de distance de la fenêtre, il y avait une forme sombre qui, à mesure que nous nous rapprochions, nous distinguions la silhouette d'un homme prosterné. Devant elle marchait de long en large, à pas courts et inégaux, Francis, dont les cheveux et les vêtements étaient en désordre, et dont toute l'apparence indiquait qu'il venait d'être engagé dans une lutte désespérée.

Soudain, il s'est retourné et nous a vu. Avec un cri de rage sauvage, il se précipita vers la fenêtre dont la vitre était complètement détruite et nous lança un regard menaçant à travers la charpente.

"Loin! loin!" » cria-t-il, « ou il y aura encore des ennuis ! Je dois rester ici, je dois attendre qu'il vienne ! Laissez-moi tranquille, je vous le dis !

Le revolver, qu'il tenait dans sa main droite, fut levé et mis à niveau. Ce fut un moment épouvantable.

«C'est moi, M. Ravenor», répondit calmement mon père. "Tu ne me connais pas, Francis?"

De nouveau, la lune perça les nuages et éclaira faiblement le visage pâle et sévère de mon père. Francis le reconnut aussitôt. Il leva les mains au-dessus de sa tête dans un geste sauvage de bienvenue et ouvrit la fenêtre. Mon père s'avança d'un pas régulier dans la pièce et je le suivis. François, tremblant d'impatience, se tenait entre nous.

« Voyez-vous, s'écria-t-il en désignant le bas, n'est-ce pas bien fait ? Voir! Laissez-moi vous en parler. Rapide! rapide! Il est venu! C'était le crépuscule ! Il était au cabinet là-bas. J'ai volé hors de l'obscurité. J'ai jeté mes bras autour de lui. Il a lutté. Ah, comme il a lutté ; mais tout cela ne servait à rien. Ha! Ha! Ha! J'étais trop fort pour lui. Je l'ai serré de plus en plus fort, jusqu'à ce que je l'étrangle presque, et il a haleté, gargouilli et gémi. Oh! c'était bien de le voir. Ensuite, j'ai trouvé une corde dans le tiroir et je l'ai attaché, et pendant que je faisais les nœuds, j'ai ri et je lui ai parlé. J'ai parlé de cette nuit, dans la tempête, où il a jeté son père (il m'a pointé un long doigt tremblant) dans la carrière d'ardoise, et de ce jour où il est arrivé à la porte du château et m'a emmené à la plantation. , et m'a soudainement attrapé à la gorge jusqu'à ce qu'il ait cru m'avoir étranglé et m'a frappé à la tête. Ah, comme ma tête me brûle depuis, depuis, depuis ! Ah, Milly, viens à moi ! Milly, je suis en feu ! J'ai la tête en feu ! Ah ah!"

L'écume jaillit d'entre ses lèvres pâles et frémissantes, et ses yeux, rouges et brûlants, se fermèrent brusquement. Un changement épouvantable se produisit sur son visage pâle et taché de sang. Il tomba en arrière et tomba lourdement sur le sol.

Nous l'avons à peine remarqué, car nos yeux étaient tournés ailleurs. L'horreur de ce spectacle m'a habité par la suite pendant de nombreuses années, une ombre obsédante sur ma vie, perturbant même ses moments les plus doux, un souvenir hideux et exaspérant. Je ne vais pas tenter de le décrire. Aucun mot ne pourrait en exprimer l'horreur. De telles choses ne méritent pas d'être écrites.

Même le nerf de fer de mon père a semblé céder pendant un moment, et il s'est tenu à mes côtés en tremblant, la tête enfouie dans ses mains. Puis il se laissa tomber à genoux et desserra les cordes.

"Dieu merci, il est mort", murmura-t-il avec ferveur, alors qu'il sentait le corps froid et le pouls sans vie, et qu'il enlevait les derniers fragments de déguisement de la tête et du visage. "Vous feriez mieux d'appeler M. Carrol, Philip."

Alors même qu'il parlait, un petit groupe impressionné remplissait silencieusement la pièce, parmi eux Carrol et son sergent. Mais après tout, ils furent dérobés à leur tâche, car, au clair de lune, John Francis gisait immobile, la folie disparue de son visage blanc et immobile, et le calme de la mort y régnait à la place.

CHAPITRE LVI.
LA FIN.

Nous étions ensemble, mon père et moi, à l'ombre d'un petit bouquet d'oliviers perché au milieu des montagnes. Au loin, au-dessous de nous, la Campagna s'étendait jusqu'au pied des collines sombres et bleues qui entourent la Ville éternelle, vers laquelle nous regardions dans un silence depuis longtemps ininterrompu. C'est finalement moi qui parlai, désignant vers le bas l'endroit où les murs de pierre grise et nue d'un petit bâtiment monastique s'élevaient avec une brusquerie presque surprenante depuis un étroit rebord de pelouse surplombant le précipice.

« Alors, est-ce que ce sera la fin, père ? J'ai pleuré amèrement; "Cette prison?"

Il se tourna vers moi avec un air que j'avais commencé à détester, un air assez calme et doux, mais plein d'une résolution aussi immuable que les montagnes qui nous dominaient.

« Il doit en être ainsi, Philip, » dit-il doucement. « Est-ce bien, pensez-vous, que je retourne à la vie dont je suis las, alors que tout ce que je désire est ici, à portée de main ? Paix et repos, je ne veux rien de plus.

« Et pourquoi ne pouvez-vous pas les trouver en Angleterre… à Ravenor avec moi ? J'ai pleuré avec impatience. « Et votre travail aussi : il pourrait être refait. Nous vivrions seuls là-bas et nous éloignerions du monde et de tous ceux qui y vivent. Je pourrais t'aider. Je pourrais être votre assistante. Cela me plairait plus que tout. Rappelez-vous comment tous les journaux déploraient la cruelle destruction de vos manuscrits et comment tout le monde espérait que vous les réécriviez. Oh, tu ne dois pas faire ça, père, tu ne dois pas ! Vous n'avez pas le droit de vous couper du monde, pas le droit ! répétai-je avec passion.

Il secoua lentement la tête, mais hélas ! sans aucun signe de cession.

« Philippe, » dit-il doucement, « cela me trouble de vous entendre plaider ainsi en vain, car il en sera toujours ainsi. Je suis heureux maintenant; heureux du souvenir du temps que nous avons passé ensemble. Heureux aussi à l'idée de pouvoir terminer mes jours en paix, sans que les fantômes inquiétants du passé ne surgissent et me hantent ! »

Je me taisais et gardais le visage tourné vers les montagnes, car je n'aurais pas voulu qu'il voie ma faiblesse. Bientôt, il reprit la parole, et cette fois il y avait une veine de tristesse dans son ton.

« Le moment est venu pour nous de nous séparer pour un moment, Philip. Il y a encore une chose que je voudrais vous dire. Cela concerne Cecil.

« Cécile ? » Répétai-je vaguement.

"Oui."

«Toute sa vie, il a été élevé dans l'idée de se considérer comme mon héritier. Maintenant, bien sûr, les choses seront très différentes avec lui. Il est faible et se laisse facilement diriger. J'aimerais penser que vous étiez amis ; et si vous avez l'occasion de l'aider de quelque manière que ce soit, vous ne la négligerez pas.

«Je ne le ferai pas», promis-je. "Cecil et moi serons toujours amis."

Nous avons descendu le sentier escarpé à flanc de colline et nous sommes retrouvés presque ensemble sur le seuil du petit monastère. Puis mon père m'a tendu la main, et une lumière douce et douce a brillé un instant dans ses yeux bleu foncé.

« Adieu, Philippe, dit-il, adieu. Que Dieu te bénisse." Et tandis que je lui rendais la prise de ses doigts fermés et que je luttais pour retenir une boule qui se formait dans ma gorge, il s'éloigna silencieusement de moi, comme une figure de rêve, et l'épaisse porte cloutée s'ouvrit et se referma derrière moi. lui.

Puis je me tournai vers Rome, la vue floue et un sentiment amer de perte au cœur. Je retournais en Angleterre pour prendre possession d'un grand héritage, mais il n'y avait aucune joie dans cette pensée, seulement une solitude inexprimable et intolérable qui alourdit mon cœur et mon esprit et me remplit d'une profonde dépression.

Cecil m'a rencontré à Londres et nous sommes allés ensemble à Ravenor. C'était une sensation étrange pour moi d'entrer dans le Château en tant que propriétaire virtuel, d'errer de pièce en pièce, de galerie en galerie, et de savoir que tout était à moi, et que la longue file de Ravenors qui me fronçaient les sourcils et me souriaient depuis leurs silhouettes sombres et vermoulues étaient mes ancêtres. Au début, cela semblait agréable – agréable, du moins dans une certaine mesure – mais lorsque je me trouvai dans la bibliothèque et que je passai dans cette petite chambre, les souvenirs qui y étaient liés me revinrent avec une force si irrésistible que j'étais heureux d'envoyer Cecil loin pendant un moment.

Pendant quelque temps, j'ai vécu tout seul, à l'exception des visites fréquentes de Cecil, me tenant à l'écart des gens qui habitaient à proximité et ne faisant que peu de connaissances. Les journées que je passais soit à cheval, soit avec mon fusil, ou parcourant souvent de nombreux kilomètres à travers la campagne avec un livre dans ma poche, à la manière de l'époque de mon enfance. Les nuits, je n'ai eu aucune difficulté pour quoi que ce soit. Avec une bibliothèque comme celle de mon père pour m'aider, mon amour de la lecture est devenu presque une partie de moi-même.

Il y avait une personne qui considérait ce changement avec un profond mécontentement et qui finit par protester ouvertement.

« Je dis, Phil, tu sais que ça ne marchera pas », a déclaré Cecil un soir, alors que j'avais tenté de m'introduire dans la bibliothèque sous un prétexte quelconque. « Un jeune homme de votre âge, avec quatre-vingt mille rentes par an, n'a pas à s'enfermer avec un tas de livres moisis et à rêver son temps comme un vieil ermite. Partout on me demande de tes nouvelles, et j'en ai marre d'expliquer à quel point tu es un type au rhum. Cela ne fonctionnera pas vraiment.

"Eh bien," répondis-je, "que veux-tu que je fasse?"

« Je veux que tu reviennes en ville avec moi et que tu supportes un peu mon peuple. Le maître y tient beaucoup ; en fait, elle dit qu'elle viendra ici à l'automne si vous ne venez pas.

Je me suis penché en arrière sur ma chaise et un rêve éveillé s'est élevé devant moi.

« Comment est ta sœur maintenant, Cis ? » Ai-je demandé soudainement.

« Trixie ! Oh, elle s'en sort plutôt bien, je pense ! » répondit-il avec complaisance. "Au fait, quels amis vous étiez tous les deux!"

Nous n'en parlâmes pas davantage à ce moment-là, mais le lendemain matin, je reçus deux lettres, l'une de Lady Silchester et l'autre de Lord Langerdale, me pressant toutes deux de faire au moins une courte visite à Londres et d'accomplir des devoirs sociaux, ce qui semblait naturellement plus important pour eux que pour moi. Je les ai lus attentivement et j'ai immédiatement pris ma décision. Mais la lettre de Lord Langerdale avait ravivé de vieux souvenirs, et je n'ai pas immédiatement fait part de ma décision à Cecil.

« Vous êtes beaucoup en ville, Cecil. Avez-vous déjà vu quelque chose de Léonard de Cartienne ? J'ai demandé.

Cécile secoua la tête.

"Non, et je ne le ferai probablement jamais", répondit-il. "Mais j'ai entendu parler de lui, par un étrange hasard."

"Que fait-il?"

« J'ai une commission dans l'armée turque. C'est une chose bizarre que j'ai entendue l'autre jour de la part d'un homme que j'ai très bien connu autrefois. Il est actuellement secrétaire à l'ambassade de Constantinople et il m'a demandé si je l'avais déjà croisé. On dirait qu'il n'est pas particulièrement populaire là-bas.

«C'est un méchant garçon», ai-je remarqué.

"J'en suis très sûr", acquiesça Cecil. « Personne d'autre qu'un canaille ne se serait comporté comme il l'a fait envers la pauvre petite Milly. Mais à propos de Londres, Phil ?

«Je vais y aller», dis-je. « Si tu veux, nous partirons d'ici demain. »

Lady Silchester nous reçut très gentiment, et Béatrice, bien que pleine des distractions de sa première saison, parut encore plus heureuse de nous voir. C'était étrange à quel point je trouvais chez la grande fille mince, que tout le monde citait comme la beauté de la saison, un souvenir de l'enfant pittoresque et démodé dont les manières impérieuses et le discours naïf m'avaient tant charmé il y a quelques années. Il y avait la même richesse de cheveux dorés et roux, les mêmes traits délicats et les mêmes petites manières délicates. Tout le monde admirait Lady Beatrice, et moi aussi.

Mon séjour à Londres a duré jusqu'à la fin de la saison. J'ai fait mes *débuts orthodoxes* dans la société sous l'aile de Lord Langerdale et je partageais assez bien mon temps entre ma tante et mon oncle et la maison de Cadogan Square. Quand enfin tout fut fini, Lord et Lady Langerdale, Lady Silchester, Cecil et Beatrice revinrent à Ravenor en tant qu'invités.

Je n'écris pas une histoire d'amour. Je ne peux pas retracer la croissance de mon amour pour Béatrice, car il semblait m'être venu avec précipitation ; et pourtant, quand je me demandais comment cela était arrivé, il me semblait qu'il devait en être toujours ainsi. Ces longues journées d'été à Ravenor étaient les plus douces que j'aie jamais connues. J'ai perdu la notion du temps. Les heures, les jours et les semaines semblaient tous mélangés dans un rêve exquis dont , contrairement à tous les autres, le réveil était à la fois le point culminant et la partie la plus heureuse. Une nuit, nous revenions main dans la main d'errer sur les terrasses sous un ciel étoilé, et une grande joie coulait dans mes veines et palpitait dans mon cœur.

Dois-je dire ce qui s'est passé ? Béatrice était à moi, à moi, et j'étais très heureuse.

« Venez me voir quand vous serez mariés, tous les deux », tel était le message de mon père ; et nous allâmes, hélas, chercher le nuage qui obscurcit si vite notre bonheur nouveau-né ! Nous sommes arrivés à temps – juste à temps – pour nous tenir près de son lit de mort.

Comme la scène me revient ! La porte et les fenêtres de sa petite chambre étaient grandes ouvertes et la brise douce et langoureuse, lourde de l'odeur des fleurs sauvages, s'infiltrait et jouait sur son visage décharné.

Quel visage c'était ! Marqué par la passion, mais néanmoins châtié et adouci par une vive douleur physique ; les yeux bleus brûlants se fixaient fermement, mais avec une lumière douce et constante, sur l'horizon sombre – beaux après le type le plus élevé de beauté spirituelle. Twilight descendit furtivement des collines, puis nous croisâmes doucement ses bras sur sa poitrine, et les observateurs dehors, sachant bien ce que signifiait une telle action, essuyèrent les larmes de leurs yeux et reprirent lentement le chemin du retour.

Puis, plus tard, le chant solennel des moines en procession pieuse brisa le calme de la nuit montagnarde. Mais une telle mort n'était guère une mort. C'était du moins la mort dépouillée de toutes ses terreurs ; incroyablement triste, mais incroyablement doux. Il y avait une vérité inexprimable dans les mots simples grossièrement gravés sur la croix de bois qui, parmi une vingtaine d'autres dans

un coin abrité de la vallée, se dresse au pied de son étroite tombe
:

« IL CHERCHAIT LA PAIX ET IL LA TROUVA. »

Qu'il en soit ainsi avec nous !